KB145433

iBT 고득점으로 가는

Grammar & Writing ② &

2nd Edition

DARAKWON

김민호
선문대학교 통번역 대학원 석사(한영과)
전) 정이조 영어학원 동작캠퍼스 원장
전) 정이조 영어학원 목동캠퍼스 원장
현) 김민호 영어 원장

전진완
한국외국어대학교 대학원 영어과 석사
현) 정이조 영어학원 문법 전문 강사

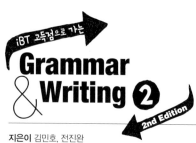

iBT 고득점으로 가는 Grammar & Writing ② 2nd Edition

지은이 김민호, 전진완
펴낸이 정규도
펴낸곳 (주)다락원

개정판 1쇄 발행 2014년 7월 31일
개정판 9쇄 발행 2023년 4월 12일

편집 최주연, 임나윤, 김민주, 이동호
영문 교열 Michael A. Putlack, Mark Thorrowgood
디자인 조화연, 김금주

다락원 경기도 파주시 문발로 211
내용문의: (02)736-2031 내선 503
구입문의: (02)736-2031 내선 250~252
Fax: (02)732-2037
출판등록 1977년 9월 16일 제406-2008-000007호

Copyright ⓒ 2014 김민호 · 전진완

값 **12,500원**

ISBN 978-89-277-0733-2 54740
ISBN 978-89-277-0731-8 54740 (set)

http://www.darakwon.co.kr
다락원 홈페이지를 방문하시면 상세한 출판정보와 함께 동영상강좌,
MP3자료 등 다양한 어학 정보를 얻으실 수 있습니다.

iBT 고득점으로 가는

Grammar & Writing

2

2nd Edition

DARAKWON

학생들에게 영어 문법을 강의하면서, 문법 시간에 배운 내용을 활용하여 문장을 만들고 자기 생각과 의견을 영어로 표현하는 데 도움을 주고 싶다는 생각을 오랫동안 해 왔습니다. 그러던 차에, iBT 토플 뿐만 아니라 토익 시험에도 Writing, Speaking 시험이 도입된다는 소식을 듣고, 영어 문법을 활용하여 Writing 훈련을 할 수 있는 책을 쓰는 일을 더 이상 미루면 안 되겠다고 마음먹게 되었습니다.

앞으로는 자기 생각과 의견을 영어로 표출하는 Output English가 대단히 중요한 시대가 될 것입니다. 학교 영어 교육에서도 Writing과 Speaking의 비중이 늘어났고 앞으로도 점점 더 커지게 되겠지요.

iBT 고득점으로 가는 Grammar & Writing은 영어 문법을 정확히 이해하여 기본을 탄탄히 다지고, 이를 바탕으로 영어 Writing과 Speaking을 잘 할 수 있도록 만든 교재입니다.

매 Unit의 구성과 특징을 살펴볼까요?

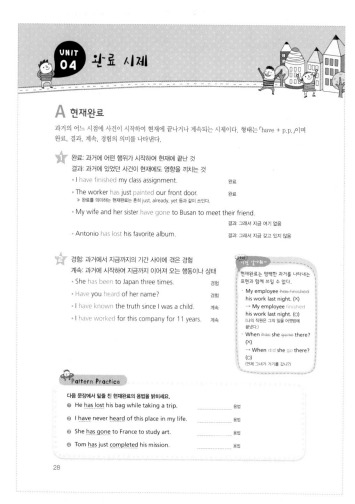

Unit의 핵심 문법 사항
먼저 그 Unit에서 꼭 알아두어야 할 핵심 문법 사항을 각 단계에 맞는 생생한 예문과 함께 쉽게 설명했습니다.

이건 알아둬~

Writing에 적용하기 / 독해에 적용하기
핵심 문법 사항 중에서도 특히 독해와 Writing에 적용할 수 있는 중요한 영어 팁은 필요할 때마다 상자 안에 따로 간추려 놓았습니다.

Pattern Practice
간단한 쪽지시험으로 지금 배운 문법 사항을 곧바로 확인해 볼 수 있습니다.

GRAMMAR PRACTICE 문법 사항 복습하기

A 괄호 안의 표현 중 알맞은 것을 고르세요.
1 I (have passed / passed) the certification test last week.
2 She (has fallen / had fallen) asleep when her mother came in.
3 When (did you finish / have you finished) cleaning up your room?
4 Ann (went / has been) to Greece three times since 2005.
5 The salesperson (have given up / gave up) his career when he heard the bad news.

B 다음 빈칸에 괄호 안의 동사를 알맞게 쓰세요.
1 나는 나의 차가 긁혔다는 것을 알아차렸다.
→ I noticed that my car _____ scratched. (be)
2 그들은 나의 차를 지금 막 페인트칠을 했다.
→ They _____ just _____ my car. (paint)
3 내가 잠에서 깨어났을 때 내 아내는 내 옷을 다림질해 놓았다.
→ When I woke up, my wife _____ my clothes. (iron)
4 우리가 묵었던 호텔은 지금까지 묵은 곳 중에서 최악이었다.
→ It was the worst hotel that we _____ ever _____ (stay)
5 그 용의자는 그 사건이 일어나기 전에도 그 사실을 알고 있었다.
→ The suspect _____ the truth even before the incident happened. (know)

C 밑줄 친 부분을 올바르게 고치세요.
1 She has finished her work when her dad called her. _____
2 The family has moved to several cities before they settled in New York. _____
3 Last month, the workers has gone on a strike. _____
4 They knew one another since they were a child. _____

Grammar Practice
다양한 유형의 문제로 그 Unit에서 배운 문법 사항을 한꺼번에 복습해 봅니다.

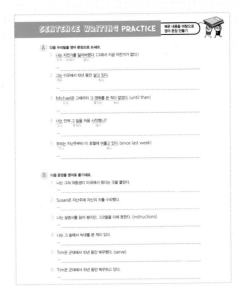

SENTENCE WRITING PRACTICE 배운 내용을 바탕으로 영어 문장 만들기

A 다음 우리말을 영어 문장으로 쓰세요.
1 나는 자전거를 잃어버렸다. (그래서 지금 자전거가 없다.)
—
2 그는 이곳에서 10년 동안 살고 있다.
—
3 Michael은 그때까지 그 영화를 본 적이 없었다. (until then)
—
4 너는 언제 그 일을 처음 시작했니?
—
5 우리는 지난주부터 이 호텔에 머물고 있다. (since last week)
—

B 다음 문장을 영어로 옮기세요.
1 나는 그의 여동생이 미국에서 왔다는 것을 몰랐다.
2 Susan은 지난주에 자신의 차를 수리했다.
3 나는 설명서를 읽어 봤지만, 그것들을 이해 못한다. (instructions)
4 나는 그 숲에서 녹대를 본 적이 있다.
5 Tim은 군대에서 10년 동안 복무했다. (serve)
6 Tim은 군대에서 10년 동안 복무하고 있다.

Sentence Writing Practice
배운 문법 사항을 바탕으로 영어 문장을 만들어 보면서 영작 실력을 연마합니다.

Chapter REVIEW TEST

A 다음 괄호 안에서 알맞은 표현을 고르세요.
1 Michael lost his bike which he (has bought / had bought) at the market.
2 Her father (has passed away / passed away) a few days ago.
3 Have you (ever / never) tried skiing? It's a really cool sport.
4 My mom (goes / went) jogging three times a week.
5 Smoking (was / is) not good for your health at all.
6 The kids (are having / have) their own colorful hats.
7 You (are reminding / remind) me of your father.
8 The banana which you bought (doesn't taste / isn't tasting) very good.
9 Ann said that America (is / was) far from Korea.
10 The history teacher said that Columbus (discovered / had discovered) America in 1492.

B 다음 문장에서 밑줄 친 부분을 올바르게 고치세요.
1 Steve is loving to travel abroad every year. _____
2 Aristotle has been a Greek philosopher. _____
3 Have you visited many places when you were in London? _____
4 He had lived in a small cottage ever since he is born. _____
5 How long does Steve have a beard? _____
6 The thief has stealed a lot of expensive diamond rings. _____
7 Are you believing in God? _____
8 Who has written the play Romeo and Juliet? _____
9 Lincoln had been the President of the U.S. from 1861 to 1865. _____

Chapter Review Test
한 Chapter가 끝나면 단답형 및 영작 등 다양한 유형의 문제를 풀어보면서 배운 내용을 전체적으로 다시 한 번 복습합니다.

---

iBT토플 Writing 기본 문형 영작 연습

A 근거 제시문에 자주 쓰이는 동사 표현
본문에서 자신의 주장을 전개할 때, 그 주장을 뒷받침해 줄 수 있는 근거를 제시해야 한다. 특히, 통합형 작문(Integrated Writing)에서는 읽고 들은 내용을 인용해서 표현해야 할 경우가 더욱 많다. 이때 다음과 같은 표현을 사용할 수 있다.

1 The reading passage indicates that ~ 독해지문에서는 ~을 나타낸다
The reading passage indicates that there are many endangered species which should be protected on the planet.
2 In the reading, the writer stresses ~ 독해지문에서, 저자는 ~을 강조한다
In the reading, the writer stresses the importance of protecting the environment.
3 The lecturer argues[maintains / insists / asserts] ~ 강사는 ~을 주장하다
The lecturer argues that the issue of environmental protection is not a matter of choice but a matter of necessity.
4 The lecturer points out ~ 강사는 ~을 지적한다
The lecturer points out the side effects of early education.

B 실전 Writing 연습 : 다음 문장을 영어로 옮기세요.
1 강사는 인터넷 기반 학습이 사회적 재능을 개발할 기회를 제공하지 않는다고 주장한다.
(the lecturer / insist / Internet-based-learning / provide / develop / social skills)
—
2 독해지문에서는 동물원이 여러 가지 이유에서 유용하다는 것을 나타내고 있다.
(the reading passage / indicate / zoo / several)
—
3 강사는 외국어 학습에서 조기 교육의 부정적인 측면을 설명한다.
(the lecturer / negative / aspect / learn / foreign language)
—

iBT 토플 Writing 기본 문형 영작 연습
iBT 토플 Writing 시험 고득점을 위해 반드시 알아두어야 할 필수 기본 문형을 익힙니다.

여러분이 이 책을 통해서 영어 문법을 쉽고 명확하게 정리하고, 정리한 문법을 활용하여 영어 문장을 만드는 감각을 멋지게 향상시킬 수 있기를 기대합니다.

김민호, 전진완

CONTENTS

Chapter 01 문장의 구조
- UNIT 01 자동사와 타동사 — 10
- UNIT 02 문장의 5가지 기본 형식 — 14

Chapter 02 시제
- UNIT 03 단순 시제와 진행 시제 — 24
- UNIT 04 완료 시제 — 28

Chapter 03 조동사
- UNIT 05 조동사의 용법 — 36
- UNIT 06 조동사 + have p.p. — 44

Chapter 04 부정사
- UNIT 07 부정사의 용법 — 52
- UNIT 08 부정사의 동사적 성질 — 58

Chapter 05 동명사
- UNIT 09 동명사의 용법 — 66
- UNIT 10 동명사의 동사적 성질, 동명사 vs 부정사 — 70

Chapter 06 분사
- UNIT 11 분사의 종류 및 역할 — 80
- UNIT 12 분사구문 — 84

Chapter 07 수동태
- UNIT 13 능동·수동의 구분과 수동태 전환 — 94
- UNIT 14 여러 종류의 수동태와 주의할 용법 — 104

Chapter 08 가정법
- UNIT 15 가정법 과거 — 114
- UNIT 16 가정법 과거완료 — 120

Chapter 09 접속사
UNIT 17 등위접속사와 상관접속사   130
UNIT 18 종속접속사   135

Chapter 10 관계사
UNIT 19 관계대명사의 기본 개념과 주의할 용법   144
UNIT 20 관계부사의 기본 개념과 주의할 용법   152

Chapter 11 명사와 관사
UNIT 21 명사   162
UNIT 22 관사   168

Chapter 12 대명사
UNIT 23 인칭 · 소유 · 재귀 · 지시대명사   178
UNIT 24 부정대명사   185

Chapter 13 형용사와 부사
UNIT 25 형용사   192
UNIT 26 부사   197

Chapter 14 비교
UNIT 27 원급, 비교급, 최상급의 기본 용법   206
UNIT 28 원급, 비교급, 최상급의 다양한 용법   211

Chapter 15 일치와 화법
UNIT 29 일치   220
UNIT 30 화법   225

Chapter 16 전치사
UNIT 31 전치사의 종류 및 용법   234
UNIT 32 전치사의 목적어와 역할   241

Chapter 17 특수 구문
UNIT 33 강조   248
UNIT 34 도치   253

CHAPTER

01

문장의 구조

UNIT 01 자동사와 타동사

UNIT 02 문장의 5가지 기본 형식

UNIT 01 자동사와 타동사

A 자동사

자동사는 동사의 대상으로 목적어가 필요하지 않고 주어 자체만의 움직임을 나타내는 동사이다.

 자동사는 주어 자체만의 움직임을 나타내는 동사이며, 목적어를 필요로 하지 않는다.

- Birds sing sweetly.   새들이 노래한다
- The sun rises in the east.   해가 떠오른다
- The weather changes very often.
- She looks happy.
- He grew old.

 「자동사 + 전치사」는 타동사 역할을 하는 타동사구로, 목적어를 필요로 한다.

- She looked at the boy.   look at은 타동사구, '~을 보다'
  cf. She looks sad.   look은 자동사, '~처럼 보이다'
- He is laughing at me.   laugh at은 타동사구, '~을 비웃다'
  cf. He is laughing.   laugh는 자동사, '웃다'
- The cat belongs to my sister.
- I wait for the bus in the morning.
- Water consists of hydrogen and oxygen.
  ≫ consist는 자동사로만 사용되는 동사로서 전치사와 함께 쓰여야만 목적어를 취할 수 있다.

Pattern Practice

다음 문장을 해석하세요.

① He is listening to classical music.   → _____

② Glass breaks easily.   → _____

③ I have to deal with the problem by myself.   → _____

④ The sun sets in the west.   → _____

⑤ He looks happy.   → _____

B 타동사

타동사는 동사의 대상이 되는 목적어가 있어야만 완전한 의미를 이루는 동사이다.

 타동사는 목적어를 필요로 하는 동사이다.

- He eats <u>an apple</u> every morning.　　　　　　　eat의 대상인 an apple이 목적어
- She broke <u>her promise</u>.
- They attended <u>the meeting</u>.
- Steve suggested <u>that we go camping</u>.　　　　　명사절이 목적어로 온 경우

 타동사가 목적어를 취할 때는 전치사가 필요 없다.

- Will you marry <u>me</u>? (O)　　　　　　　　　　타동사 marry는 전치사 없이 목적어를 취함
    - cf. Will you ~~marry with~~ me. (X)　　　　　타동사 marry 뒤에는 전치사 with가 오지 않음
    - cf. He got married to Jane when he was 19. (O)　get married to(~와 결혼하다)는 맞는 표현임
- We discussed <u>the problem</u> with our teacher. (O)
    - cf. We ~~discussed about~~ the problem with our teacher. (X)
- We will reach <u>Seoul</u> in 30 minutes.　　　　　reach는 타동사, 전치사 없이 목적어가 옴
- We will arrive in <u>Seoul</u> in 30 minutes.　　　arrive는 자동사, 전치사와 함께 목적어가 옴

C 자동사와 타동사 비교

자동사와 타동사의 의미 차이를 비교하여 알아보자.

- Birds sing.　　　　　　　　　　　　　　자동사, '노래하다'
- They sing <u>the song</u> together.　　　　　타동사, '노래를 부르다'
- Plants grow well in this soil.　　　　　자동사, '자라다'
- Local farmers are growing <u>rice</u>.　　　타동사, '~을 기르다, 재배하다'
- Everything has changed a lot.　　　　자동사, '바뀌다'
- He changed <u>the plan</u>.　　　　　　　타동사 '~을 바꾸다'

Pattern Practice

다음 문장을 해석하세요.

❶ He is growing a beard.　　　→ _____

❷ Times have changed a lot.　→ _____

❸ Corn grows well in the region.　→ _____

A 다음 문장에서 밑줄 친 동사가 자동사인지, 타동사인지, 타동사구인지 구분하세요.

1 Tim <u>looks</u> tired today. _____

2 The sun <u>sets</u> in the west. _____

3 They <u>changed</u> the schedule. _____

4 This house <u>belongs to</u> my father. _____

5 This soup <u>tastes</u> good. _____

6 He <u>tasted</u> the soup. _____

7 They <u>arrived in</u> New York yesterday. _____

8 Jane <u>apologized to</u> him for being rude. _____

9 They <u>laughed</u> loudly. _____

10 They <u>laughed at</u> him. _____

B 다음 문장을 해석하세요.

1 Steam rises up through the air. → _____

2 He raised his hand to ask a question. → _____

3 She grew old. → _____

4 She is growing roses. → _____

5 I will wait here. → _____

6 I will wait for you forever. → _____

7 Jennifer looks angry. → _____

8 Jennifer looked after the baby. → _____

9 I attended the opening ceremony for the exhibition.

→ _____

10 He participated in the groundbreaking ceremony for the factory.

→ _____

Ⓐ 다음 문장을 영어로 옮기세요.

1 Steve는 어제 행복해 보였다.
　　주어　　　보어　동사

　→ _____

2 Sam은 그 어린이들을 돌봤다.
　　주어　　목적어　　　동사

　→ _____

3 그 학생들은 크게 웃었다.
　　주어　　　　　동사

　→ _____

4 그 학생들은 Jennifer를 비웃었다.
　　주어　　　목적어　　　동사

　→ _____

5 시대가 많이 바뀌었다.
　주어　　　동사

　→ _____

Ⓑ 다음 문장을 영어로 옮기세요.

1 해는 동쪽에서 떠오른다. (rise)
　→ _____

2 그녀는 질문을 하기 위해서 손을 올렸다. (raise)
　→ _____

3 Susan은 그 회의에 참석했다. (attend)
　→ _____

4 Judy는 그 축제에 참석했다. (participate in)
　→ _____

5 그들은 어제 환경오염의 원인에 대해서 토의했다. (discuss)
　→ _____

6 그는 이틀 전에 부산에 도착했다. (reach)
　→ _____

7 Michael은 턱수염을 기르고 있다. (grow)
　→ _____

UNIT 02 문장의 5가지 기본 형식

A 1형식 문장

1형식 문장은 「주어 + (자)동사」로 의미가 이루어지는 문장이다.

 1형식 문장의 동사 자리에는 주로 왕래발착, 거주, 이전에 관한 동사와 자연현상에 관한 동사가 사용된다.

- I go to church on Sundays.
- They started early.
- The baby is sleeping.
- Ice melts into water.
- There is a book on the table. → 문장 형식을 구분할 때, 수식어는 고려하지 않음
  ≫ 주어: a book, 동사: is, 수식어: There(유도부사), on the table(장소 부사구)
- The little boy in the blue jacket sang beautifully.
  ≫ 주어: The little boy, 동사: sang, 수식어: in the blue jacket, beautifully

2 1형식 문장에 사용될 때 의미가 달라지는 동사들이 있다.

- I am a teacher.   2형식, 자동사, '~이다'
- I think, therefore, I am.   1형식, 자동사, '존재하다'
- I do my homework after school.   3형식, 타동사, '~을 하다'
- That will do.   1형식, 자동사, '충분하다'
- She counted the money.   3형식, 타동사, '~을 세다'
- Every minute counts.   1형식, 자동사, '중요하다'

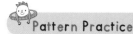
Pattern Practice

다음 문장을 해석하세요.

❶ I think, therefore, I am.   → _____

❷ That will do.   → _____

❸ He counted the numbers.   → _____

❹ Every minute counts.   → _____

❺ What do you do?   → _____

B 2형식 문장

2형식 문장은 「주어 + (자)동사 + 보어」로 의미가 이루어지는 문장이다.

 2형식 문장의 주격 보어는 주어의 상태를 설명해 주는 말이다.

- Michael is <u>a singer</u>.   Michael = a singer
- Leaves turn <u>red and yellow</u> in autumn.   Leaves가 red and yellow 상태로 바뀜
- Jennifer looks <u>happy</u>.   Jennifer의 상태가 happy
- I felt very <u>depressed</u> yesterday.

 주격 보어 자리에는 형용사와 명사가 오며, 감각 동사 다음에는 주로 형용사가 주격 보어로 온다.

- She is <u>a fashion designer</u>.   보어 자리에 명사가 온 경우
- You look <u>sad</u> today.   look sadly는 틀린 표현임
- That sounds <u>great</u>.   sounds greatly는 틀린 표현임
- It smells <u>delicious</u>.   smells deliciously는 틀린 표현임

C 3형식 문장

3형식 문장은 「주어 + (타)동사 + 목적어」로 이루어진 문장이다.

 3형식 문장의 목적어 자리에는 명사 형태가 올 수 있다.

- Susan eats an apple every morning.   목적어 자리에 보통명사
- I love her very much.   목적어 자리에 대명사의 목적격
- Boys like to play / playing computer games.   목적어 자리에 to부정사 / 동명사
- We learned that the Earth is round.   목적어 자리에 명사절

 (주격) 보어는 주어를 보충 설명하고, 목적어는 동사의 대상이 된다.

- She is beautiful.   주어 She가 beautiful하다고 보충 설명함
- She broke her promise.   동사 broke의 대상이 her promise임

Pattern Practice

다음 문장이 몇 형식의 문장인지 쓰세요.

❶ I have a bicycle. _____형식 문장   ❷ Joe is a famous pianist. _____형식 문장

❸ Birds sing sweetly. _____형식 문장   ❹ Boys like to play soccer. _____형식 문장

D 4형식 문장

4형식 문장은 「주어 + (타)동사 + 간접목적어 + 직접목적어」로 이루어진 문장이다.

 간접목적어(IO) 자리에는 '사람(~에게)'이 오고, 직접목적어(DO) 자리에는 '사물(~을)'이 온다.

- I gave her a present.   그녀에게 선물을…
- He sent me flowers.   나에게 꽃을…
- Steve bought his father a tie.
- The teacher asked me a question.

 4형식 문장을 3형식 문장으로 바꾸어 표현할 수도 있다.

(1) 4형식 문장 동사가 '방향'을 나타낼 때는 간접목적어 앞에 전치사 **to**를 사용한다.

(give, send, tell, teach, show, read...)

- He gave me a few books. (4형식) ⇒ He gave a few books to me. (3형식)

(2) 4형식 문장 동사가 '~을 위하여'라는 의미를 나타낼 때는 간접목적어 앞에 전치사 **for**를 사용한다.

(buy, make, build, get, find...)

- She bought me a jacket. (4형식) ⇒ She bought a jacket for me. (3형식)

(3) 4형식 문장 동사가 '질문하다'라는 의미를 나타낼 때는 간접목적어 앞에 전치사 **of**를 사용한다.

- The teacher asked me a question. ⇒ The teacher asked a question of me. (3형식)

3 4형식 문장으로 사용하지 않고, 3형식 문장으로만 사용되는 동사가 있다.

(1) 다음 동사는 3형식 형태로만 사용된다.

(explain, introduce, announce, suggest, provide, supply...)

- She explained the marketing strategy to us. (○)
- **cf.** She ~~explained us~~ the marketing strategy. (×)

(2) 간접목적어가 긴 경우에는 3형식 문장으로 표현한다.

- She gave candies to the kids who passed the exam. (3형식)

(3) 직접목적어 자리에 대명사가 오는 경우에는 3형식 문장으로 표현한다.

- He gave it to me. (3형식, ○)   **cf.** He ~~gave me it.~~ (4형식, ×)

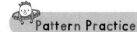 **Pattern Practice**

다음 문장에서 간접목적어에는 밑줄을 긋고, 직접목적어에는 동그라미 하세요.

❶ Steve sent his girlfriend flowers.   ❷ I told her the story.

❸ My father bought me a new smartphone.   ❹ He gave her a flower.

E 5형식 문장

5형식 문장은 「주어 + (타)동사 + 목적어 + 목적격 보어」로 이루어진 문장이다.

 목적격 보어는 목적어를 보충 설명하는 말이며, 목적어와 목적격 보어 간에는 주어와 술어의 관계가 성립된다.

- My mom made <u>me</u> study English.　　　　목적어인 me가 study하는 것
- My parents want <u>me</u> to be a teacher.　　목적어인 me가 선생님이 되는 것(to be)
- I saw <u>her</u> dancing in her room.　　　　　목적어인 her가 dancing하는 것

 목적격 보어 자리에 '명사' 또는 '형용사'가 올 수 있다.

- We elected him the captain of our team.
- They call the boy a genius.
- She made me happy.

 목적격 보어 자리에 'to부정사'가 올 수 있다.

- I want you to have a dream.
- My mom asked me to clean the house.
- They forced him to sign the contract.

 목적격 보어 자리에 '동사원형'이 올 수 있다.

- She heard someone call her name.　　지각동사(see, hear, feel...)의 목적격보어로는 동사원형이 옴
- I had him repair my car.　　　　　　사역동사(let, have, make...)의 목적보어로는 동사원형이 옴

 목적격 보어 자리에 '현재분사'나 '과거분사'가 올 수 있다.

- I heard her singing a pop song.　　목적어와 목적격 보어의 관계가 능동일 때 현재분사 사용
- I had my car repaired by him.　　　목적어와 목적격 보어의 관계가 수동일 때 과거분사 사용

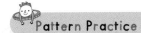

다음 문장에서 목적격 보어에 밑줄을 그으세요.

❶ I made her happy.
❷ We called him a fool.
❸ I had my bike repaired by him.
❹ He forced her to sign the document.
❺ I saw her singing in the kitchen.

A 다음 문장이 몇 형식의 문장인지 쓰세요.

1 A bird is singing sweetly in the tree. _____ 형식 문장

2 She asked me a difficult question. _____ 형식 문장

3 I had him repair my cell phone. _____ 형식 문장

4 The little boy is getting wiser. _____ 형식 문장

5 The boy in the blue T-shirt is my brother. _____ 형식 문장

6 I bought my mom flowers on Mother's day. _____ 형식 문장

7 They felt the building shaking. _____ 형식 문장

B 다음 문장에서 밑줄 친 부분의 문장 성분을 쓰세요.

(주격 보어 – **SC**, 목적격 보어 – **OC**, 목적어 – **O**, 간접목적어 – **IO**, 직접목적어 – **DO**)

1 My parents asked me <u>to get up</u> earlier in the morning. _____

2 Susan gave <u>me</u> a nice present on my birthday. _____

3 He became <u>a comedian</u>. _____

4 I will make you <u>happy</u>. _____

5 Susan broke <u>her promise</u> to come back. _____

6 My mom made us <u>a pizza</u>. _____

7 I saw her <u>sing</u> on the stage yesterday. _____

C 다음 문장에서 어색한 부분을 찾아서 올바르게 고치세요.

1 I want you be a teacher. _____ → _____

2 I heard the singer to sing on the stage. _____ → _____

3 Jennifer looks very happily today. _____ → _____

4 I had my cell phone repair by him. _____ → _____

5 Steve introduced me his parents. _____ → _____

6 She bought me it. _____ → _____

7 They explained us the causes of the accident. _____ → _____

SENTENCE WRITING PRACTICE

배운 내용을 바탕으로
영어 문장 만들기

A 다음 문장을 영어로 옮기세요.

1 유리는 쉽게 깨진다. (자동사 break)
　　주어　　　동사

→ _____

2 그는 어제 창문을 깨뜨렸다. (타동사 break)
　주어　　목적어　동사

→ _____

3 이 수프는 약간 짠 맛이 난다. (taste)
　　주어　　　　　동사

→ _____

4 여자들은 서로 이야기하는 것을 좋아한다. (to talk)
　　주어　　　　목적어　　　동사

→ _____

5 그녀는 나에게 책 한 권을 주었다. (4형식)
　주어　간·목　직·목　동사

→ _____

B 다음 문장을 영어로 옮기세요.

1 나는 그녀의 생일에 그녀에게 꽃 한 송이를 사 주었다. (buy)

→ _____

2 그녀의 미소가 나를 행복하게 만든다. (make)

→ _____

3 선생님은 학생들에게 슬픈 이야기 하나를 말씀해 주셨다. (tell, 4형식)

→ _____

4 그는 나에게 긴 편지 한 통을 보냈다. (send, 4형식)

→ _____

5 국민들이 그를 이 나라의 대통령으로 선출했다. (elect)

→ _____

6 Susan은 그녀의 친구에게 카페에서 커피 한 잔을 사 주었다. (buy, 4형식)

→ _____

7 나는 오늘 그를 위해서 약간의 쿠키를 만들었다. (make)

→ _____

REVIEW TEST

A 다음 괄호 안에서 알맞은 표현을 고르세요.

1 This car (belongs / belongs to) my father.

2 A car (consists / consists of) hundreds of parts.

3 I will (marry with / marry) Susan someday.

4 They (arrived / arrived in) Seoul two days ago.

5 Why don't we (discuss / discuss about) the matter seriously?

6 Steve looked very (happy / happily).

7 A stranger asked the way to the station (at / of) me.

B 다음 문장에서 밑줄 친 부분이 자동사인자 타동사인지 구분하고, 몇 형식의 문장인지 쓰세요.

1 She teaches us Korean History. _____, _____형식 문장

2 I bought a pretty doll for my girlfriend. _____, _____형식 문장

3 I want young people to have ambition. _____, _____형식 문장

4 The boy in blue jeans dances very well. _____, _____형식 문장

5 Students learned that the Korean War broke out in 1950.

_____, _____형식 문장

6 The man in the black T-shirt and jeans is my teacher. _____, _____형식 문장

7 I made him study English harder. _____, _____형식 문장

C 다음 문장에서 어색한 부분을 찾아서 올바르게 고치세요.

1 I had him repaired my computer. _____ → _____

2 Jennifer bought flowers to her dad on his birthday.

_____ → _____

3 I made her happily. _____ → _____

4 He explained us the theory of relativity. _____ → _____

5 I asked my sister cleaning my room. _____ → _____

6 She had the roof repair by me. _____ → _____

7 He sent a nice present for me. _____ → _____

D 다음 빈칸에 알맞은 단어를 쓰세요.

1 우리는 그 건물이 흔들리는 것을 느꼈다.

→ We _____ the building _____.

2 나는 그녀를 바보라고 불렀다.

→ I called _____ _____ _____.

3 나는 너희들이 그 숙제를 가능한 한 빨리 끝내기를 바란다.

→ I want _____ _____ _____ the homework as soon as possible.

4 내가 너에게 스마트폰 하나를 사 주겠다.

→ I will buy _____ _____ _____.

E 다음 빈칸에 알맞은 영어 표현을 넣으세요.

1 나는 그녀가 그 건물로 들어가는 것을 보았다.

→ I saw _____ _____ _____ _____.

2 부탁 하나 해도 될까요?

→ Can I _____ _____ _____ _____?

3 그는 나에게 피아노를 배우라고 강요했다.

→ He forced _____ _____ _____ how to play the piano.

4 내가 미국에 도착하면 너에게 엽서 한 장 보낼게.

→ When I arrive in America, I will _____ _____ _____ _____.

F 다음 문장을 영어로 옮기세요.

1 나는 그에게 지하철역으로 가는 길을 말해 주었다. (tell)

→ _____

2 나는 그녀가 아름답다고 생각한다. (that ~)

→ _____

3 컴퓨터는 많은 부품으로 구성되어 있다. (consist of)

→ _____

4 나는 누군가가 내 손을 만지는 것을 느꼈다.

→ _____

5 우리는 내일 그 회의에서 그 문제에 대해서 토의할 것이다.

→ _____

A 찬성/반대(pros and cons) 의견을 나타내는 표현들

어떤 주제에 대해 찬반 의견을 말할 때는, 먼저 자신의 의견이 찬성인지 반대인지를 밝히고, 그 다음에 이유를 설명하는 식으로 글을 전개해 나간다. 이때 다음과 같은 표현들을 사용할 수 있다.

1 agree that ~ 나는 ~에 동의한다

I agree that students should be made to wear uniforms.

2 I disagree[do not agree] that ~ 나는 ~에 동의하지 않는다

I disagree[do not agree] that students should be made to wear uniforms.

3 I am for ~ 나는 ~에 찬성한다

I am for my school's plan to have the students wear school uniforms.

4 I am against ~ 나는 ~에 반대한다

I am against my school's plan to have the students wear school uniforms.

B 실전 Writing 연습: 다음 문장을 영어로 옮기세요.

1 나는 TV 시청이 이로울 수도 있다는 것에 동의한다.

(agree / idea / watching TV / beneficial)

→ _____

2 나는 이른 나이에 외국어를 배우는 것이 항상 도움이 된다는 것에 동의하지 않는다.

(disagree / learning a foreign language / early age / helpful)

→ _____

3 나는 TV가 '바보상자'라는 생각에 동의하지 않는다.

(disagree / the idea / the idiot box)

→ _____

4 나는 취업 준비가 사람들이 대학에 가는 유일한 이유라는 것에 동의하지 않는다.

(disagree / job preparation / only / attend / college)

→ _____

CHAPTER 02

시제

UNIT 03 단순 시제와 진행 시제

UNIT 04 완료 시제

UNIT 03 단순 시제와 진행 시제

A 단순 시제

영어의 단순 시제는 어떠한 경우에 쓰이는지 확실히 알아 두자.

 현재 시제 → 현재의 사실, 반복적인 동작 또는 습관
　　　　　　　→ 불변의 진리, 격언, 속담은 항상 현재 시제 사용

- Jeju-do is the largest island in South Korea.　　　　현재의 사실
- He goes to the fitness club every day to stay in shape.　현재의 반복적인 동작
- All living things die someday.　　　　　　　　　　불변의 진리

 과거 시제 → 과거의 사실, 반복적인 동작 또는 습관
　　　　　　　→ 역사적 사실은 항상 과거 시제 사용

- My sister got married 13 years ago.　　　　　　　과거의 사실
- She used to exercise every morning.　　　　　　　과거의 반복적인 동작
- Germany reunited in 1990.　　　　　　　　　　역사적 사실

 미래 시제 → will (예정되어 있지 않은 미래)
　　　　　　　→ be going to (예정되어 있던 미래)
　　　　　　　→ be about to (바로 일어날 일)

- She will report the accident to her boss.　　　　　단순미래 = is going to
- Jennifer: Do you have any plans for tomorrow?
  David: Yes, I'm going to work on my project.　　　예정
- Mary: When are you going to cook that chicken?
  Ann: I am just about to cook it.　　　　　　　　막 ~하려던 참이다

 Pattern Practice

밑줄 친 부분을 알맞게 고치세요.

❶ My dad retires from the company three days ago.　　→ _____

❷ Steve said that the universe still expanded.　　　　→ _____

❸ My history teacher says that Hitler starts the Second World War. → _____

B 진행 시제

현재, 과거, 미래의 어느 시점에 진행 중일 경우 진행형을 사용한다. 기본 형태는 「be동사 + -ing」이다.

 각 진행형의 형태

(1) 현재 진행형: 「am/are/is + -ing」(~하는 중이다)

(2) 과거 진행형: 「was/were + -ing」(~하는 중이었다)

(3) 미래 진행형: 「will be + -ing」(~하는 중일 것이다)

- Jessica is taking a certification test right now.
- The teacher was checking her students' homework.
- I will be sleeping at 2:00 tomorrow.

 진행형이 불가능한 동사: 소유, 인지, 지각, 존재, 감정의 동사

- Ann ~~is having~~ a very nice smartphone. (X)
  → Ann has a very nice smartphone. (O, 소유)

- I ~~am thinking~~ that John is an honest person. (X)
  → I think that John is an honest person. (O, 인지)

- This pudding ~~is tasting~~ good. (X)
  → This pudding tastes good. (O, 지각)

- Whatever you say, I ~~am being~~ a doctor. (X)
  → Whatever you say, I am a doctor. (O, 존재)

- I ~~am loving~~ to have parties. (X)
  → I love to have parties. (O, 감정)

Stop! 이건 알아둬~

부사절의 시제

시간이나 조건을 나타내는 부사절에서는 현재형의 동사가 미래의 의미를 나타낸다.

- **When he comes back,**
  부사절
  we will let you go.
  주절
  (그가 돌아오면 너를 놔줄게.)
  → 주절의 시제가 미래인데도 불구하고 부사절의 동사는 현재로 썼다.

  cf. When he ~~will come~~ back,
      we will let you go. (X)
  → 이때는 오히려 미래 시제로 쓰면 틀린 표현이 되니 주의하자.

Writing에 적용하기

진행형을 쓸 수 없는 동사들이 '동작'을 의미할 때는 진행형이 가능하다.

- **My sister is tasting the soup.**
  (우리 누나는 수프를 맛보고 있다.)
  → '맛보다'라는 동작

- **Would you wait for him?**
  He is having his lunch now.
  (그를 기다려 주시겠습니까? 그는 지금 점심 식사를 하고 있습니다.)
  → '먹다'라는 동작

Pattern Practice

다음 문장에서 틀린 부분이 있으면 고치세요.

❶ This raw fish is smelling bad.   _____ → _____

❷ Be quiet! I'm thinking about the problem.   _____ → _____

❸ She is liking to go skiing every winter.   _____ → _____

❹ I am feeling bad to hear the sad news.   _____ → _____

❺ Strawberry ice cream is tasting good.   _____ → _____

A 괄호 안의 표현 중 알맞은 것을 고르세요.

1 Jennifer said that South Africa (had held / held) the World Cup in 2010.

2 She (will be leaving / leaves) for London this afternoon.

3 I (was used to / used to) complain about being neglected.

4 That dog (smells / is smelling) pretty bad.

5 She (thinks / is thinking) that I'm a very generous person.

6 Heaven (will help / helps) those who help themselves.

7 If you (will eat / eat) too much, you will gain weight.

8 When my daughter (will come / comes) home, I will have a talk with her.

B 빈칸에 괄호 안의 단어를 알맞게 바꿔 쓰세요.

1 The students _____ a lot of money on their assignment yesterday. (spend)

2 My cousins _____ to my house tonight. (come)

3 Tom said that two and three _____ five. (make)

4 Her friend _____ by the time she calls her. (work)

5 I _____ a shower when you called me. (take)

6 Jane _____ yoga every day to keep her figure. (practice)

C 밑줄 친 부분을 올바르게 고치세요.

1 If he will move next to my house, I'll get really mad. → _____

2 The writer's computer suddenly was breaking down yesterday. → _____

3 Mary is doing her homework at noon tomorrow. → _____

4 She is owning a lot of properties. → _____

5 He is resembling his grandfather. → _____

6 My dad is loving to go camping every weekend. → _____

A 다음 우리말을 영어 문장으로 쓰세요.

1 우리는 20년 전에 고향을 떠났다. (hometown)
　　주어　　　　　　　목적어　동사

→ _____

2 가을 동안에 그는 매일 운동했다. (exercise)
　　　　　주어　　　　동사

→ _____

3 그가 나에게 노트북 컴퓨터를 빌려 준다면 난 매우 기쁠 것이다. (laptop)
　　　　조건 부사절　　　　　　　　　주어　　　동사 + 보어

→ _____

4 David는 도서관에서 몇 권의 책을 빌렸다.
　　주어　　　　　　　　목적어　　동사

→ _____

5 나는 물이 100도에서 끓는다고 배웠다. (degrees centigrade)
　주어　　　　목적어　　　　　　동사

→ _____

B 다음 문장을 영어로 옮기세요.

1 우리 집은 언덕 위에 서 있다. (stand)

→ _____

2 내일 비가 오면 나는 집에 있을 것이다. (stay)

→ _____

3 John은 그의 아버지를 닮았다. (resemble)

→ _____

4 Steve는 매일 약을 복용한다. (take medicine)

→ _____

5 나는 베트남 전쟁이 1975년에 끝났다고 들었다. (Vietnam War)

→ _____

6 그녀는 막 미국으로 떠나려던 참이었다.

→ _____

7 우리 아버지는 60세에 은퇴하실 것이다. (retire)

→ _____

UNIT 04 완료 시제

A 현재완료

과거의 어느 시점에 사건이 시작하여 현재에 끝나거나 계속되는 시제이다. 형태는 「have + p.p.」이며 완료, 결과, 계속, 경험의 의미를 나타낸다.

 완료: 과거에 어떤 행위가 시작하여 현재에 끝난 것
결과: 과거에 있었던 사건이 현재에도 영향을 끼치는 것

- I have finished my class assignment.   완료

- The worker has just painted our front door.   완료
  ≫ 완료를 의미하는 현재완료는 흔히 just, already, yet 등과 같이 쓰인다.

- My wife and her sister have gone to Busan to meet their friend.
        결과: 그래서 지금 여기 없음

- Antonio has lost his favorite album.   결과: 그래서 지금 갖고 있지 않음

 경험: 과거에서 지금까지의 기간 사이에 겪은 경험
계속: 과거에 시작하여 지금까지 이어져 오는 행동이나 상태

- She has been to Japan three times.   경험
- Have you heard of her name?   경험
- I have known the truth since I was a child.   계속
- I have worked for this company for 11 years.   계속

> **Stop 이건 알아둬~**
>
> 현재완료는 명백한 과거를 나타내는 표현과 함께 쓰일 수 없다.
>
> - My employee ~~has finished~~ his work last night. (✕)
>   → My employee finished his work last night. (○)
>   (나의 직원은 그의 일을 어젯밤에 끝냈다.)
> - When ~~has~~ she ~~gone~~ there? (✕)
>   → When did she go there? (○)
>   (언제 그녀가 거기를 갔니?)

 **Pattern Practice**

다음 문장에서 밑줄 친 현재완료의 용법을 밝히세요.

❶ He <u>has lost</u> his bag while taking a trip.   _____ 용법

❷ I <u>have</u> never <u>heard</u> of this place in my life.   _____ 용법

❸ She <u>has gone</u> to France to study art.   _____ 용법

❹ Tom <u>has</u> just <u>completed</u> his mission.   _____ 용법

B 과거완료

과거의 어느 시점에 사건이 시작하여 그 후의 과거에 끝나거나 계속되는 시제이다. 형태는 「had + p.p.」이며 완료, 결과, 계속, 경험의 의미를 나타낸다.

 완료: 과거에 어떤 행위가 시작하여 과거에 끝난 것
결과: 과거에 시작하여 과거까지 이어져 오는 행동이나 상태

• I had cleaned my room when she came in.	완료
• She had just finished doing her homework at that time.	완료
• My dad had gone on a business trip so he couldn't attend the meeting.	결과
• The lawyer had gone somewhere so the client had to wait.	결과

 경험: 과거에서 과거까지의 기간 사이에 겪은 경험
계속: 과거에 시작하여 과거까지 이어져 오는 행동이나 상태

• David had been to Brazil once before he went to Korea.	경험
• I had never visited China until 2008.	경험
• Jane had loved Steve for 10 years.	계속
• She had known Jennifer for 5 years when Jennifer joined the club.	계속

---Writing에 적용하기---

「had + p.p.」는 과거보다 더 이전의 사건을 나타낼 때에도 사용할 수 있는데 이것을 '대과거'라고 한다.

· I lost the watch which my
    과거
  father had bought for me.
         대과거
(나는 아빠가 사 주신 시계를 잃어버렸다.)

Pattern Practice

다음 문장에서 밑줄 친 과거완료의 용법을 밝히세요.

❶ I had finished my homework when Dad came into my room. _____ 용법

❷ She had been to the Middle East twice for business. _____ 용법

❸ My dad had thrown away his favorite album. _____ 용법

❹ I had never seen him before 2010. _____ 용법

GRAMMAR PRACTICE

A 괄호 안의 표현 중 알맞은 것을 고르세요.

1 I (have passed / passed) the certification test last week.

2 She (has fallen / had fallen) asleep when her mother came in.

3 When (did you finish / have you finished) cleaning up your room?

4 Ann (went / has been) to Greece three times since 2005.

5 The salesperson (have given up / gave up) his career when he heard the bad news.

B 다음 빈칸에 괄호 안의 동사를 알맞게 쓰세요.

1 나는 나의 차가 긁혔다는 것을 알아차렸다.

→ I noticed that my car _____ _____ scratched. (be)

2 그들은 나의 차를 지금 막 페인트칠을 했다.

→ They _____ just _____ my car. (paint)

3 내가 잠에서 깨어났을 때 내 아내는 내 옷을 다림질해 놓았다.

→ When I woke up, my wife _____ _____ my clothes. (iron)

4 그곳은 우리가 지금까지의 묵은 호텔 중에서 최악이었다.

→ It was the worst hotel that we _____ ever _____ at. (stay)

5 그 용의자는 그 사건이 일어나기 전에도 그 사실을 알고 있었다.

→ The suspect _____ _____ the truth even before the incident happened. (know)

C 밑줄 친 부분을 올바르게 고치세요.

1 She has finished her work when her dad called her. → _____

2 The family has moved to several cities before they settled in New York.

→ _____

3 Last month, the workers has gone on a strike. → _____

4 They knew one another since they were a child. → _____

5 Judy confessed that she has undergone plastic surgery several times.

→ _____

A 다음 우리말을 영어 문장으로 쓰세요.

1 나는 자전거를 잃어버렸다. (그래서 지금 자전거가 없다.)
　　주어　　목적어　　　동사

　→ _____

2 그는 이곳에서 10년 동안 살고 있다.
　　주어　　　　　　　　　　　동사

　→ _____

3 Michael은 그때까지 그 영화를 본 적이 없었다. (until then)
　　　주어　　　　　　　목적어　　　동사

　→ _____

4 너는 언제 그 일을 처음 시작했니?
　　주어　　　목적어　　　동사

　→ _____

5 우리는 지난주부터 이 호텔에 머물고 있다. (since last week)
　　주어　　　　　　　　　　　동사

　→ _____

B 다음 문장을 영어로 옮기세요.

1 나는 그의 여동생이 미국에서 왔다는 것을 몰랐다.

　→ _____

2 Susan은 지난주에 자신의 차를 수리했다.

　→ _____

3 나는 설명서를 읽어 봤지만, 그것들을 이해 못한다. (instructions)

　→ _____

4 나는 그 숲에서 늑대를 본 적이 있다.

　→ _____

5 Tim은 군대에서 10년 동안 복무했다. (serve)

　→ _____

6 Tim은 군대에서 10년 동안 복무하고 있다.

　→ _____

7 Mary는 그때까지 인터넷을 한 번도 사용해 본 적이 없었다.

　→ _____

A 다음 괄호 안에서 알맞은 표현을 고르세요.

1 Michael lost his bike which he (has bought / had bought) at the market.

2 Her father (has passed away / passed away) a few days ago.

3 Have you (ever / never) tried skiing? It's a really cool sport.

4 My mom (goes / went) jogging three times a week.

5 Smoking (was / is) not good for your health at all.

6 The kids (are having / have) their own colorful hats.

7 You (are reminding / remind) me of your father.

8 The banana which you bought (doesn't taste / isn't tasting) very good.

9 Ann said that America (is / was) far from Korea.

10 The history teacher said that Columbus (discovered / had discovered) America in 1492.

B 다음 문장에서 밑줄 친 부분을 올바르게 고치세요.

1 Steve <u>is loving</u> to travel abroad every year.   → _____

2 Aristotle <u>has been</u> a Greek philosopher.   → _____

3 <u>Have</u> you <u>visited</u> many places when you were in London?

→ _____

4 He has lived in a small cottage ever since he <u>is</u> born.   → _____

5 How long <u>does</u> Steve <u>have</u> a beard?   → _____

6 The thief <u>has stealed</u> a lot of expensive diamond rings.   → _____

7 <u>Are</u> you <u>believing</u> in God?   → _____

8 Who <u>has written</u> the play *Romeo and Juliet*?   → _____

9 Lincoln <u>had been</u> the President of the U.S. from 1861 to 1865.

→ _____

10 I met my mother yesterday and <u>tell</u> her that I <u>bought</u> some cookies.

→ _____

C 다음 빈칸에 알맞은 표현을 쓰세요.

1 그가 돌아올 때까지 여기에 있을게.

→ I will stay until _____ _____ back.

2 나는 그녀가 언제 서울로 오는지 알고 싶다.

→ I want to know when _____ _____ _____ to Seoul.

3 Tim은 아침 식사 이후로 두 개의 프로젝트를 끝냈다.

→ Tim _____ _____ two projects since breakfast.

4 너는 발레를 본 적이 있니?

→ _____ _____ _____ a ballet before?

5 그는 2개월 동안 병원에 있었다.

→ He _____ _____ in hospital for two months.

D 다음 빈칸에 알맞은 표현을 쓰세요.

1 나는 초등학생 때부터 미국에서 살고 있다.

→ I _____ _____ _____ America _____ I was an elementary school student.

2 그녀가 사무실을 방문했을 때 나는 점심을 먹고 있었다.

→ When _____ _____ my office, _____ _____ _____ lunch.

3 만약 내일 비가 온다면, 우리는 등산하지 않을 것이다.

→ If _____ _____ tomorrow, we _____ _____ the mountain.

4 Jennifer는 미국이 1776에 독립을 선언했다고 말했다.

→ Jennifer _____ _____ _____ _____ independence in 1776.

E 다음 문장을 영어로 옮기세요.

1 Steve는 막 회의를 시작하려던 참이었다.

→ _____

2 그녀가 발표를 한다면 난 주의 깊게 들을 것이다.

→ _____

3 Mary는 엄마가 전화했을 때 일을 하고 있었다.

→ _____

4 나는 그의 소설들을 읽어 본 적이 없다.

→ _____

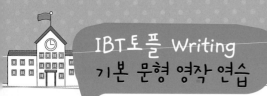
A 근거 제시문에 자주 쓰이는 동사 표현들

본론에서 자신의 주장을 전개할 때, 그 주장을 뒷받침해 줄 수 있는 근거를 제시해야 한다. 특히, 통합형 작문(Integrated Writing)에서는 읽고 들은 내용을 인용해서 표현해야 할 경우가 더욱 많다. 이때 다음과 같은 표현들을 사용할 수 있다.

1 The reading passage indicates that ~ 독해지문에서는 ~을 나타낸다
The reading passage indicates that there are many endangered species which should be protected on the planet.

2 In the reading, the writer stresses ~ 독해지문에서, 저자는 ~을 강조한다
In the reading, the writer stresses the importance of protecting the environment.

3 The lecturer argues[maintains / insists / asserts] ~ 강사는 ~을 주장하다
The lecturer argues that the issue of environmental protection is not a matter of choice but a matter of necessity.

4 The lecturer points out ~ 강사는 ~을 지적한다
The lecturer points out the side effects of early education.

B 실전 Writing 연습: 다음 문장을 영어로 옮기세요.

1 강사는 인터넷 기반 학습이 사회적 재능을 개발할 기회를 제공하지 않는다고 주장한다.
(the lecturer / insist / Internet-based-learning / provide / develop / social skills)
→ _____
_____

2 독해지문에서는 동물원이 여러 가지 이유에서 유용하다는 것을 나타내고 있다.
(the reading passage / indicate / zoo / several)
→ _____

3 강사는 외국어 학습에서 조기 교육의 부정적인 측면을 설명했다.
(the lecturer / negative / aspect / learn / foreign language)
→ _____

CHAPTER 03

조동사

UNIT 05 조동사의 용법

UNIT 06 조동사 + have p.p.

UNIT 05 조동사의 용법

A can / could

 can: 능력, 허락, 가능성, 추측의 의미를 나타낸다.

- She can speak both English and Chinese very well.   능력
- She will be able to speak English before long.   can의 미래형, 능력
- Can I borrow your English-Korean dictionary?   허락
- Children can get cancer.   가능성
- Can the story be true?   추측
- The rumor cannot be true.   강한 부정 추측
- The machine can be repaired by 10 o'clock.   can의 수동태

 could : can의 과거형인 동시에, 정중함을 나타낼 때도 사용한다.

- I could play the piano quite well when I was 10 years old.   can의 과거, 시제 일치
  = I was able to play the piano when I was 10 years old.
- Could I use your cell phone, please?   Can I ~?보다 정중한 표현

 can / could의 관용 표현

- When I see the movie, I cannot help crying.   ~하지 않을 수 없다
  = When I see the movie, I cannot but cry.
- We cannot be too careful when driving a car.   아무리 ~해도 지나치지 않다
- I was wondering if you could help me with my homework.   ~해 주실 수 있습니까?

Pattern Practice

다음 문장을 해석하세요.

❶ The news cannot be false.   → _____

❷ What he said could be true.   → _____

❸ When I see that sitcom, I cannot help laughing.   → _____

❹ Could I use your computer, please?   → _____

B may / might

 1 may: 불확실한 추측, 가능성, 허락의 의미를 나타낸다.

- Jennifer may be at home.   불확실한 추측, 가능성
- The news may not be true.
- She may be playing the violin in her room.   may의 진행형
- The machine may be repaired by Friday.   may의 수동태
- May I come in?   허락

 2 might: may의 과거형으로 의미상으로는 may와 큰 차이가 없지만, might가 may보다 더 완곡한 의미를 나타내기도 한다.

- He said that he might go swimming after school.   may의 과거, 시제 일치
- The weatherman said that it might snow.
- The news might be true.   완곡한 표현, ~일지 모른다
- There might be some errors in the test results.

 3 may / might의 관용 표현, 특별 용법

- She may well get angry.   ~하는 것도 당연하다
- You may as well eat more vegetables.   ~하는 것이 좋겠다 = had better
  = You might as well eat more vegetables.
- May God bless you.   ~하기를 기원하다, 「May + S + V ~」 기원문
- Wherever she may go, I will follow her.   ~한다 해도, 양보절
- He studies hard so that he may [might]   ~하기 위해서, 목적절
  pass the exam.

Pattern Practice

다음 문장을 해석하세요.

① Susan may be at her office.   → _____
② May your dreams comes true.   → _____
③ You may as well eat less for your health. → _____
④ May I use your computer?   → _____
⑤ Your mother may well get angry.   → _____

C must / have to

 must는 (강한) 의무, 필요, 강한 긍정의 추측을 나타내며 have to와 비슷한 의미인데, have to는 주로 '필요'를 나타낸다. must의 부정형은 두 가지인데, must not은 '금지'를 나타내며 don't have to는 '불필요'를 나타낸다.

- You **must** finish the project by the end of this month. (강한 의무)
- I **have to** buy some pencils. (필요)
- She **has to** see the dentist every month.
- Students **must not** smoke. (강한 금지)
- I **don't have to** go to school tomorrow. (불필요)
- He **doesn't have to** wear a coat. It's warm outside.
- They have walked all day long. They **must** be very tired. (강한 긍정 추측)
- Steve **must** be studying in his room. (must의 진행형)
- The project **must** be finished by next month. (must의 수동태)

> **must와 have to의 차이**
> must는 화자의 의지나 명령을 강하게 전달할 때 많이 쓰고, have to는 객관적인 의무나 필요를 나타내는 경우에 많이 사용하며, 주로 일상생활에서 많이 사용된다.
> - You **must** study hard for the exam. (너는 시험 공부를 열심히 해야 한다.) → 화자의 의지
> - I have to finish the homework by tomorrow. (나는 내일까지 숙제를 끝내야 한다.) → 객관적 의무
> - I have to see the professor at 5. (나는 5시에 교수님을 뵈어야 한다.) → 필요

 must의 과거형은 had to이고 미래형은 will have to이다.

- I **had to** go to work last Sunday. (must의 과거형)
- I **had to** finish the homework yesterday.
- I **will have to** take the college entrance exam next year. (must의 미래형)
- He **will have to** go to China next year.

Pattern Practice

다음 문장을 해석하세요.

❶ She doesn't have to go to school tomorrow.
  → _____

❷ Michael had to study more than 5 hours a day last year.
  → _____

❸ She will have to go to London next year.
  → _____

❹ The project must be finished by the end of this year.
  → _____

D will / would

 will, would는 주어의 의지 또는 고집을 나타내는데, 이때 will의 과거형은 would이다.

- I will study hard from now on.   주어의 의지
- I will exercise every day to lose weight.
- This window won't open.   주어의 고집
  ≫ 영어에서는, 창문이 잘 열리지 않는 것을 창문이 고집을 부리기 때문이라는 식으로 생각한다.
- I gave her a piece of advice, but she wouldn't take it. 주어의 고집

 현재의 추측 또는 미래의 예측을 나타낸다.

- There's the doorbell. That will be Jennifer.   현재의 추측
- That will be Steve on the phone.
- He will be here in 20 minutes.   미래의 예측
- She will be twenty next year.

 will, would는 습관 또는 경향을 나타내며 상대방에게 권유할 때도 사용된다.

- She will talk for hours if she meets her friends.   현재의 습관
- After dinner, we would take a walk.   과거의 습관
- Unexpected things will happen.   경향
- Will you have more cookies?   권유

 would의 관용 용법, 특별 용법

- I would like to have something cool.   ~하고 싶다
- I'd like to travel to Africa.
- I would rather die than surrender.   surrender하느니 차라리 die하겠다
- I would rather walk than take a taxi.
- Would you please close the door?   Will you ~?보다 공손한 표현
- Would you mind turning on the TV?

Pattern Practice

다음 문장을 해석하세요.

① The car won't start.   → _____

② She will be here in half an hour.   → _____

③ I would rather die than tell a lie.   → _____

E shall / should

shall, should는 의무, 예측의 의미를 나타낸다.

 shall은 예측, 상대방의 의지, 말하는 사람의 의지, 의무를 나타낼 때 사용된다.

- I shall see her next month.   주어가 1인칭인 평서문의 shall은, 예측, 단순 미래
- Shall we dance?   주어가 1인칭인 의문문의 shall은 상대방의 의지 또는 제안
- You shall have a cell phone.   주어가 2, 3인칭에서의 shall은 말하는 사람의 의지
  = I will give you a cell phone.
- The fine shall be paid in cash.   법규, 규정에서의 shall은 의무

 should는 의무, 논리적 추측을 나타내며 that절에서 다양한 의미로 사용된다.

- All visitors should register at the front desk.   의무
- Since he was born in 1960, he should be over forty now.   논리적 추측

 should의 관용 용법, 특별 용법

- I <u>suggested</u> that he (should) see a dentist.
  ≫ 주절에 suggest, propose, insist, demand, request, desire, recommend와 같은 동사가 오면, 종속절에는 「(should) + 동사원형」이 와야 한다. 이때 should는 생략 가능하다.
- It is <u>strange</u> that she should cry all day long.
  ≫ 주절에 strange, wonderful, regretful, surprising, surprised 등의 '감정' 형용사가 오면, 종속절에는 「should + 동사원형」이 와야 한다. 이때 should는 생략할 수 없다.
- It is <u>necessary</u> that they (should) work hard.
  ≫ 주절에 necessary, natural, desirable, right, wrong 등의 '이성적 판단' 형용사가 오면, 종속절에는 「(should) + 동사원형」이 와야 한다. 이때 should는 생략 가능하다.

F ought to

ought to는 의무와 추측을 나타낸다.

- You ought to study English hard.   의무
- She ought to be tired because she walked all day long.   추측
- You ought not to use bad language.
  ≫ ought to의 부정형은 ought not to이다.

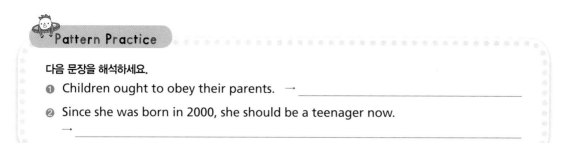

Pattern Practice

다음 문장을 해석하세요.

❶ Children ought to obey their parents. → _____

❷ Since she was born in 2000, she should be a teenager now.
   → _____

G need / dare

need(~할 필요가 있다)와 dare(감히 ~하다)는 조동사로도 사용되고 본동사로도 사용된다.

 need가 조동사로 사용될 때는 뒤에 동사 원형이 오고, 본동사로 사용될 때는 to부정사가 온다.

- He need wait.   조동사, 주어가 3인칭 단수이지만 need 뒤에 -s를 붙이지 않음
- He needs <u>to wait</u>.   본동사, 주어가 3인칭 단수이므로 need 뒤에 -s를 붙임
- He need not wait.   조동사, 부정형
- He doesn't need <u>to wait</u>.   본동사, 부정형

 dare가 조동사로 사용될 때는 뒤에 동사 원형이 오고, 본동사로 사용될 때는 to부정사가 온다.

- He dare not complain.
  ≫ 조동사, 주어가 3인칭 단수이지만 dare 뒤에 -s를 붙이지 않고, 부정형은 dare 뒤에 not을 붙임

- He doesn't dare <u>to complain</u>.
  ≫ 본동사, 주어가 3인칭 단수이므로 부정형이 does not의 형태가 된다.

H had better

had better(~하는 게 낫다)는 조동사 역할을 한다.

 had better 뒤에는 동사원형이 오고, 부정형은 had better 뒤에 not을 붙인다.

- You had better go home early.
- You had better not go home early.
- You had better pay back the money soon. ≫ had better는 약간의 강압적인 의미도 있음

Pattern Practice

다음 문장을 해석하세요.

❶ Dare he do it?   → _____

❷ We need not be in a hurry. → _____

❸ I had better go now.   → _____

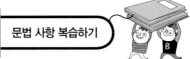

GRAMMAR PRACTICE

문법 사항 복습하기

A 괄호 안의 표현 중 알맞을 것을 고르세요.

1 (Shall / Will) we go swimming?

2 (Must / Would) you tell me the way to City Hall?

3 (May / Should) God bless you!

4 How (dare / need) you speak to me like that?

5 The news (cannot / must not) be true.

6 Michael has walked all day long. He (cannot / must) be tired.

7 The front door (won't / can't) open.

B 보기에서 알맞은 조동사를 골라서 문장의 빈칸에 쓰세요. (답이 2개 이상일 수도 있음)

보기: can, could, may, might, must, have to, will, would, shall, should, ought to, need, dare, had better

1 It is necessary that students _____ study hard.

2 Susan left home 1 hour ago. She _____ be here soon.

3 _____ I go out and play with my friends?

4 I _____ marry her no matter what happens.

5 When I was a student, I _____ walk on campus after lunch.

6 Children _____ not be allowed to buy cigarettes.

7 The wind is cold. _____ you close the window?

C 다음 문장에서 어색한 부분을 찾아서 올바르게 고치세요.

1 She will can play the guitar well next year. _____ → _____

2 Jane broke the vase. Her mother may as well get angry.

_____ → _____

3 I suggest that the festival is delayed. _____ → _____

4 Last year, he has to work on Sundays. _____ → _____

5 She needs wait. _____ → _____

42

A 다음 우리말을 영어로 옮기세요.

1 제가 당신의 휴대전화를 좀 사용해도 될까요? (허락)
　　주어　　　목적어　　　　　　동사

→ _____

2 그는 아마 도서관에 있을지도 모른다. (추측)
　　주어　　　　　　　　　　동사

→ _____

3 나는 책 한 권을 사야 한다. (의무, 필요)
　　주어　　목적어　　　동사

→ _____

4 나는 하루에 두 시간씩 영어를 연습할 것이다. (의지)
　　주어　　　　　　　　　목적어　　동사

→ _____

5 너는 그 음식을 먹지 않는 게 나을 것이다.
　　주어　　목적어　　　　　동사

→ _____

B 다음 문장을 영어로 옮기세요.

1 나는 그 광경을 보고 웃지 않을 수 없다. (cannot help -ing)

→ _____

2 우리 엄마가 화를 내는 것은 당연하다. (may well)

→ _____

3 그 프로젝트는 다음 주까지 끝나야만 한다. (must의 수동태)

→ _____

4 당신은 거기에 가야만 할 것이다. (must의 미래형)

→ _____

5 나는 버스를 타느니 차라리 걷겠다. (would rather A than B)

→ _____

6 나는 뭔가 새로운 것을 먹고 싶다. (would like to)

→ _____

7 나는 감히 거기에 가지 못한다. (dare not)

→ _____

UNIT 06 조동사 + have p.p.

A may + have p.p. / must + have p.p. / cannot + have p.p.

may, must, cannot 뒤에 동사원형이 오면 '현재 일에 대한 추측'이고, have p.p.가 오면 '과거 일에 대한 추측'을 나타낸다.

 1 may[might] + have p.p.는 과거에 대한 불확실한 추측이다.

- She may be sick.   현재 추측
- She may[might] have been sick.   과거 추측
- Jennifer may study English now.   현재 추측
- Jennifer may[might] have studied English yesterday.   과거 추측

2 must + have p.p.는 과거에 대한 확신에 찬 긍정 추측이다.

- She must be sick.   현재 추측
- She must have been sick.   과거 추측
- He must be at home now.   현재 추측
- He must have been at home yesterday.   과거 추측

3 cannot[could not] + have p.p.는 과거에 대한 확신에 찬 부정 추측이다.

- She cannot be sick.   현재 추측
- She cannot have been sick.   과거 추측
- He could not have been sick.   과거 추측
- He cannot have studied yesterday.   과거 추측

Pattern Practice

다음 문장을 해석하세요.

❶ She may have been sad. → _____

❷ She must have been sad. → _____

❸ She cannot have been sad. → _____

B should + have p.p.

should, could 뒤에 동사원형이 오면 현재 일에 대한 내용이고, have p.p.가 오면 과거 일에 대한 내용, 즉 지나간 일에 대한 후회나 유감을 나타낸다.

 should + have p.p.는 과거 일에 대한 후회 또는 유감을 나타낸다.

• You look tired. You should go to bed now.	현재에 대한 내용
• You should have brought an umbrella.	과거에 대한 내용
• I should study harder.	현재에 대한 내용
• I should have studied harder.	과거에 대한 내용
• He should have finished high school.	과거에 대한 내용
• I should not have driven the car so fast.	과거에 대한 내용
• She should not have bought such an expensive car.	과거에 대한 내용

C 가정법 과거형 문장의 귀결절 시제

should / would / could / might 다음에 have p.p.를 써서 과거 사실의 반대를 가정하는 가정법 과거형 문장의 귀결절 시제로 사용한다.

• If I had studied harder, I could have passed the exam.

• If you had helped me, I could have succeeded in my business.

• If I had known her phone number, I would have called her.

• If you had called me earlier, I would have helped you.

• If I had made more effort, I might have gotten better grades on the exam.

• If I had wanted to pass the exam, I should have studied harder.

Pattern Practice

다음 문장을 해석하세요.

❶ I should have gone to the party. → _____

❷ You should have been more careful. → _____

❸ If I had known her address, I would have written a letter to her.
  → _____

❹ If I had studied harder, I could have passed the exam.
  → _____

A 괄호 안의 표현 중 알맞을 것을 고르세요.

1 Michael may (be / have been) sick now.

2 Michael may (be / have been) sick yesterday.

3 He cannot (be / have been) hungry now.

4 He cannot (be / have been) hungry last night.

5 We should (act / have acted) now.

6 We should (act / have acted) two days ago.

7 Jennifer must (be / have been) angry now.

8 Jennifer must (be / have been) angry yesterday.

9 If I had known her address, I would (write / have written) a letter to her.

10 If he had made more effort, he could (pass / have passed) the exam.

B 다음 문장에서 밑줄 친 부분을 올바르게 고치세요.

1 Steve <u>may be</u> happy yesterday.　→ _____

2 Steve <u>may have been</u> happy now.　→ _____

3 We <u>should have done</u> our best today.　→ _____

4 We <u>should do</u> our best then.　→ _____

5 She <u>must have been</u> happy now.　→ _____

6 She <u>must be</u> happy yesterday.　→ _____

7 I feel sick. I <u>shouldn't eat</u> so much chocolate at the party last night.

→ _____

8 You <u>should go</u> to bed early last night.　→ _____

9 I <u>might leave</u> my cell phone in the office last night.

→ _____

10 You <u>might leave</u> the umbrella in the subway last night.

→ _____

SENTENCE WRITING PRACTICE

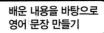 배운 내용을 바탕으로
영어 문장 만들기

Ⓐ 다음 문장을 영어로 옮기세요.

1 그는 아마 어젯밤에 아팠을 것이다. (may + have p.p.)
　　<u>주어</u>　　　　　　<u>동사</u>

　　→ _____

2 그는 틀림없이 어젯밤에 아팠을 것이다. (must + have p.p.)
　　<u>주어</u>　　　　　　　　<u>동사</u>

　　→ _____

3 그는 어젯밤에 아팠을 리가 없다. (cannot + have p.p.)
　　<u>주어</u>　　　　　<u>동사</u>

　　→ _____

4 나는 그 책을 가져왔어야만 했는데. (should + have p.p.)
　　<u>주어</u>　<u>목적어</u>　　<u>동사</u>

　　→ _____

5 나는 더 열심히 공부했어야 했는데. (should + have p.p.)
　　<u>주어</u>　　　　　<u>동사</u>

　　→ _____

Ⓑ 다음 문장을 영어로 옮기세요.

1 너는 어제 그 우산을 그 가게에 놓고 왔는지도 모른다. (might + have p.p.)
　　→ _____

2 그녀는 어제 아마 일찍 집에 갔었는지도 모른다. (may + have p.p.)
　　→ _____

3 나는 그 당시에 그 일자리를 잡았어야 했는데. (should + have p.p.)
　　→ _____

4 나는 그 일을 더 일찍 끝냈어야 했는데. (should + have p.p.)
　　→ _____

5 그녀는 어제 틀림없이 열심히 공부했었을 것이다. (must + have p.p.)
　　→ _____

6 그녀는 지난밤에 틀림없이 늦게 잠자리에 들었을 것이다. (must + have p.p.)
　　→ _____

7 그는 어제 화가 났었을 리가 없다. (cannot + have p.p.)
　　→ _____

REVIEW TEST

A 다음 괄호 안에서 알맞은 표현을 고르세요.

1 When I see the clown, I cannot help (laugh / laughing.)

2 You may (well / as well) eat less and exercise more.

3 They played soccer for 2 hours. They (cannot / must) be tired.

4 (Would / May) you please close the door?

5 I suggest that she (goes / go) to the birthday party.

6 We (ought to not / ought not to) tell a lie.

7 You (had not better / had better not) miss the exam.

B 다음 보기에서 알맞은 단어를 찾아서 빈칸에 쓰세요.

보기: would, could, might, should, had to, dare, had better

1 I _____ swim quite well when I was an elementary student.

2 She said that she _____ go shopping with her friends.

3 She studied very hard so that she _____ pass the exam.

4 She _____ study five hours a day last year.

5 I _____ rather walk than take a subway.

6 I suggested that she _____ meet him.

C 다음 문장에서 밑줄 친 부분을 올바르게 고치세요.

1 He <u>may be</u> there yesterday.   → _____

2 He <u>cannot be</u> there yesterday.   → _____

3 He <u>must be</u> there yesterday.   → _____

4 I <u>have to</u> go to Canada next year.   → _____

5 I <u>will like to</u> eat something.   → _____

6 I suggested that he <u>goes</u> to see a dodtor. → _____

7 Parents <u>ought to not</u> abuse children. → _____

D 다음 빈칸에 알맞은 단어를 쓰세요.

1 너는 내일까지 그 보고서를 끝내는 게 나을 거야.

→ You _____ _____ _____ the report by tomorrow.

2 그의 나이가 나보다 두 살 더 많으니까, 그는 지금 열다섯 살일 것이다.

→ Since he is 2 years older than me, he _____ _____ 15 now.

3 만약 네가 나에게 좀 더 일찍 전화를 했더라면, 나는 너를 도와줬을 텐데.

→ If you called me earlier, I _____ _____ _____ you.

4 나는 그 당시에 그 기회를 잡았어야 했는데.

→ I _____ _____ _____ the opportunity then.

E 다음 빈칸에 알맞은 영어 표현을 넣으세요.

1 그녀는 젊었을 때, 틀림없이 예뻤을 것이다.

→ She _____ _____ _____ _____ when she was young.

2 나는 싸우느니 차라리 침묵하겠다.

→ I _____ _____ be silent _____ fight.

3 나는 울지 않을 수 없다.

→ I _____ _____ _____.

4 당신은 차를 여기에 주차하지 말았어야 합니다. (not은 단축형으로)

→ You _____ _____ _____ the car here.

F 다음 문장을 영어로 옮기세요.

1 너의 엄마가 화를 내는 것은 당연하다. (may well)

→ _____

2 나는 머지않아 수영을 꽤 잘할 수 있을 것이다. (can의 미래형)

→ _____

3 나는 그 시험에 합격하기 위해서 열심히 공부했다. (so that ~ may)

→ _____

4 그녀는 지금 자기 방에서 피아노를 연주하고 있는지도 모른다. (may의 진행형)

→ _____

5 나는 항복을 하느니 차라리 죽겠다. (would rather ~ than)

→ _____

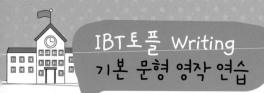
A 결론 단락(conclusion)의 시작에 많이 쓰이는 표현들 (1)

글의 마지막에 결론을 내리는 단락에서는 지금까지 언급한 내용을 간결하고도 논리적으로 정리한 다음에 결론을 내리는 식으로 글을 마무리 한다. 이때 다음과 같은 표현들을 사용할 수 있다.

1 In conclusion, 결론적으로

In conclusion, universities should make more effort to enhance management efficiency instead of raising tuition fees.

2 Therefore, 그러므로

Therefore, it is very important to exercise regularly.

3 As a result, 결과적으로

As a result, a company's bad reputation has a negative influence on its product sales.

4 For these reasons, 이러한 이유들 때문에

For these reasons, smoking should not be allowed in public places.

B 실전 Writing 연습: 다음 문장을 영어로 옮기세요.

1 결론적으로, 애완동물을 가지는(기르는) 것은 아이들에게 책임감을 가르칠 수 있다.

(in conclusion / having pets / responsibility)

→ _____

2 결론적으로, 나는 작은 마을이 살기에 훨씬 더 낫다고 믿는다.

(in conclusion / a small town / better)

→ _____

3 인구 밀집의 결과로 서울은 매우 오염되었다.

(As a result of / overcrowding / pollute)

→ _____

CHAPTER

04

부정사

UNIT 07 부정사의 용법

UNIT 08 부정사의 동사적 성질

UNIT 07 부정사의 용법

A 명사적 용법

명사의 성질을 가진 부정사는 문장에서 주어, 목적어, 보어로 활용될 수 있다. 보통 '~하는 것' 또는 '~하기'로 해석한다.

 문장의 주어로 사용

- To type in English isn't that easy.
- To take a trip once in a while helps me refresh my mind.
- To drive him home is annoying. = It is annoying to drive him home.

 문장의 목적어로 사용

- I wish to become a figure skater like Yuna Kim.
- She decided to quit her job because of a health problem.
- Kevin wants to participate in the 2014 World Cup as a volunteer.
- I hope to be a success in that field.

> **Writing에 적용하기**
> 주어로 쓰이는 부정사는 보통 문장 뒤로 보내고 원래 자리에 it 가주어를 쓰는 것이 더 자연스러운 표현이다. 주어 자리에 부정사를 그대로 두는 경우는 격식을 차리는 연설을 할 때 종종 사용된다.
> - To buy a new cell phone now is silly.
>   → It is silly to buy a new cell phone now.
>   가주어   진주어
>   (지금 새 휴대전화를 사는 것은 어리석다.)

 문장의 보어로 사용

- She is scheduled to meet the CEO of the company.
- My job is to answer all complaints.
- Steve wants Mary to call him back as soon as possible.

 「의문사 + to부정사」는 명사적 용법으로 쓰인다.

- I can't decide when to tell her the truth.
- Please tell me how to solve the problem.
- I have no idea what to do for her.
- She knows where to go for vacation.
  ≫ 주의사항: 「why + to부정사」라는 표현은 없다.

> **Writing에 적용하기**
> 「의문사 + to부정사」는 「의문사 + 주어 + should + 동사원형」으로 전환이 가능하다.
> - Please tell me how to solve the problem. = how I should solve
>   (그 문제를 어떻게 풀지를 알려줘.)
> 부정사의 부정형은 「not + to 동사원형」이다.
> - I told the boy not to throw things at our window.
>   (나는 그 아이에게 창문으로 물건들을 던지지 말라고 얘기했다.)

B 형용사적 용법

형용사처럼 명사를 수식하거나 보어(be to 용법)로 쓰인다.

 명사 뒤에서 수식: '～할'로 해석

- There are <u>piles of work</u> to be done.
- I need <u>some time</u> to work on the project.
- There is <u>no place</u> to hide for the enemy.

 보어(be to 용법)로 사용: 문맥에 따라 여러 가지로 해석 가능

- The board meeting <u>is to be held</u> next Monday.　　　　～할 예정이다(예정)
- The family <u>was</u> never <u>to return</u> to their hometown.　　　～할 운명이다(운명)
- If you <u>are to succeed</u> in the future, you must work hard.　　～하려면(의도)
- The POWs <u>are to be released</u> immediately.　　　　　　　～해야 한다(의무)
- Jane <u>was to be</u> at school on time.　　　　　　　　　　～할 수 있다(가능)

Pattern Practice

1 다음 밑줄 친 부정사의 문장 성분(주어/목적어/보어)을 밝히세요.

❶ She expected him <u>to make</u> a fortune but he didn't.　＿＿＿＿＿

❷ It is exciting <u>to watch</u> them dance on the stage.　＿＿＿＿＿

❸ The teacher didn't allow her <u>to leave</u> the classroom.　＿＿＿＿＿

2 다음 문장들을 밑줄 친 부분에 유의하여 해석하세요.

❶ Do you have a girlfriend <u>to date</u>?
　→ ＿＿＿＿＿＿＿＿＿＿＿＿＿＿＿＿＿＿＿＿＿＿＿＿＿

❷ The student <u>is to make</u> a speech this evening.
　→ ＿＿＿＿＿＿＿＿＿＿＿＿＿＿＿＿＿＿＿＿＿＿＿＿＿

❸ We need some lists <u>to look</u> over.
　→ ＿＿＿＿＿＿＿＿＿＿＿＿＿＿＿＿＿＿＿＿＿＿＿＿＿

C 부사적 용법

부사처럼 형용사를 수식하거나 목적, 감정의 원인, 결과, 판단의 근거 등을 나타낸다.

 문맥에 따라 다양하게 해석

(1) 목적 – 앞에 in order나 so as가 생략되어 있다. (~하기 위해서)

- Jessica studied hard (in order) to impress her mother.
- He took the car (so as) to run far away from the police.

(2) 감정의 원인 – 앞에 감정의 형용사가 있다. (~해서)

- My mom was happy to know that I got a promotion.
- I'm honored to be here with all of you.

(3) 결과 – 주로 live, grow up, only 등과 함께 쓴다. (~해서 ⋯하다)

- Steve grew up to be an ESL teacher.
- His friend studied hard only to fail the exam.

(4) 판단의 근거 – 앞에 판단하는 내용이 나온다. (~하다니, ~을 보니)

- His father must be angry to see his son behave so rudely.
- The thief must be crazy to behave like that.

(5) 형용사 수식 – 형용사를 뒤에서 수식한다. (~하기에)

- My best friend is actually quite hard to deal with.
- The woman is difficult to teach.

 too ... to와 ... enough to ~: 형용사나 부사를 too 뒤, enough 앞에 쓴다.

(1) too ... to 동사원형: 너무 ⋯해서 ~할 수 없다

= so ... that 주어 can't 동사원형

- I am too tired to handle any more work.
  (= I am so tired that I can't handle any more work.)
- Tim was too sick to attend the meeting.
  (= Tim was so sick that he couldn't attend the meeting.)

(2) ... enough to 동사원형: ~할 정도로 충분히 ⋯한

= so ... that 주어 can 동사원형

- Susan is strong enough to overcome this situation.
  (= Susan is so strong that she can overcome this situation.)
- Bill Gates is rich enough to buy whatever he wants.
  (= Bill Gates is so rich that he can buy whatever he wants.)

3 관용적인 표현들은 반드시 암기해 두자.

(1) to be frank with you: 솔직히 말하면

(2) so to speak: 말하자면

(3) to make matters worse: 설상가상으로

(4) not to mention: ~은 말할 것도 없고

(5) strange to say: 이상한 이야기지만

(6) to tell the truth: 사실대로 말하면

to 부정사 외에도 to가 없는 원형부정사도 있다. 원형부정사는 5형식 문장에서 목적격보어 자리에 쓰인다. 단, 원형부정사를 쓰기 위해서는 동사 자리에 사역동사나 지각동사가 있어야 한다.

사역동사: make, have, let 등

지각동사: see, hear, smell, taste, feel 등

- I <u>made</u> my son <u>clean</u> his room.
  사역동사　　　원형부정사
  (나는 아들에게 그의 방을 청소하게끔 시켰다.)

- Jane <u>saw</u> a person <u>cross</u> the street.
  지각동사　　　원형부정사
  (Jane은 어떤 사람이 길을 건너는 것을 봤다.)

- To be frank with you, I didn't submit the report to my boss.

- My boss is, so to speak, a workaholic.

- To make matters worse, I spilt the milk over my girlfriend's dress.

- David also speaks German, not to mention English.

- Strange to say, she doesn't know how to write in her mother tongue.

- To tell the truth, I have been meeting her without telling you.

Pattern Practice

1 다음 밑줄 친 부분을 우리말로 옮기세요.

❶ I am sorry <u>to hear that her mother passed away</u>. → _____

❷ He practiced hard <u>only to lose the game</u>. → _____

2 다음 두 문장이 같은 의미가 되도록 빈칸을 채우세요.

❶ Ann is too tough to have a boyfriend.
→ Ann is _____ that she _____ have a boyfriend.

❷ Tim is so generous that he can forgive anybody.
→ Tim is _____ _____ _____ forgive anybody.

❸ My teacher was too old to lift the box.
→ My teacher was _____ _____ that he _____ lift the box.

3 다음 문장들을 해석하세요.

❶ My wife is, so to speak, a walking dictionary.
→ _____

❷ It is difficult to see in here, to say nothing of moving.
→ _____

❸ To make matters worse, I didn't finish my project until deadline.
→ _____

A 괄호 안의 표현 중 알맞은 것을 고르세요.

1 Is it dangerous (not to wear / to not wear) sunglasses when the sun is shining?

2 The reason that I started my homework now is (play / to play) during the weekend.

3 I want to have a friend (to play / to play with).

4 Do you know (what / how) to do when the light goes out?

5 (To be frank with you / Strange to say), I haven't got the job yet.

6 His motorcycle is really cool, (not to mention / to make matters worse) his car.

7 (That / It) is impossible to survive without water.

B 밑줄 친 부정사의 용법을 밝히세요.

1 The child is <u>to meet</u> the donor this weekend.   _____ 용법

2 It is impossible for them <u>to persuade</u> her not to meet the guy.   _____ 용법

3 I want <u>to submit</u> this report to my client.   _____ 용법

4 Is there anything <u>to do</u> right now?   _____ 용법

5 <u>To tell</u> the truth, she won the first prize in the speech contest. _____ 용법

C 틀린 부분을 올바르게 고치세요.

1 Susan, have you found a pen to write?

   _____ → _____

2 Ann decided to not carry out the project.

   _____ → _____

3 Do you know how operate this vending machine?

   _____ → _____

4 Save lots of money is the main goal of my life.

   _____ → _____

5 The Summit is be held next Tuesday in Seoul, Korea.

   _____ → _____

SENTENCE WRITING PRACTICE

A 다음 표현들을 영작하세요.

1 우리는 여행 준비를 하기 위해 시장에 갔다.
　　주어　　　　　　　　　　　　　　동사

→ _____

2 쇠고기를 사는 것보다 돼지고기를 사는 것이 더 싸다. (it 가주어)
　　　　　　　　주어　　　　　　　　동사+보어

→ _____

3 내 고객은 내가 자신의 전화번호를 기억하기를 원했다. (customer)
　주어　목적어　　　목적격 보어　　　　동사

→ _____

4 나는 나와 함께 일할 사람이 필요하다.
　주어　　　　　　목적어　　동사

→ _____

5 가을은 도보여행하기에 가장 좋은 계절이다. (hike)
　주어　　　　동사 + 보어

→ _____

B 다음 문장을 영어로 옮기세요.

1 설상가상으로 그녀는 자동차 사고를 당했다. (get in a car accident)

→ _____

2 내 계획은 2년 후에 식료품 가게를 여는 것이다. (grocery store)

→ _____

3 내 동료는 내일부터 다이어트를 시작하기로 결심했다. (colleague, go on a diet)

→ _____

4 Steve는 축구 경기를 보는 것을 좋아한다.

→ _____

5 그는 좋은 제안을 했지만, Mary는 그것을 하는 것을 거절했다. (refuse)

→ _____

6 나는 북한이 국제법을 따라 주기를 원한다. (international law)

→ _____

7 Michael은 승진하기 위하여 열심히 일했다. (get a promotion)

→ _____

UNIT 08 부정사의 동사적 성질

A 부정사의 시제

부정사의 시제를 알기 위해서는 반드시 문장의 동사의 시제를 확인해야 한다. 부정사는 두 가지 시제를 나타낼 수 있다.

독해에 적용하기

소망·의지 등을 나타내는 동사 뒤에 오는 부정사의 단순형은 그 동사의 시제보다 이후를 나타내므로 독해할 때 주의해야 한다.

- **I expect you** to win **the game.**
  (나는 네가 그 경기를 이기길 기대한다.)
  → 기대하는 것은 지금이지만 아직 경기를 이긴 것이 아니므로 to win이하는 미래로 해석해야 한다.

 단순형: to + 동사원형 (문장의 동사의 시제와 같거나 그 이후를 나타냄)

- Tim <u>seems</u> to have many friends.
  ≫ to have의 시제는 seems와 같은 현재

- Your country <u>expects</u> you to volunteer to help the poor.
  ≫ to volunteer의 시제는 expects보다 후인 미래

- My wife <u>wants</u> me to reduce my work days.
  ≫ to reduce의 시제는 wants의 시제보다 후인 미래

 완료형: to + have p.p. (문장의 동사의 시제보다 이전을 나타냄)

- The little kid at the airport <u>seems</u> to have been abroad before. ≫ to have been의 시제는 seems보다 이전인 과거

- You <u>seem</u> to have lost some weight.
  ≫ to have lost의 시제는 seem보다 이전인 과거

- Jane <u>seemed</u> to have traveled around Europe bofore.
  ≫ to have traveled의 시제는 seemed보다 이전인 대과거

Stop 이건 알아둬~

to be p.p.: 시제가 같거나 그 이후를 나타내면서 수동의 의미가 포함된 표현이다.

to have been p.p.: 이전의 시제를 나타내면서 수동의 의미가 포함된 표현이다.

- I refused to be treated like a child. (나는 아이처럼 대접받기를 거부했다.)

- My car seems to have been stolen. (내 차가 도난당한 것 같다.)

Pattern Practice

1 다음 밑줄 친 부정사의 시제를 밝히세요.

❶ John appears <u>to be</u> satisfied with the result. _____

❷ She seemed <u>to have</u> a hard time. _____

❸ I hope <u>to discuss</u> the matter with you. _____

❹ The company seems <u>to have presented</u> its new smartphone. _____

❺ Your brother seems <u>to have been</u> careless. _____

❻ She appeared <u>to have understood</u> the problem. _____

2 밑줄 친 부분에 유의하여 해석하세요.

❶ This place seems <u>to have been developed</u> recently.

→ _____

❷ I hope <u>to be offered</u> a nice seat in the opera house.

→ _____

❸ This apartment seems <u>to have been remodeled</u>.

→ _____

B 부정사의 의미상의 주어

부정사는 행위를 나타내므로 그 행위를 하는 주인공이 존재한다. 이를 의미상의 주어라고 한다. 의미상의 주어가 될 수 있는 것은 문장의 주어, 목적어, 일반인, 그리고 「for/of + 목적격」이다.

 문장의 주어 = 부정사의 의미상의 주어

- <u>She</u> decided to break the contract with the company.
  ≫ 주어 She는 decided의 주어이면서 to break의 주어이기도 하다.

- <u>I</u> want to make all of you happy with your work.

- <u>David</u> hopes to visit his sister in Los Angeles.

- <u>He</u> seems to have a good plan for the team.

 문장의 목적어 = 부정사의 의미상의 주어

- I want <u>my colleague</u> to be satisfied with the project.
  ≫ 목적어 my colleague는 want의 목적어이면서 to be satisfied의 주어이기도 하다.

- They asked <u>my mother</u> to move her car.

- She expects <u>me</u> to deliver this important document to him.

- Kevin allowed <u>Jessica</u> to go on a trip with her friends.

> **독해에 적용하기**
>
> 목적어는 보통 '~을/를'로 해석하지만,
> 목적어가 의미상의 주어일 때는 주어처럼
> 해석하는 것이 더 자연스럽다.
> - I want her <u>to give up</u>.
> → 나는 그녀를 포기하기를 원한다. (오역의 소지가
>   있는 부자연스러운 해석)
> → 나는 그녀가 포기하기를 원한다. (자연스러운 해석)

문장의 주어와 목적어 ≠ 부정사의 의미상의 주어

(1) 사람의 성질을 나타내는 형용사가 있을 때

→ 부정사 앞에 「**of + 목적격**」

• It was <u>rude</u> of her to have behaved like that.

• It was <u>foolish</u> of her to meet that person again.

• It was <u>kind</u> of her to help the disabled.

• It was <u>selfish</u> of her to have eaten all the cookies.

(2) 사람의 성질을 나타내는 형용사가 없을 때

→ 부정사 앞에 「**for + 목적격**」

• The racing car is too <u>dangerous</u> for you to drive.

• It is <u>difficult</u> for me to make a decision.

• It is <u>impossible</u> for the teacher to solve that problem.

• It was <u>boring</u> for me to listen to his speech.

Writing에 적용하기

부정사가 쓰인 단문을 복문으로 전환할 수 있다.

• She <u>seems</u> to be rich.
= It <u>seems that</u> she is rich.
(그녀는 부자인 것 같다.)

• She <u>seems</u> to have been rich.
= It <u>seems that</u> she was rich.
(그녀는 부자였던 것 같다.)

• She <u>seemed</u> to have been rich.
= It <u>seemed that</u> she had been rich.
(그녀는 부자였던 것 같았다.)

Pattern Practice

1 부정사의 의미상의 주어에 밑줄을 그으세요.

❶ I was too happy to realize how serious the situation was.

❷ The monk was never to leave the temple again.

❸ The movie star didn't want to give an autograph to his fan.

❹ My mom asked me to clean the living room.

2 다음 문장에서 밑줄 친 부분을 올바르게 고치세요.

❶ It was too noisy <u>of me</u> to think about the problem. → _____

❷ She told <u>for me</u> to erase the pencil marks. → _____

❸ It was wrong <u>for you</u> to do that. → _____

❹ It was stupid <u>him</u> to leave his girlfriend alone. → _____

A 괄호 안의 표현 중 알맞은 것을 고르세요.

1 It was nice (for / of) him to volunteer for the project.

2 It is difficuilt (for / of) me to speak English fluently.

3 It was careless (for / of) you to play baseball in the parking lot.

4 My bike seems (to have been stolen / to have stolen).

5 (That / It) is depressing to work until midnight.

B 단문을 복문으로, 복문을 단문으로 고치세요.

1 He seems to know what her name is.

　→ It seems that _____ _____ what her name is.

2 It appears that he stopped gambling.

　→ He appears _____ _____ _____ gambling.

3 It is said that he wrote several books about grammar.

　→ He is said _____ _____ _____ several books about grammar.

4 People expect him to win the game.

　→ People expect that _____ _____ _____ the game.

5 Ann promised that she would come to the party on Saturday.

　→ Ann promised _____ _____ to the party on Saturday.

C 틀린 부분을 바르게 고치세요.

1 Your computer seems to have repaired.

　_____ → _____

2 I expect for you to succeed in your field in the future.

　_____ → _____

3 Jennifer pretended to have been read the book.

　_____ → _____

4 It is natural of you to hate your boss.

　_____ → _____

5 The building appears to have remodeled recently.

　_____ → _____

A 다음 표현들을 어순에 맞게 배열하여 문장을 완성하세요.

1 네가 혼자서 그것을 들었다는 것을 믿기가 어렵다. (it 가주어로)
　　　　　　　　　　　주어　동사 + 보어

→ _____

2 Mary는 여러 번 해외에 가 본 적이 있는 것 같다. (seem)
　주어　　　　　　보어　　　　　　　동사

→ _____

3 그녀가 가난한 사람들을 도와주다니 친절하구나. (the poor)
　　　　　　　　　주어　　　동사 + 보어

→ _____

4 새치기를 하는 것은 무례한 일이다. (cut in line)
　　주어　　　　　동사 + 보어

→ _____

5 나는 그 학생이 그 영어 대회에서 우승하기를 원한다.
　주어　목적어　　　　　　　　목적격 보어　동사

→ _____

B 다음 문장을 영어로 옮기세요.

1 그 남자아이는 나에게 뒤로 물러나라고 부탁했다. (stand back)

→ _____

2 사업을 운영하는 것은 쉽지가 않다. (run a business)

→ _____

3 나는 항상 Obama 대통령이 우리나라를 방문하기를 원했었다.

→ _____

4 의사는 나에게 가능한 한 빨리 담배를 끊으라고 충고했다.

→ _____

5 그는 Steve에게 그녀에 대해서 그만 불평하라고 말했다. (complain)

→ _____

6 경찰이 범인을 찾으려고 나의 차를 세웠다. (criminal)

→ _____

7 나는 그 학생에게 과제물을 다음 주에 제출해도 된다고 허락했다. (allow)

→ _____

REVIEW TEST

A 다음 괄호 안에서 알맞은 표현을 고르세요.

1 (To work / Work) for my country is a great honor to me.

2 Would you mind (my / I) opening the window?

3 The man seems (to have had / to have) an accident a moment ago.

4 It is impossible (of him / for him) to survive that crash.

5 That plane doesn't seem to be (enough safe / safe enough).

6 I have no job. I hope (to be offered / to offer) a job soon.

B 빈칸에 알맞은 표현을 쓰세요.

1 그 오리를 지금 구하는 것은 불가능한 것 같다.

→ _____ seems impossible _____ _____ the duck now.

2 우리는 물을 모을 수 있는 무엇인가가 필요하다.

→ We need something _____ _____ _____ .

3 Steve가 펜을 벽에 던진 것을 보니 화난 것임에 틀림없다.

→ Steve must be angry _____ _____ his pen at the wall.

4 나는 그 소식을 듣고 너무 슬퍼서 울음을 멈출 수가 없었다.

→ I was _____ sad about the news _____ I _____ stop crying.

5 에베레스트 산은 오르기에 매우 어렵다.

→ Mt. Everest is very _____ _____ _____ .

C 다음 각 문장에서 틀린 부분을 올바르게 고치세요.

1 They are preparing greet the manager. _____ → _____

2 My brother was so dirty yesterday when everybody avoided him.

_____ → _____

3 It is fun of me to learn a foreign language. _____ → _____

4 That is necessary to master English if you want to become an English teacher.

_____ → _____

5 Michael hopes to elect president by the club members.

_____ → _____

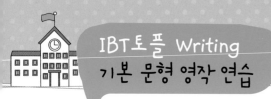
A 결론 단락(conclusion)의 시작에 많이 쓰이는 표현들 (2)

글의 마지막에 결론을 내리는 단락에서는 지금까지 언급한 내용을 간결하고도 논리적으로 정리한 다음에 결론을 내리는 식으로 글을 마무리 한다. 이때 다음과 같은 표현들을 사용할 수 있다.

1 Hence, 따라서

Hence, one's working ability should not be judged by one's working hours, but by one's results.

2 Thus, 그러므로

Thus, it is certain that eating less does not always result in losing weight.

3 Accordingly, 따라서

Accordingly, we should keep in mind that the research may yield inconsistent results.

4 Consequently, 결과적으로

Consequently, there is less chance that students will bully others over fashion.

B 실전 Writing 연습: 다음 문장을 영어로 옮기세요.

1 결론적으로, 우리는 비슷한 사회적 배경을 가진 누군가와 사랑에 빠진다.

(consequently / fall in love with / similar/ background)

→ _____

2 따라서 정부는 여성 근로자의 근무 조건을 개선하기 위해서 더 많은 노력을 해야 한다.

(thus / the government / make more effort / improve / working condition / female workers)

→ _____

→ _____

3 그러므로 TV가 우리의 삶을 향상시키는 측면에서 이로울 수 있다.

(Therefore / beneficial / in terms of / improve / life)

→ _____

CHAPTER

05

동명사

UNIT 09 동명사의 용법

UNIT 10 동명사의 동사적 성질, 동명사 vs 부정사

UNIT 09 동명사의 용법

A 명사적 용법

동명사는 명사의 성질을 가지고 있으므로 주어, 목적어, 보어로 쓸 수 있다. 기본적으로 '~하는 것'으로 해석한다.

 주어로 쓰이는 동명사

- Working with my colleagues really makes me excited.
- Respecting others is very important when doing business.
- Writing a book isn't an easy task.
- Taking advantage of someone's weaknesses isn't fair.

 목적어로 쓰이는 동명사

- Do you mind being quiet?
- Michael finished collecting the data which was lost.
- The politician tried to avoid answering the reporter's questions.
- I can't give up studying Biology.

> **Writing에 적용하기**
>
> 전치사 뒤에 어떤 행위를 나타내는 동사를 쓰려면 반드시 동명사로 써야 한다. 이때의 동명사는 전치사의 목적어가 된다.
> - **I'm afraid of being scolded by my teacher.** (선생님에게 꾸지람을 들을까 봐 걱정이다.)

 보어로 쓰이는 동명사

- My job is erasing all the pencil marks.
- Ann's hobby is climbing mountains on weekends.
- Her problem is spending too much money on shopping.
- The team's project is developing a new tablet PC.

B 관용적 용법

관용적인 표현들은 반드시 암기해야 해석과 영작을 쉽게 할 수 있다.

 「It(가주어) ~ 동명사(진주어)」 표현

- It's no use crying over spilt milk. ~해 봤자 소용없다
- It's worth buying while it's on sale. ~할 가치가 있다
- It's nice working with you. ~하는 것이 좋다

전치사와 함께 쓰이는 표현들

(1) look forward to -ing : 하는 것을 고대하다

(2) be used to -ing : ~하는 데 익숙하다

(3) object to -ing : ~하는 것을 반대하다

(4) have trouble (in) -ing : ~하는 데 어려움을 겪다

- I'm looking forward to working with you again.
- Mary is used to taking a cold shower.
- My daughter objected to obeying my orders.
- I had trouble teaching that talkative student.

> **동해에 적용하기**
>
> 동명사와 현재분사는 형태가 동일하기 때문에 각각의 용법을 이해해야 구분이 가능하고 올바른 해석을 할 수 있다.
>
> - a sleeping car (캠핑카)
>   동명사
>   → '명사의 용도'를 나타냄
> - a sleeping baby (잠자는 아기)
>   현재분사
>   → '명사의 상태'를 나타냄
>
> be동사 뒤의 '-ing'도 구분을 잘해야 한다. 원칙적으로 주어가 '-ing'로 쓰인 동작을 할 수 있으면 현재분사이고, 그렇지 않으면 동명사이다.
>
> - His habit is biting his fingernails.
>   동명사
>   (그의 습관은 손톱을 물어뜯는 것이다.)
>   → His habit가 '물어뜯다'라는 행동을 할 수 없음
> - He is biting his fingernails.
>   현재분사
>   (그는 손톱을 물어뜯고 있다.)
>   → He가 '물어뜯다'라는 행동을 할 수 있음

Pattern Practice

1 밑줄 친 동명사가 어떤 문장성분으로 쓰이는지 밝히세요.

❶ She likes <u>helping</u> other people. _____

❷ <u>Complaining</u> about your job won't help your situation get better. _____

❸ It is no use <u>crying</u> over spilt milk. _____

❹ Her plan is <u>waking</u> up at 7:00 am. _____

2 빈칸에 괄호 안의 뜻에 맞는 표현을 쓰세요.

❶ Michael _____ _____ _____ _____ spicy food. (먹는 데 익숙하다)

❷ _____ _____ _____ more money than you need. (벌어봤자 소용없다)

❸ I _____ _____ _____ _____ my own business. (운영하는 것을 고대하다)

❹ I _____ _____ _____ his orders. (따르는 것을 반대한다)

A 괄호 안의 표현 중 알맞은 것을 고르세요.

1 (Eat / Eating) breakfast is one of the best ways to keep healthy.

2 My father had trouble (repair / repairing) his car.

3 The professor is looking forward to (see / seeing) you soon.

4 He went abroad without (to say / saying) good-bye to anybody.

5 I object to his (go / going) there without my permission.

6 It's no use (regret / regretting) your performance after you have taken the test.

7 Antonio is proud of (finish / finishing) his difficult assignment.

B 밑줄 친 표현이 동명사인지 현재분사인지 밝히세요.

1 We succeeded in <u>finishing</u> the project.

2 Her hobby is <u>cooking</u> Chinese food.

3 My sister is <u>swimming</u> in the back yard.

4 Smoking is not allowed here. Please go to the <u>smoking</u> room.

5 The family escaped from the <u>burning</u> house.

6 Susan's problem is <u>talking</u> too much.

7 These days I'm <u>collecting</u> antiques.

C 다음 문장에서 틀린 부분을 올바르게 고치세요.

1 It is no use to cry over spilt milk. ____ → ____

2 It is worth take into consideration. ____ → ____

3 Don't worry. I'm used to eat greasy food. ____ → ____

4 Help others is the reason why I live in this world. ____ → ____

5 David's hobby is drive race cars. ____ → ____

6 It's nice work with you. ____ → ____

7 His habit is shake his leg. ____ → ____

68

Ⓐ 다음 우리말을 동명사를 사용하여 영작하세요.

1 일본에서 사는 것은 많은 돈을 필요로 한다. (require)
   　　주어　　　　　목적어　　　동사

   → _____

2 내 여동생의 직업은 노인들을 돌보는 것이다. (the elderly)
   　　주어　　　　　　　　　동사 + 보어

   → _____

3 자동차를 설계하는 것이 우리 회사에서 제일 중요한 일이다. (design)
   　　주어　　　　　　　　　　동사 + 보어

   → _____

4 일에 컴퓨터를 사용하는 것은 필수적이다. (essential)
   　　주어　　　　　동사 + 보어

   → _____

5 세 시간 동안 춤을 추는 것은 무릎에 좋지 않다. (be good for)
   　　주어　　　　　　　동사 + 보어

   → _____

Ⓑ 다음 문장을 영어로 옮기세요.

1 그가 건강하다는 걸 내게 말해 줘서 고마워. (thanks for)

   → _____

2 나는 내 딸이 정직하다는 것에 대해 자랑스럽게 여긴다. (be proud of)

   → _____

3 우리는 우산을 챙기지 않고 떠났다. (without)

   → _____

4 문법을 공부하는 것은 영어를 배우는 외국인에게 필수적이다. (essential)

   → _____

5 낮잠을 자고 싶다. (feel like -ing)

   → _____

UNIT 10 동명사의 동사적 성질, 동명사 vs 부정사

A 동명사의 시제

동명사의 시제는 우선 문장의 동사의 시제부터 확인하고 그 시제보다 이전(having p.p.)인지, 같은지, 아니면 그 이후인지(–ing)를 확인한다.

 단순형: -ing (문장의 동사의 시제와 같거나 그 이후를 나타냄)

- They <u>enjoyed</u> visiting the town which they had never been before.
  > visiting의 시제는 enjoyed와 같은 과거

- The boy <u>is</u> ashamed of being scolded.
  > being의 시제는 is와 같은 현재

- We <u>insisted on</u> his continuing his studies abroad.
  > continuing의 시제는 insisted on보다 이후인 시제

—Writing에 적용하기—

remember/forget/deny/regret 뒤에 동명사(-ing형)를 쓰면 동사의 시제보다 이전의 시제를 나타낸다.

- **Ann <u>remembers</u> sending the letter to me.**
  (앤은 내게 편지를 보냈던 것을 기억한다.)

 완료형: having p.p. (문장의 동사의 시제보다 이전을 나타냄)

- I <u>was</u> afraid of having stolen some money from my friend.

- The suspect <u>denied</u> having stolen the purse.

- The customer <u>complained</u> of having been treated impolitely by the clerk.

독해에 적용하기

being p.p.: 시제가 같거나 그 이후를 나타내면서 수동의 의미가 포함된 표현이다.

having been p.p.: 이전의 시제를 나타내면서 수동의 의미가 포함된 표현이다.

- **I hate being treated like a child.** (나는 아이 취급당하는 것을 싫어한다.)

- **I complained of having been treated like a child.** (나는 아이 취급당한 것에 대해 불평했다.)

B 동명사의 의미상의 주어

동명사는 명사 역할을 할 뿐 아니라 동사의 성질도 갖고 있으므로 어떤 행동을 나타낸다. 그 행동의 주인공을 동명사의 '의미상의 주어'라 부른다. 의미상의 주어가 될 수 있는 것은 문장의 주어, 소유격, 목적격 표현들이다.

 문장의 주어 또는 목적어 = 의미상의 주어

- <u>They</u> finished repairing the old turntable.
  ≫ 주어 They는 finished의 주어이면서 repairing의 주어이기도 하다.

- <u>Michael</u> stopped taking tennis lessons because he had his arm broken.

- Thank <u>you</u> for concentrating while I was lecturing.
  ≫ 목적어 you가 동명사 concentrating의 주어이다.

 문장의 주어와 목적어 ≠ 의미상의 주어

→ 소유격 또는 목적격을 동명사 앞에 쓴다.

- We insisted on <u>his</u> going with us abroad.
  ≫ going의 주어는 소유격 his이다.

- Do you mind <u>my</u> turning off the air conditioner?

- The boss hates <u>me</u> doing the work slowly. (구어체)

━Writing에 적용하기━

동명사가 쓰인 단문을 복문으로 전환할 수 있다. 이때 앞에서 배운 동명사의 시제와 의미상의 주어 지식을 활용한다.

· I am sure of his succeeding in this field. = I am sure that he will succeed in this field. (나는 그가 이 분야에서 성공할 것이라 확신한다.)

· I am proud of having been elected as the chairperson.
= I am proud that I was elected as the chairperson. (나는 내가 의장으로 선출된 것이 자랑스럽다.)

Pattern Practice

1 밑줄 친 동명사의 시제를 밝히세요.

❶ I am proud of my daughter <u>being</u> wise. _____

❷ I was ashamed of <u>being</u> small when I was a kid. _____

❸ My friend insisted on my <u>giving</u> the presentation. _____

2 밑줄 친 표현의 시제를 밝히세요.

❶ She is ashamed of <u>having been punished</u> in front of the students. _____

❷ I was sorry for not <u>having made</u> it to the final. _____

❸ The workers complained of <u>having received</u> their salary late. _____

3 각 문장에서 동명사의 의미상의 주어에 밑줄을 그으세요.

❶ I was afraid of being punished by my teacher.

❷ She was ashamed of his being arrested.

❸ Do you mind my smoking here?

C 목적어로서의 동명사와 부정사

동사의 목적어로서 동명사 또는 부정사를 쓸 수 있다. 총 네 가지의 경우가 있으니 잘 구분해서 쓰도록 하자.

 동명사만 목적어로 취하는 동사

> enjoy, mind, finish, avoid, quit, give up, deny

- We've enjoyed <u>working</u> with you on this project.
- I finished <u>moving</u> all those piles of documents.
- Jennifer finally gave up <u>trying</u> to solve that question.
- The dog tried to avoid <u>being</u> run over by a truck.
- The witness denied <u>having</u> lied to the court.

 부정사만 목적어로 취하는 동사

> want, decide, expect, hope, plan, refuse

- David decided <u>to quit</u> his job.
- The Korean athlete is expected <u>to win</u> the match.
- She hopes <u>to marry</u> a millionaire.
- The police planned <u>to patrol</u> the town.
- Jessica refused <u>to stand against</u> her boss.

Pattern Practice

괄호 안의 동사를 알맞게 바꾸어 쓰세요.

❶ The thief denied _____ (steal) the money.

❷ She plans _____ (hold) a meeting tonight.

❸ He tried to avoid _____ (be) hit by the truck.

❹ Kevin expects _____ (win) the lottery this time.

❺ After attempting it several times, Antonio quit _____ (persuade) his opponent.

동명사 · 부정사 둘 다 목적어로 취하는 동사

(1) 의미가 같은 경우

> like, hate, begin, start

- My boyfriend likes <u>swimming</u> with his dog.
  = to swim
- The audience began <u>crying</u> as they saw the ending of the play.
  = to cry

(2) 의미가 다른 경우

> stop, remember, forget, try

stop

- She stopped <u>exercising</u> because she got weak. (~을 멈추다)
- She stopped <u>to exercise</u> at the gym. (~하기 위하여 멈추다)

remember

- I remember <u>putting</u> the report on your desk. (~했던 것을 기억하다)
- She remembered <u>to send</u> the gift to her boyfriend. (~할 것을 기억하다)

forget

- The girl will never forget <u>being</u> punished by her teacher. (~했던 것을 잊다)
- The girl forgot <u>to bring</u> her snacks. (~할 것을 잊다)

try

- Ann tried <u>moving</u> that heavy box. (시험 삼아 ~해 보다)
- I tried <u>to work</u> as hard as I could. (~하려고 노력하다)

Pattern Practice

밑줄 친 부분에 유의하여 해석하세요.

❶ She forgot <u>to make</u> a phone call to her mother.
→ _____

❷ The baby stopped <u>crying</u> when he saw the puppy.
→ _____

❸ I remember <u>riding</u> a bike along this street 20 years ago.
→ _____

❹ The driver stopped <u>to take</u> a rest at the service area.
→ _____

A 괄호 안의 표현 중 알맞은 것을 고르세요.

1 I haven't finished (to clean / cleaning) up my room yet.

2 I'm sure of (this / this's) being true.

3 She doesn't mind his (to come / coming) to the Friday night party.

4 Koreans are proud of Park Ji-sung (playing / having played) for Manchester United.

5 The politician denied (receiving / having received) any bribe from the CEO.

B 두 문장의 의미가 같도록 빈칸에 알맞은 표현을 쓰세요.

1 My mom is proud that I am an author.

  = My mom is proud of _____ _____ an author.

2 People of Mongolia are proud of their ancestors having ruled most of Asia.

  = People of Mongolia are proud that _____ _____ _____ most of Asia.

3 She is ashamed that she was punished in front of her friends.

  = She is ashamed of _____ _____ _____ in front of her friends.

4 I was ashamed of my daughter's having gone to school without washing her face. = I was ashamed that _____ _____ _____ _____ to school without washing her face.

5 We are sure that we will win that grand prize.

  = We are sure of _____ that grand prize.

C 다음 문장에서 틀린 부분을 올바르게 고치세요.

1 I didn't enjoy skiing but fish when I was young. _____ → _____

2 The doctor advised Tim to stop to eat fast food. _____ → _____

3 He has studied for a long time. He tried passing the exam but he failed.

  _____ → _____

4 The suspect refused telling his name to the police. _____ → _____

5 Koreans are proud of their soccer team to defeat Italy in the 2002 World Cup.

  _____ → _____

A 다음 표현들을 동명사를 사용하여 영작하세요.

1 그는 기차가 늦은 것에 대해 불평했다. (complain about)
  주어   동사

  → _____

2 나는 아이처럼 취급받는 것이 싫다.
  주어   목적어   동사

  → _____

3 그녀는 그 스키 리조트에 방을 예약할 것을 기억했다. (book)
  주어   목적어   동사

  → _____

4 그들은 오늘 그녀를 구하기를 희망한다. (rescue)
  주어   목적어   동사

  → _____

5 Steve는 그 선거에 투표하기를 거부했다. (refuse)
  주어   목적어   동사

  → _____

B 다음 문장을 동명사를 사용하여 영어로 옮기세요.

1 우리는 그녀가 그렇게 빨리 도착할 것을 기대하지 않았다. (that quickly)

  → _____

2 나는 더 열심히 공부하지 않은 것을 후회한다. (regret)

  → _____

3 우리는 더 이상 예약하는 것을 미룰 수 없다. (put off)

  → _____

4 그 도둑은 돈을 훔친 것을 인정했다. (admit)

  → _____

5 너의 발표를 놓쳐서 미안하다. (be sorry about)

  → _____

6 David는 자신이 한 일을 말한 것에 대해서 부끄러워한다. (be ashamed of)

  → _____

7 그녀는 그가 여기에 온 것에 놀랐다. (be surprised at)

  → _____

A 다음 괄호 안에서 알맞은 표현을 고르세요.

1 Would you mind (to move / moving) that box for me?

2 We have decided (to reject / rejecting) his request.

3 It's worth (to buy / buying) this smartphone.

4 I remember (to participate / participating) in those exciting events last week.

5 Don't worry. He is used to (handle / handling) dangerous situations.

6 I'm expecting (to receive / receiving) a CD from my friend.

B 밑줄 친 표현이 동명사인지 현재분사인지 밝히세요.

1 My dream is <u>running</u> my own business.   _____

2 When I arrived at my house, she was <u>leaving</u> for the meeting.   _____

3 I saw someone <u>carrying</u> a gun in the street.   _____

4 Sorry, but we're not interested in <u>working</u> with you.   _____

5 My grandfather needs a <u>walking</u> stick.   _____

C 다음 문장에서 틀린 부분을 올바르게 고치세요.

1 Jane's interest is draw computer graphics.   _____ → _____

2 Tim wants being a photographer.   _____ → _____

3 My friend objected to go to England to see a soccer game. _____ → _____

4 I always have trouble communicate with others.   _____ → _____

5 Don't forget delivering this document to our client tonight. _____ → _____

6 I'm looking forward to have good relationship with you. _____ → _____

7 Mary quit to do her job because of her selfish colleague. _____ → _____

8 It's no use to complain about the matter now.   _____ → _____

9 Do you wish staying or leaving?   _____ → _____

10 Don't working today may make your boss upset.   _____ → _____

D 두 문장의 의미가 같도록 빈칸에 알맞게 쓰세요.

1 I'm sure that she will come to the party this Saturday.
  = I'm sure of _____.

2 He complained that he had been annoyed by the clerk.
  = He complained of _____.

3 Her father is proud of her having received a gold medal.
  = Her father is proud that _____.

4 Don't be ashamed of being poor.
  = Don't be ashamed that _____.

5 Michael complained that she had not arrived on time.
  = Michael complained of _____.

E 다음 문장을 영어로 옮기세요.

1 선생님이 가르치기를 그만둔 이유를 모르겠다. (the reason why)
  → _____

2 내 여자친구는 겨울마다 스키를 즐긴다.
  → _____

3 내 희망은 한국이 강력한 국가가 되는 것이다. (powerful)
  → _____

4 여기서 프랑스어로 말하는 것은 소용없다.
  → _____

5 너를 여기서 만난 것이 기억 안 나.
  → _____

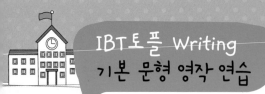
A 부가 설명(addition)에 주로 사용되는 표현들

본론에서 주제문을 서술하고 나서 마지막 부분에 추가로 부연 설명을 할 필요가 있을 때 사용하는 표현이다. 부가 설명을 통해서 자신을 주장을 다시 한 번 강조하는 효과를 가져 올 수 있다. 이때 다음과 같은 표현들을 사용할 수 있다.

1 In addition to ~ ~에 덧붙여, 게다가

In addition to the lifestyle in Australia, the quality of life there is regarded as a key factor which attracts people to immigrate to Australia.

2 Besides, 그 외에도

Besides, it is likely for us to feel more attached to pets over a period of time.

3 Furthermore, 더욱이

Furthermore, there is no one who believes in the superstition.

4 Moreover / what is more 더군다나

Moreover, natural disasters may cause people to lose everything they have.

B 실전 Writing 연습: 다음 문장을 영어로 옮기세요.

1 게다가, 오랫동안의 지나친 다이어트는 노화 과정을 가속화할 수 있다.

(addition / excessive dieting / speed up / aging process)

→ _____

2 더군다나, 어린이들은 일기를 쓰는 동안 자기 자신에 대해서 더 많이 생각할 수 있다.

(moreover / children / themselves / keep a diary)

→ _____

3 그 외에도, 지나친 개발은 환경을 파괴할 수 있다.

(besides / excessive / destroy / environment)

→ _____

CHAPTER
06

분사

UNIT 11 분사의 개념, 종류 및 역할

UNIT 12 분사구문

UNIT 11 분사의 개념, 종류 및 역할

A 분사의 개념과 종류

분사에는 현재 분사와 과거 분사가 있다. 현재 분사는 주로 진행형에서 많이 쓰이며 과거 분사는 수동태나 완료 시제에서 많이 쓰인다.

 현재분사: 능동과 진행의 의미 (~하는/~하는 중)

- This coffee machine isn't working properly.
- A drowning man will clutch at straws.
- Korea is being pursued by developing countries.
- The man stood there waving his hands.

 과거분사: 수동과 완료의 의미 (~된)

- I had my PC repaired yesterday.
- She was surprised at what she saw.
- Take extra good care of your broken leg.
- Antonio was surrounded by hostile soldiers.

B 분사의 기능

분사는 형용사처럼 명사를 수식하거나 주어나 목적어를 보충 설명하는 보어로 쓰인다.

 명사 수식(한정적 용법)

(1) 명사 앞에서 수식: 분사 단독으로 수식할 때

- Barking dogs seldom bite.
- This is one of the most exciting games I've ever seen.

(2) 명사 뒤에서 수식: 분사 뒤에 전치사구, 목적어, 보어 등이 있을 때

- The boxes placed in the corner are too heavy to move by myself.
- The salesperson bought some books written in English.

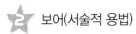

보어(서술적 용법)

(1) 주격 보어: 주어를 보충 설명
- The boy came home crying.
- A stranger stood there whistling.

(2) 목적격 보어: 목적어를 보충 설명하는 용법
- She felt something crawling up her leg.
- We had our car painted in red.

Pattern Practice

괄호 안의 단어를 현재 분사와 과거 분사 중 알맞은 것으로 바꿔 쓰세요.

❶ The movie was really _____. (bore)

❷ We were really _____ by the movie. (bore)

❸ The movie made us _____. (bore)

❹ She found her purse _____. (open)

❺ I heard someone _____ the door. (open)

❻ I have been _____ for you for 2 hours! (wait)

❼ You must pay for the _____ window. (break)

❽ I saw my teacher _____ some notes on the paper. (write)

❾ Did Allen have his radio _____? (repair)

❿ She didn't seem _____ with the result. (satisfy)

---

* 준동사 정리표

		부정사	동명사	분사
동사적 성질 (목적어/보어/수식어구 취함)		○	○	○
명사적 성질		○	○	○
형용사적 성질		○	✕	○
부사적 성질		○	✕	✕
시제	단순형	to + 동사원형	동사 + -ing	동사 + -ing
	완료형	to have p.p.	having p.p.	having p.p.
수동태		to be p.p.	being p.p.	being p.p.

A 괄호 안의 표현 중 알맞은 것을 고르세요.

1 The woman (hosting / hosted) the show forgot what to say.

2 Companies such as Microsoft should invest more on (undeveloping / undeveloped) countries.

3 The investor was quite (interesting / interested) in the project.

4 The police finally captured the (escaping / escaped) prisoner.

5 Do you know the man (lecturing / lectured) on science over there?

6 I had no idea where we were (heading / headed) to.

7 The important case remained (unsolving / unsolved).

B 우리말에 맞게 괄호 안의 단어를 알맞게 쓰세요.

1 그녀가 일어났을 때, 그녀는 방 안에 갇혔다는 것을 알게 되었다.

→ When she woke up, she found herself _____ (lock) in the room.

2 누군가 뒤에서 내 이름을 부르는 것을 들었다.

→ I heard someone _____ (call) my name from behind.

3 그가 도둑이라는 것을 알게 되어서 당황했다.

→ It was _____ (embarrass) to know he is a thief.

4 선생님께서 어떤 학생이 부정행위 하는 것을 발견하셨다.

→ The teacher happened to see a student _____. (cheat)

5 눈으로 덮인 마을은 정말 아름다웠다.

→ The town _____ (cover) with snow was absolutely beautiful.

C 다음 문장에서 틀린 부분을 올바르게 고치세요.

1 Steve saw Mary danced beautifully at the party. _____ → _____

2 The tears run down to her cheeks made me sad. _____ → _____

3 The owner had his building repainting. _____ → _____

4 He has been played smartphone games for 3 hours. _____ → _____

5 The scratching car is known to be very expensive. _____ → _____

SENTENCE WRITING PRACTICE

배운 내용을 바탕으로
영어 문장 만들기

(A) 다음 우리말을 분사를 사용하여 영작하세요.

1 저 아름다운 낙엽들을 봐라.
　　목적어　　　　동사

→ _____

2 흡연실에 가서 흡연하시면 안 될까요? (Do you mind ~?)
　　　　　　동사 + 목적어

→ _____

3 우리는 전 세계가 하나로 단합되기를 희망한다. (unite)
　주어　　　　　　　　　　목적어　　　동사

→ _____

4 그녀는 스페인어로 쓰인 여러 책을 샀다.
　주어　　　　　　　　목적어　　동사

→ _____

5 나는 빨간색으로 칠해진 여러 건물들을 봤다.
　주어　　　　　　　　　　목적어　　동사

→ _____

(B) 다음 문장을 영어로 옮기세요.

1 Jane에 의해서 쓰인 책은 정말 이상하다.

→ _____

2 김포라고 불리는 장소를 들어 본 적이 있니?

→ _____

3 나는 비싼 중고차를 샀다. (used car)

→ _____

4 의자 위에 서 있는 사람은 Michael이다.

→ _____

5 수영장에서 수영하고 있는 소녀는 나의 사촌이다. (cousin)

→ _____

UNIT 12 분사구문

A 분사구문을 만드는 규칙

먼저 부사절을 알아보는 것이 우선이다. 부사절은 앞에서 설명했듯이 「접속사 + 주어 + 동사」의 형태를 취하고 있다. 이외의 것들은 그대로 놔두어야 한다.

 부사절 → 분사구문

<u>As I walked along the street</u>, I saw some teens using tablet PCs.
　　　　부사절

(1) 접속사를 지운다.

→ <u>I walked along the street</u>, I saw some teens using tablet PCs.

(2) 부사절의 주어 = 주절의 주어 → 부사절의 주어 생략

부사절의 주어 ≠ 주절의 주어 → 부사절의 주어 생략 불가능

→ <u>walked along the street</u>, I saw some teens using tablet PCs.

(3) 부사절의 시제 = 주절의 시제 → 부사절의 동사를 -ing(현재분사)로

부사절의 시제 ≠ 주절의 시제 → 부사절의 동사를 having p.p.로

→ <u>Walking along the street</u>, I saw some teens using tablet PCs.
　　　　분사구문 완성

> **Writing에 적용하기**
>
> 주절과 부사절의 시제가 겉으로는 다르더라도 내용상 시제가 같은 경우가 있다. 시간이나 조건을 나타내는 부사절에서는 현재 시제가 미래를 나타낸다. 따라서 다음 문장은 부사절과 주절의 시제가 같은 것이다.
>
> · If we use a smartphone, we will be able to contact others more easily.
> → Using a smartphone, we will be able to contact others more easily.
> (스마트폰을 사용한다면 우리는 보다 쉽게 서로에게 연락할 수 있을 것이다.)
>
> · Once he leaves his country, he will miss his hometown.
> → Leaving his country, he will miss his hometown.

84

2 분사구문 → 부사절

Walking along the street, I saw some teens
<u>분사구문</u>

using tablet PCs.

(1) 문맥에 맞는 접속사를 쓴다

→ (As) Walking along the street, I saw some
teens using tablet PCs.

(2) 분사 앞에 주어가 없으면 주절의 주어와 같은 것을 쓴다.

→ (As I) Walking along the street, I saw some
teens using tablet PCs.

(3) 현재분사로 쓰였으면 주절과 같은 시제, having p.p.로 쓰였으면 주절보다 이전의 시제로 쓴다.

→ As I walked along the street, I saw some teens using tablet PCs.
<u>부사절</u>

> **stop**
> **이건 알아둬~**
>
> 본문의 내용에 있는 부사절은 모두 주절 앞에 위치하고 있지만 원래는 주절 뒤가 기본적인 위치이다. 부사절이 주절 뒤에 있는 경우도 알아볼 수 있어야 한다.
>
> • Our team will start the project
> 주절
> when our boss comes back.
> 부사절
> (사장님이 돌아오시면 우리 팀은 그 프로젝트를 시작할 것이다.)

Pattern Practice

1 다음 문장들을 분사구문으로 바꾸세요.

❶ If you turn to the right, you will find the GT company.
→ _____, you will find the GT company.

❷ When I saw her, I ran to her and gave her a big hug.
→ _____, I ran to her and gave her a big hug.

❸ As I listened to the music, I did my homework.
→ _____, I did my homework.

❹ Because she spent her childhood in the country, she wants to go back.
→ _____, she wants to go back.

2 다음 밑줄 친 분사구문을 부사절로 바꾸세요.

❶ Going straight down this street, you will find the grocery store.
→ If _____, you will find the grocery store.

❷ Having slept all day long, he still feels tired.
→ Although _____, he still feels tired.

❸ Being tired, he went to bed early again.
→ As _____, he went to bed early again.

❹ Not knowing what to do, she just stood there.
→ Because _____, she just stood there.

❺ Having a powerful engine, this sports car can go up to 300km/h.
→ As _____, this sports car can go up to 300km/h.

B 주의해야 할 분사구문

부사절의 주어와 주절의 주어가 다른 경우, 주어를 그대로 두는 독립 분사구문과 주어가 다르더라도 주어를 생략하는 비인칭 독립 분사구문이 있다.

부사절이 부정문인 경우의 분사구문은 분사구문 앞에 not을 쓴다.

- As my grandfather didn't know how to use smartphones, he asked me to show him how to use mine.
- → Not knowing how to use smartphones, he asked me to show him how to use mine.

(우리 할아버지께서 스마트폰 사용법을 모르셨기 때문에 나에게 사용법을 보여달라고 부탁하셨다.)

 독립 분사구문: 부사절의 주어 ≠ 주절의 주어인 경우

- The cat sitting on the street, I turned my car to the left.
  = Because the cat sat on the street, I turned my car to the left.
- The boat floating down the river, we watched the beautiful scenery.
- The team having won the game, we held a party that night.

 비인칭 독립분사구문: 관용적인 표현

- Generally speaking, Tom Cruise is handsome. (일반적으로 말하자면)
- Frankly speaking, I didn't want to visit his office. (솔직히 말하자면)
- Judging from his appearance, he looks like a tramp. (~로 판단하건대)
- Considering her situation, we should let her go. (~을 고려하면)

Pattern Practice

1 다음 문장들을 분사구문으로 바꾸세요.

① As there are many pencils, you can have one.
→ _____, you can have one.

② Because the weather was fine, we went to the beach.
→ _____, we went to the beach.

③ Since she had worked hard at the company, she finally got a promotion.
→ _____, she finally got a promotion.

2 밑줄 친 부분에 유의하여 해석하세요.

① Strictly speaking, the woman in the black dress isn't very pretty.
→ _____

② Judging from her mood, we should stay quiet.
→ _____

③ Considering the situation, I think it's best to wait and see.
→ _____

with + 명사 + 분사: ~한 채로, ~하면서

- Jennifer always explains things with her arms folded.
- I saw her crying with her tears running down her cheeks.
- Don't sit with your legs crossed.

 부사절이 수동태일 때

→ Being과 Having been은 생략 가능

- (Being) <u>seen</u> from high above, the island looks small.
- (Having been) <u>born</u> into rich family, he doesn't know what hunger is.

─ Writing에 적용하기 ─

분사구문 중에서 과거분사로 시작하는 분사구문은 수동의 의미를 가지고 있으니 해석할 때 주의해야 한다.

또한 부사절로 전환할 때 생략된 being 또는 having been 중에서 어느 것이 있었는지를 판단해야 한다.

- **Exhausted** from work, he went to bed early. (일 때문에 지쳐서 그는 일찍 잤다.)
  → Being <u>exhausted</u> from work, he went to bed early.
  (생략되어 있던 being 살려내기)
  → As he <u>was</u> <u>exhausted</u> from work, he went to bed early.
  (생략되어 있던 being이 부사절에서 be동사로 나온다.)

Pattern Practice

1 다음 문장을 분사구문이나 부사절로 바꾸세요.

① Surprised at the news, David couldn't do anything.
   → As _____, he couldn't do anything.

② Because Mary was hit by a baseball, she felt dizzy.
   → _____, Mary felt dizzy.

③ When the flight was canceled, all the passengers complained about it.
   → _____, all the passengers complained about it.

④ Left alone in the dark room, the boy was extremely frightened.
   → _____, the boy was extremely frightened.

⑤ Because the store was closed, we had to go to another one.
   → _____, we had to go to another one.

2 다음 문장들을 해석하세요.

① We left our house with the lights turned on.
   → _____

② John always talks with his mouth full when eating.
   → _____

③ Stressed from too much work, Max became ill.
   → _____

A 괄호 안의 표현 중 알맞은 것을 고르세요.

1 (Not knowing / Don't knowing) what to do, I got frustrated.

2 (Seen / Seeing) from the moon, the Earth is a beautiful blue planet.

3 (Generally spoken / Generally speaking), grammar is considered difficult.

4 (It being / It having been) fine tomorrow, we will go for a hike.

5 (Considering / Frankly speaking) his age, he's doing a good job.

6 (Finishing / Having finished) my homework, I am free to do anything now.

7 (Living / Lived) in the country, he doesn't know much about urban life.

8 (Admitting / Having admitted) the fact, I still feel uncomfortable about it.

9 Jeremy (arriving / arrived) at the airport, I was excited to meet him again.

B 다음 문장들을 분사구문 또는 부사절로 바꾸세요.

1 Although she is poor, she feels happy about her life.

→ _____ , she feels happy about her life.

2 As she came into the room, she took her coat off.

→ _____ , she took her coat off.

3 Not knowing her phone number, I can't give her a call.

→ _____ , I can't give her a call.

4 Left alone, the little boy started to mess up all the things in the room.

→ _____ , he started to mess up all the things in the room.

5 Having finished all my homework, I went to the swimming pool.

→ _____ , I went to the swimming pool.

C 다음 문장에서 틀린 부분을 올바르게 고치세요.

1 Seeing from across the street, our house looks pretty. _____ → _____

2 Judge from his actions, he's telling a lie. _____ → _____

3 No having any money, Michael had to stay at home all day.

_____ → _____

4 My brother always sleeps with his radio turning on. _____ → _____

A 다음 표현들을 영작하세요.

1 솔직히 말하면, 나는 그를 그렇게 좋아하지 않는다. (speak)
　　주어 목적어　　　　동사

→ _____

2 그녀의 능력을 고려하면, 그녀는 더 좋은 자리에 있어야 한다. (consider)
　　　　　　　　　　주어　　　　　　　　　　동사

→ _____

3 아침 식사를 끝낸 후에, 우리는 스키 장비를 사러 갔다. (finish)
　　　　　　　　　　주어　　　목적어　　　동사

→ _____

4 일반적으로 말하자면, 일찍 일어나는 것은 힘들다. (it을 가주어로)
　　　　　　　　　　주어　　동사 + 보어

→ _____

5 환하게 미소 지으며, 그 아이는 사진을 찍었다. (smile)
　　　　　　　　주어　　목적어　　동사

→ _____

B 다음 문장을 영어로 옮기세요.

1 그녀는 다리를 꼰 채로 두 시간 동안 앉아 있다. (cross)

→ _____

2 Tim은 TV를 켜 놓은 채로 잠이 들었다. (turn on)

→ _____

3 그녀의 나이를 고려하면, 그녀는 꽤 늙어 보인다.

→ _____

4 엄밀히 말해서, 시험지에 쓴 너의 답은 틀렸다.

→ _____

5 Jane은 춤을 추면서 노래를 불렀다. (while)

→ _____

6 David은 아침 식사를 하면서 일을 했다. (while)

→ _____

7 그의 모습으로 판단하건대, 그는 아마도 밤을 새운 것 같다. (appearance)

→ _____

A 다음 괄호 안에서 알맞은 표현을 고르세요.

1 There's a (wrecked / wrecking) ship floating near the island.

2 The news was (surprising / surprised) to all of us.

3 Our vice president had our office (remodeling / remodeled) yesterday.

4 (Tired / Tiring) from work, he reduced his working hours.

5 (To walk / Walking) along the street, I saw my dog chasing a cat.

B 밑줄 친 부분에 유의하여 다음 문장들을 해석하세요.

1 <u>Taking</u> several lessons simultaneously won't be efficient.

→ _____

2 The weather <u>permitting</u>, Sam and I will go hiking.

→ _____

3 <u>Having failed</u> in business twice, he lost his ambition.

→ _____

4 <u>Having</u> no idea what to do, she remained silent.

→ _____

5 <u>Knowing</u> how to make pasta, I went to the market to buy some groceries.

→ _____

C 다음 문장들을 분사구문으로 바꾸세요.

1 As she was happy with the result, she bought us a drink.

→ _____

2 Although he is young, he is a very talented person.

→ _____

3 If she arrives here in time, she will be able to give the lecture to them.

→ _____

4 Because John didn't come to school yesterday, he has to come today.

→ _____

5 As Ann came to the office, she took her laptop computer out.

→ _____

다음 문장들을 부사절로 바꾸세요.

1 Not knowing where to go, we stayed at the hotel for another day.

　→ _____

2 Going into the cave, you will be in great danger.

　→ _____

3 Arriving at the theater on time, we will be able to see the movie.

　→ _____

4 The dog shivering in the cold, Jack lit up the lamp.

　→ _____

5 It being fine tomorrow, we will go to Jeju-do.

　→ _____

E 다음 문장들을 분사를 사용하여 영어로 옮기세요.

1 스포츠카를 운전하는 그 여자는 세계 챔피언 자동차 경주 선수이다. (rally driver)

　→ _____

2 하루 종일 잤더니 그는 기분이 훨씬 좋다. (feel better)

　→ _____

3 우리나라의 경제 상황을 고려하면 우리는 돈을 덜 써야 한다. (economic)

　→ _____

4 그녀는 팔짱을 낀 채로 불손하게 내 말을 들었다. (fold)

　→ _____

5 John의 표정으로 판단하건대 그는 고민거리가 있음에 틀림없다. (look)

　→ _____

IBT토플 Writing 기본 문형 영작 연습

A 요약 단락(summary) 시작에 많이 쓰이는 표현들

글을 마무리하는 결론 부분에서는 앞으로 주장한 내용을 논리적으로 간략하게 요약해서 다시 한 번 언급해 주는 경우가 많다. 그리고 통합형 작문(Integrated Writing)에서는 읽고 들은 내용을 요약(summary)해서 글을 써야 한다. 이때 다음과 같은 표현들을 사용할 수 있다.

1 In summary, regarding ~, the lecturer states… ~에 대해서 요약하면, 강연자는 …라고
In summary, regarding the benefits of a bilingual education, the lecturer states that it does not benefit students' academic development.

2 In short, with regard to ~, the speaker doubts…
~에 대해서 간단히 말하면, 화자는 …에 의심을 제기한다
In short, with regard to the death penalty, the speaker doubts the necessity of capital punishment.

3 To sum up, as for ~, ~에 대해서 요약하면,
To sum up, as for copyright, we should respect the creators' copyrighted works so that they can create more.

B 실전 Writing 연습: 다음 문장을 영어로 옮기세요.

1 간단히 말하면, 소도시에서 사는 것이 훨씬 더 안전하고, 사람들이 더 다정하다.
(in short / a small town / safer / friendlier)
→ _____

2 요약하면, 어린이는 어린 시절에 사람들에 대한 신뢰감을 배운다.
(in summary / a child / a sense of trust / childhood)
→ _____

3 간단히 말하면, 흡연자들은 또한 흡연으로 스트레스를 해소할 개인적인 권리가 있다.
(in short / smokers / personal rights / reduce / through)
→ _____

CHAPTER 07

수동태

UNIT 13 능동·수동의 구분과 수동태 전환

UNIT 14 여러 종류의 수동태와 주의할 용법

UNIT 13 능동·수동의 구분과 수동태 전환

A 능동태와 수동태 구분

문장이 능동태인지 수동태인지 구분하려면 동사의 형태를 보면 된다.

 능동태: 주어가 동작을 하는 주체로 동사가 「be동사 + p.p.」 형태가 아니다.

- She objected to taking a taxi.
  ≫ 주어 She가 '반대하다'라는 행동을 했다.

- My friend drove his new sports car to show off.
  ≫ 주어 My friend가 '운전하다'라는 행동을 했다.

- The GL company will build the tallest building in Asia.
  ≫ 주어 The GL company가 '건설하다'라는 행동을 할 것이다.

 수동태: 주어가 동작을 받거나 당하는 주체로 동사가 「be동사 + p.p.」 형태이다.

- The missile was launched successfully by the army.
  ≫ 주어 The missile이 '발사하다'라는 행동을 받았다.

- The result is considered to be a serious problem by the committee.
  ≫ 주어 The result가 '간주하다'라는 행동을 받고 있다.

- The mail was delivered to our customers.
  ≫ 주어 The mail이 '배달하다'라는 행동을 받았다.

Pattern Practice

다음 문장들을 해석하세요.

❶ My father has driven this car for 2 years.
→ _____

❷ Ann was annoyed to hear what her colleague said.
→ _____

❸ His clothes dried in the sun.
→ _____

❹ She threw away the digital camera.
→ _____

❺ This project should be done by tomorrow.
→ _____

B 수동태를 만드는 규칙

목적어가 있는 3·4·5형식의 문장만 수동태 전환이 가능하다. 그 이유는 목적어가 행동을 받게 되는 입장인데, 그 목적어를 주어로 쓴 문장이 바로 수동태 문장이다.

 수동태 문장을 만드는 규칙 (3형식 문장의 예)

The workers painted the KR Building.
S   V   O

(1) 능동태에서 목적어를 찾아 주어자리로 이동시킨다.

- The workers painted the KR Building.

→ The KR Building...

(2) 능동태의 시제와 수동태 주어의 인칭·수를 확인하고 「be동사 + p.p.」 형태로 바꾼다.

- The workers painted the KR Building. (능동태의 시제: 과거)

→ The KR Building was painted... (수동태의 주어: 단수)

(3) 능동태의 주어를 「by + 행위자」의 형태로 바꾸어 문장의 뒤로 이동시킨다.

≫ 행위자가 불분명하거나 일반인인 경우에는 생략이 가능하다.

- The workers painted the KR Building. (능동태의 시제: 과거)

→ The KR Building was painted by the workers. (수동태 문장 완성)

Pattern Practice

다음 문장들을 수동태로 바꾸세요.

1. Ann shut the door. → _____
2. Mary copied the files. → _____
3. Grace locked the dog in the room. → _____
4. A car hit the pedestrian. → _____
5. My mom drove an expensive car. → _____
6. Liz threw all the junk away. → _____
7. Jim played the cello at the concert. → _____
8. Wendy tidied up the kitchen. → _____

C 3형식(S + V + O)의 수동태

3형식은 수동태 변환의 가장 기본이 되는 문장이다.

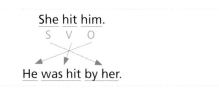

 목적어가 명사(구)인 경우

- The director filmed an action movie.
  → An action movie was filmed by the director.

- Koreans made the first movable type metal printing press.
  → The first movable type metal printing press was made by Koreans.

- The invaders burned all the precious books in the library.
  → All the precious books in the library were burnt by the invaders.

 목적어가 명사절인 경우 → 두 가지의 수동태가 가능

(1) 명사절을 통째로 이동하는 경우

People say that she deserves the prize.
　　　S　　V　　　　　O

- People say that she deserves the prize.

  → That she deserves the prize is said (by people).
  → It is said that she deserves the prize.
　　가주어　　　　　　　　진주어

- They say that the company produces beautiful cell phones.
  → It is said that the company produces beautiful cell phones.

- People say that the greenhouse effect is dangerous for the earth.
  → It is said that the greenhouse effect is dangerous for the earth.

(2) 명사절의 주어를 수동태의 주어로 쓰는 경우

> People say that she deserves the prize.
> S   V   O

- People say that she deserves the prize

  → She is said to deserve the prize (by people).

- They say that the company produces beautiful cell phones.
  → The company is said to produce beautiful cell phones.

- People say that the greenhouse effect is dangerous for the earth.
  → The greenhouse effect is said to be dangerous for the earth.

Writing에 적용하기

명사절이 주어로 쓰인 경우, 절 자체는 수의 의미가 없기 때문에 단수로 취급해야 한다.

- That she is embarrassed with her test result is thought (by people).
  → It is thought that she is embarrassed with her test result.
  (그녀가 시험 결과에 대해 당황해 한다고 하더라.)

Pattern Practice

1 다음 문장들을 수동태로 고치세요.

❶ My father bought a nice portable tablet PC.

→ _____

❷ Susan turned off the light.

→ _____

❸ John downloaded some computer applications.

→ _____

2 다음 문장들을 주어진 표현으로 시작하는 수동태로 고치세요.

❶ People say that John is a noble person.

→ It _____ .

❷ Everyone thinks that the suspect is not telling the truth.

→ The suspect _____ .

❸ People believe that the number '4' is related to death in Korea.

→ The number '4' _____ .

D 4형식(S + V + IO + DO)의 수동태

4형식은 두 개의 목적어, 즉 간접목적어와 직접목적어가 있으므로 수동태도 대부분 두 가지가 가능하다. 경우에 따라서는 한 가지만 가능하니 주의해야 한다.

 1 간접목적어를 주어로 쓰는 수동태 · 직접목적어의 위치 주의

> They awarded her the grand prize.
>   S   V   IO   DO

- They awarded her the grand prize.

  → She was awarded the grand prize (by them).

- My parents gave me a nice mountain bike.
  → I was given a nice mountain bike by my parents.

- Steve promised the children a delicious lunch.
  → The children were promised a delicious lunch by Steve.

 2 직접목적어를 주어로 쓰는 수동태 · 간접목적어의 형태 주의

> They awarded her the grand prize.
>   S   V   IO   DO

- They awarded her the grand prize.

  → The grand prize was awarded to her (by them).

- My parents gave me a nice mountain bike.
  → A nice mountain bike was given to me by my parents.

- Steve promised the children a delicious lunch.
  → A delicious lunch was promised to the children by Steve.

=Writing에 적용하기

직접목적어를 주어로 쓰는 수동태는 간접목적어
앞에 수여동사의 종류에 따라 각각 다른
전치사가 쓰인다.
- give, send, pay, show, bring → to
- make, buy → for
- ask → of (단, 직접목적어가 favor, question과
  같은 명사가 쓰였을 때 of가 쓰임)

3 둘 중 한 가지만 수동태가 가능한 경우

(1) make, buy, bring류는 직접목적어만 주어로 수동태로 쓸 수 있다.

- My dad <u>made</u> me a wooden toy car.
    - → I <u>was made</u> a wooden toy car by my dad. (×)
    - → A wooden toy car <u>was made</u> for me by my dad. (○)

(2) save, answer, envy류는 간접목적어만 주어로 수동태를 쓸 수 있다.

- Melissa <u>envies</u> John his good fortune.
    - → His good fortune <u>is envied</u> John by her. (×)
    - → John <u>is envied</u> for his good fortune by Melissa. (○)

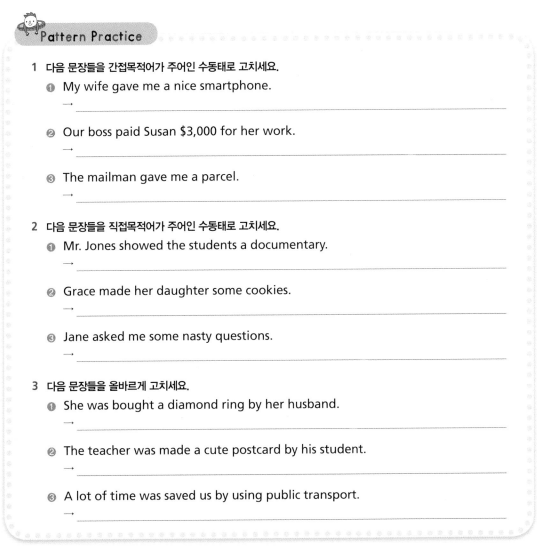

Pattern Practice

1 다음 문장들을 간접목적어가 주어인 수동태로 고치세요.

❶ My wife gave me a nice smartphone.

→ _____

❷ Our boss paid Susan $3,000 for her work.

→ _____

❸ The mailman gave me a parcel.

→ _____

2 다음 문장들을 직접목적어가 주어인 수동태로 고치세요.

❶ Mr. Jones showed the students a documentary.

→ _____

❷ Grace made her daughter some cookies.

→ _____

❸ Jane asked me some nasty questions.

→ _____

3 다음 문장들을 올바르게 고치세요.

❶ She was bought a diamond ring by her husband.

→ _____

❷ The teacher was made a cute postcard by his student.

→ _____

❸ A lot of time was saved us by using public transport.

→ _____

E 5형식(S + V + O + OC)의 수동태

수동태로 전환할 때 목적격 보어의 명사, 형용사, 부정사, 분사는 변화 없이 그대로 〈be동사 + p.p.〉 뒤에 쓰면 되고 원형부정사인 경우는 to부정사로 바꿔서 써야 한다.

⭐1 목적격 보어가 수동태에서 변화가 없는 경우

(1) 명사 또는 형용사가 목적격 보어인 경우

• They considered him a coward.

→ He was considered a coward by them.　　　　(명사: 변화 없음)

• She made the students happy.

→ The students were made happy by her.　　　　(형용사: 변화 없음)

(2) 부정사 또는 분사가 목적격 보어인 경우

• Jennifer persuaded Tim to donate some money.

→ Tim was persuaded to donate some money by Jennifer.　　(to부정사: 변화 없음)

• Hiram saw Jennifer crossing the street with her baby.

→ Jennifer was seen crossing the street with her baby by Hiram.　　(분사: 변화 없음)

Pattern Practice

다음 문장들을 수동태로 고치세요.

❶ Steve expects her to finish the work successfully.

→ _____

❷ Harry saw a thief breaking into his neighbor's house.

→ _____

❸ He made the audience embarrassed.

→ _____

❹ The police found the suspect dead.

→ _____

목적격보어가 수동태에서 변화가 있는 경우

(1) 원형부정사가 목적격 보어인 경우

- Alice made <u>Robert</u> do the dishes.

(wash에서 to wash로 변화)

→ <u>Robert</u> was made to do the dishes by Alice.

- The police made <u>the taxi driver</u> stop his taxi.

(stop에서 to stop으로 변화)

→ <u>The taxi driver</u> was made to stop his taxi by the police.

- Debbie let <u>the waiter</u> move Phillip's car.

(move에서 to move로 변화)

→ <u>The waiter</u> was allowed to move Phillip's car by Debbie.

(let은 수동태에서 be allowed to로 변형)

> **Writing에 적용하기**
>
> 모든 동사가 수동태로 쓰일 수 있는 것은 아니다. have, belong, resemble 등은 수동태로 쓸 수 없는 대표적인 동사들이다.
> - She has a house.
>   → A house ~~is had~~ by her. (×)
> - Michael resembles his father.
>   → His father ~~is resembled~~ by Michael. (×)

 **Pattern Practice**

다음 문장들을 수동태로 고치세요.

① Sherri didn't let the children go out in the rain.

→ _____

② The instructor made her clean her room.

→ _____

③ The ghost made the boy howl like a monkey.

→ _____

④ Antonio saw a truck pass by.

→ _____

A 다음 문장들을 수동태 또는 능동태로 고치세요.

1 People say that the tropics are full of all kinds of creatures. (It을 주어로)

→ _____

2 The judges let Susan sing her favorite song.

→ _____

3 Joe gave the poor girl some money without hesitation. (직접목적어를 주어로)

→ _____

4 The snowball was thrown by the little kid.

→ _____

5 Rhonda delivered the good news to Matthew.

→ _____

6 My mom ordered some groceries on the Internet.

→ _____

B 우리말에 맞게 빈칸에 괄호 안의 동사를 알맞게 쓰세요.

1 그녀가 불타는 집에서 탈출하는 것이 소방관에 의해 목격되었다.

→ She _____ (see) to escape from the burning house by the firefighter.

2 나는 그의 행동에 때문에 짜증이 났다.

→ I _____ (irritate) by his behavior.

3 그는 나에게 꼭 규칙을 지키겠다고 약속했다.

→ He _____ (promise) me to keep the rules.

4 그는 굉장한 시인이라고들 한다.

→ It _____ (say) that he is a great poet.

5 그 어린 소녀는 부모님에 의해 "아가"라고 불린다.

→ The little girl _____ (call) "Sweetie" by her parents.

SENTENCE WRITING PRACTICE

배운 내용을 바탕으로
영어 문장 만들기

Ⓐ 다음 우리말을 수동태 문장으로 영작하세요.

1 저 그림은 Picasso에 의해 그려졌다. (paint)
　주어　　　　　　　　　동사 + 보어

→ _____

2 인스턴트 음식은 노인들이 좋아하지 않는다. (old people)
　　주어　　　　　　　　　동사 + 보어

→ _____

3 이 건물은 Steve의 회사에 의해 지어졌다. (build)
　　주어　　　　　　　　동사 + 보어

→ _____

4 나는 예전 여자친구의 결혼식에 초대받았다. (invite)
　주어　　　　　　　　　　동사 + 보어

→ _____

5 그 폭포 소리에 모든 사람들이 겁에 질렸다. (frighten)
　　　　　　　주어　　　동사 + 보어

→ _____

Ⓑ 다음 우리말을 수동태 문장으로 영작하세요.

1 그는 의사에 의해 더 이상 기름진 음식을 먹지 말라고 충고 받았다. (fatty foods)

→ _____

2 그 캡슐은 우주선으로부터 분리되었다. (capsule)

→ _____

3 우주 비행사들은 영어와 러시아어에 능통할 것이 요구된다. (fluent)

→ _____

4 나는 알 수 없는 힘에 의해 끌렸다. (unknown force)

→ _____

5 Jennifer는 Charles에 의해서 세탁을 하게끔 부탁받았다.

→ _____

UNIT 14 여러 종류의 수동태와 주의할 용법

A 의문문의 수동태

의문문은 의문사가 없는 문장과 있는 문장이 있다. 양쪽 모두 수동태를 만드는 과정은 거의 비슷하다.

 1 의문사가 없는 문장: be동사 + 주어 + p.p. ...?

> Did <u>you</u> throw <u>that baseball</u>?
>   S   V   O

• Did Juan throw <u>that baseball</u>? (Did를 통해 과거시제 확인)

  → <u>That baseball</u> was thrown by Juan. (일단 평서문의 수동태로 쓴다.)
  → Was <u>that baseball</u> thrown by Juan? (의문문으로 바꾼다.)

• Does Jennifer supervise <u>all the employees</u>?
  → <u>All the employees</u> are supervised by Jennifer.
  → Are <u>all the employees</u> supervised by Jennifer?

 2 의문사가 있는 문장: 의문사 + be 동사 + 주어 + p.p. ...?

> <u>When</u> did <u>you</u> throw <u>that baseball</u>?
> 의문사   S   V   O

• (When) did Jamie throw <u>that baseball</u>? (의문사는 잠시 생략한다.)

  → <u>That baseball</u> was thrown by Jamie. (일단 평서문의 수동태로 쓴다.)
  → Was <u>that baseball</u> thrown by Jamie? (의문문으로 바꾼다.)
  → When was <u>that baseball</u> thrown by Jamie? (생략했던 의문사 복귀)

• (Where) did Mary discard <u>the old toothbrush</u>?
  → <u>The old toothbrush</u> was discarded by Mary.
  → Was <u>the old toothbrush</u> discarded by Mary?
  → Where was <u>the old toothbrush</u> discarded by Mary?

3 의문사가 주어인 문장

> <u>Who</u> <u>invented</u> <u>the world's first car?</u>
>   S   V   O

- <u>Who</u> invented the world's first car? (invented를 통해 과거시제 확인)

→ The world's first car was invented <u>by whom</u>. (일단 평서문 수동태를 쓴다.)
  ≫ 의문사를 생략하지 않고 원칙대로 〈by + 행위자〉로 수동태 문장의 끝에 쓴다.
→ Was the world's first car invented <u>by whom</u>? (의문문으로 바꾼다.)
→ <u>Who(m)</u> was the world's first car invented <u>by</u>? (의문사를 문장 맨 앞으로 보낸다.)
  ≫ By whom was the world's first car invented?는 문어체 표현이다.

 **Pattern Practice**

1 다음 문장들을 수동태로 바꾸세요.

❶ Did your sister cook dinner?
  → _____

❷ Does she carry all those books?
  → _____

❸ Did Shane check the files?
  → _____

❹ Did Jessica write this song?
  → _____

2 다음 문장들을 수동태로 고치세요.

❶ Where did you buy that coat?
  → _____

❷ What do you call this plant?
  → _____

❸ Who threw the ball in the parking lot?
  → _____

❹ Why did Martina cancel the meeting?
  → _____

B 명령문의 수동태

명령문은 주어가 없는 것이 특징이므로 수동태에서도 「by+행위자」는 나타나지 않는다. 또한 일상생활에서 명령문의 수동태는 드물게 쓰이고 연설문과 같이 격식을 차리는 경우에 쓰인다.

 긍정 명령문의 수동태: Let + 목적어 + be + p.p.

> Finish your test as fast as possible!
>   V   O

- Finish your test as fast as possible!

  → Let your test be finished as fast as possible!

- Execute the traitor in front of the people.
  → Let the traitor be executed in front of the people.

- Build a great castle on top of the hill.
  → Let a great castle be built on top of the hill.

 부정 명령문의 수동태: Don't let + 목적어 + be + p.p. / Let + 목적어 + not + be + p.p.

(1) Don't let + 목적어 + be + p.p.

- Don't do the work now.

  → Don't let the work be done now.

(2) Let + 목적어 + not + be + p.p.

- Don't do the work now.
  → Let the work not be done now.

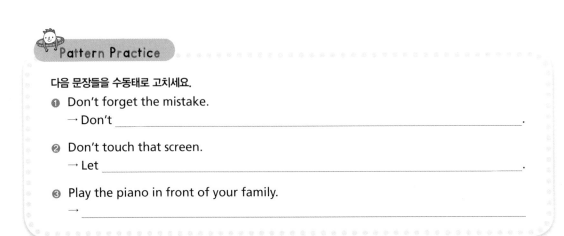

Pattern Practice

다음 문장들을 수동태로 고치세요.

❶ Don't forget the mistake.
  → Don't _____.

❷ Don't touch that screen.
  → Let _____.

❸ Play the piano in front of your family.
  → _____

C 기타 다양한 수동태

진행형 · 완료형의 수동태와 조동사 · 군동사가 있는 문장의 수동태에 대해서 알아보자.

 진행형의 수동태: be동사 + being + p.p.

- My mother is cleaning the house.
  → The house is being cleaned by my mother.

- Jane's brother is using the family computer to write emails.
  → The family computer is being used by Jane's brother to write emails.

- The thief is driving the police car.
  → The police car is being driven by the thief.

 완료형의 수동태: have[had] + been + p.p.

- Max has visited this place several times before.
  → This place has been visited by Max several times before.

- Michael had done the work.
  → The work had been done by Michael.

- My secretary will have done it.
  → It will have been done by my secretary.

 조동사가 있는 문장의 수동태: 조동사 + be + p.p.

- He can handle this situation better than you.
  → This situation can be handled by him better than you.

- The teacher should take him to hospital.
  → He should be taken to hospital by the teacher.

- Ken has to finish the project by Tuesday.
  → The project has to be finished by Ken by Tuesday.

군동사가 있는 문장의 수동태: 군동사는 하나의 묶음으로 움직인다.

- My grandmother took care of us. (take care of: 돌보다)
  → We were taken care of by my grandmother.

- The mean boys laughed at the poor girl. (laugh at: 비웃다)
  → The poor girl was laughed at by the mean boys.

- The company put off the important meeting without any notice. (put off: 연기하다)
  → The important meeting was put off by the company without any notice.

 by 이외의 전치사를 쓰는 수동태

- Everybody was surprised at his appearance. (~에 놀라다)

- The pieces of fruit are covered with yogurt. (~로 덮여 있다)

- David is interested in majoring in Economics. (~에 흥미 있다)

- The Korean pop star is known to lots of people all over the world. (~에게 알려지다)

- Mary is pleased with the result. (~에 기뻐하다)

- The room is filled with cigarette smoke. (~로 가득 차다)

Pattern Practice

다음 문장들을 수동태로 고치세요.

1. My brother was doing Jane's homework.
   → _____

2. The soldiers are watching the enemy's headquarters.
   → _____

3. Ann has just finished the project.
   → _____

4. You can hurt somebody's feelings.
   → _____

5. A stranger looked at the boy.
   → _____

6. She had to buy some sugar.
   → _____

A 다음 문장들을 수동태로 고치세요.

1 When did you see that person?

→ _____

2 Mechanics have repaired my car recently.

→ _____

3 We can't take the newspapers from the rack over there.

→ _____

4 My husband is calling the technical support team.

→ _____

5 The enemy has released lots of prisoners of war.

→ _____

6 They have to submit the report before the deadline.

→ _____

7 Mary should have finished the work by now.

→ _____

B 다음 문장들이 올바른 문장이 되도록 다시 써 보세요.

1 Let the picture don't be touched by anyone.

→ _____

2 By who was the telephone invented?

→ _____

3 Was the children punished in a proper manner?

→ _____

4 Let it is done without hesitation.

→ _____

5 When the new car was shown on TV?

→ _____

6 Cindy is interested by majoring in English literature.

→ _____

A 다음 우리말을 수동태 문장으로 영작하세요.

1 언제 자동차가 제조되었니? (manufacture)
　　　　주어　　　　동사

　→ _____

2 그 기념비는 John의 건설 회사에 의해 지어지도록 하여라. (monument)
　　　목적어　　　　　　　　　　　　　　　　동사

　→ _____

3 그 탁자는 무엇으로 만들어졌어?
　　　주어　　　　　　　동사

　→ _____

4 그 사건은 Ann에 의해서 해결되었어야 했다. (case)
　　　주어　　　　　　　　　　　동사

　→ _____

5 이 맛있어 보이는 점심은 나의 여자친구에 의해서 요리되었다. (현재완료 수동태)
　　　　　주어　　　　　　　　　　　　　　　　　동사

　→ _____

B 다음 문장들을 수동태 문장으로 영작하세요.

1 왜 그 파일이 삭제되었니? (delete)

　→ _____

2 당신의 차가 여기에 주차되었나요?

　→ _____

3 밤새도록 비가 내리면, 그 행사는 내일 취소될 것이다. (cancel)

　→ _____

4 당신의 컴퓨터가 지금 막 인터넷에 연결되었습니다. (connect)

　→ _____

5 내 친구의 집이 다른 누군가에 의해 구입되었다. (purchase)

　→ _____

6 많은 학생들이 당신의 스마트폰 때문에 방해를 받았다. (bother)

　→ _____

7 내 노트들이 여러 번 도난당한 적이 있다. (note)

　→ _____

REVIEW TEST

A 우리말에 맞게 괄호 안의 표현들을 고르세요.

1 그 다이아몬드로 덮여 있는 시계는 CEO에 의해 구입되었다.

→ The watch covered with diamonds (bought / **was bought**) by the CEO.

2 내 누나와 아빠는 서로 닮았다.

→ My sister and dad (**resemble** / are resembled) each other.

3 이 유화는 Susan의 것이다.

→ This oil painting (**belongs** / is belonged) to Susan.

4 그 고아는 좋은 사람들에 의해 양육되었다.

→ The orphan (is raised / **has been raised**) by nice people.

5 어디에 차를 주차했는지 기억하니?

→ Do you remember where (was the car parked / **the car was parked**)?

B 다음 문장에서 틀린 부분을 올바르게 고치세요.

1 The guests were made leave the hotel. _____ → _____

2 I was given to this book by my wife. _____ → _____

3 Some jackets were bought to me by my mom. _____ → _____

4 She is said be a tough person to handle. _____ → _____

5 Who was America discovered? _____ → _____

C 다음 문장을 영어로 옮기세요.

1 누구에 의해 한국이 유럽에 소개되었는가?

→ _____

2 잃어버렸던 파일이 David에 의해 다시 복구되었다. (recover)

→ _____

3 그 축구 선수는 또 다른 선수한테서 태클을 당했다. (tackle)

→ _____

4 많은 고객들이 회사로부터 무시를 당했다. (ignore)

→ _____

5 그 정치인이 뇌물을 받았다고 한다. (some bribes)

→ _____

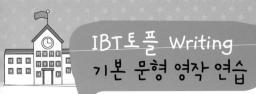

A 일반적 사실(general facts)을 언급하는 표현들

글을 쓸 때, 자신의 주장을 뒷받침하기 위해서 일반적인 사실을 인용하는 경우가 있다. 특히 자신의 의견이나 주장을 본격적으로 언급하기 전에 일반적인 사실을 언급하면서 글을 시작하는 경우가 많다. 이때 다음과 같은 표현들을 사용할 수 있다.

1 It is often said that ~ 흔히 ~라고 한다

It is often said that communication among family members has been damaged by television.

2 It may be said that ~ ~라고 할 수 있다

It may be said that men are commonly more active in society than women.

3 There is an argument about whether ~ ~인지에 대한 논란이 있다

There is an argument about whether smoking should or should not be allowed in public places.

4 There has been an argument regarding whether ~ ~인지에 대한 논란이 있어 왔다

There has been an argument regarding whether human cloning should be permitted.

B 실전 Writing 연습: 다음 문장을 영어로 옮기세요.

1 흔히 남자가 여자보다 더 시각 지향적이라고 한다.

(often / men / visually oriented / women)

→ _____

2 아동이 어린 나이에 외국어를 배우는 것이 현명한지에 대한 논란이 있다.

(argument / concerning / wise / at an early age)

→ _____

3 오늘날의 세계에서 우리는 정보화 시대에 살고 있다고 흔히 말한다.

(often / in today's world / information age)

→ _____

CHAPTER

08

가정법

UNIT 15 가정법 과거

UNIT 16 가정법 과거완료

UNIT 15 가정법 과거

A 가정법 과거

가정법 과거는 현재 사실의 반대를 가정하거나, 실현 불가능한 일을 가정할 때 사용하며 '만약 ~이라면 …할 텐데'라고 해석된다.

 1 가정법 과거형 문장의 기본형

가정절(만약 ~라면),				귀결절(…일 텐데)			
접속사	주어	**동사**	목적어/보어,	주어	**조동사**	**본동사**	목적어/보어
If	S	**과거동사 (be: were)**	O/C,	S	**should would could might**	**동사원형**	O/C
If	I	**were**	a bird,	I	**could**	**fly**	to you.
If	I	**were**	enough money,	I	**could**	**buy**	a boat.

* 가정절의 동사에 be동사가 올 경우에는 주어에 관계없이 were를 사용한다.

* 귀결절의 조동사는 문장의 내용에 맞게 선택해서 사용한다.
  (should: 의무, would: 의도나 소망, could: 능력, might: 추측)

Pattern Practice

다음 빈칸에 알맞은 말을 넣으세요.

① 만약 내가 많은 돈을 가지고 있다면, 나는 세계 일주 여행을 할 수 있을 텐데. (have, travel)
  → If I _____ a lot of money, I _____ _____ around the world.

② 만약 그 스마트폰이 비싸지 않다면, 내가 (그것을) 살 텐데. (be, buy)
  → If the smartphone _____ expensive, I _____ _____ it.

③ 만약 내가 정답을 알고 있다면, 내가 너에게 말할 텐데. (know, tell)
  → If I _____ the answer, I _____ _____ you.

④ 만약 사람들이 TV를 더 적게 본다면, 그들은 독서할 시간을 더 가지게 될 텐데. (watch, have)
  → If people _____ TV less, they _____ _____ more time for reading.

⑤ 만약 내가 그 사실을 알았다면, 나는 거기에 가지 않았을 텐데. (know, go)
  → If I _____ the fact, I _____ _____ there.

가정법 과거는 현재 사실의 반대를 가정하거나 실현 불가능한 일을 가정할 때 사용한다.

- As I am not rich, I can't buy a yacht. (직설법, 현재 사실)
    ↓ (현재 사실의 반대를 가정하면)
  If I were rich, I could buy a yacht. (가정법 과거)

- As he doesn't study hard, he can't pass his exam. (직설법, 현재 사실)
    ↓ (현재 사실의 반대를 가정하면)
  If he studied hard, he could pass his exam. (가정법 과거)

- As I am not a magician, I can't change stones into gold.
    ↓ (실현 불가능한 일을 가정하면)
  If I were a magician, I could change stones into gold.

- As I am not good with numbers, I can't get full marks in math.
  → If I were good with numbers, I could get full marks in math.
  → Were I a genius, I could get full marks in math.
    » If를 생략하면 주어, 동사의 위치가 서로 바뀐다. (도치문)

- As he doesn't speak English very well, we will not hire him.
  → If he spoke English very well, we would hire him.

- As she doesn't know how to use computers, she may not be hired.
  → If she knew how to use computers, she might be hired.

Pattern Practice

다음 직설법 문장을 가정법 과거 문장으로 바꾸세요.

❶ As he doesn't have a car, he isn't happy.
  → _____

❷ As I am not a millionaire, I don't have an airplane.
  → _____

❸ As I am so sick, I can't play soccer.
  → _____

❹ As Michael is sick, he cannot go on a picnic.
  → _____

❺ As I am not tall, I can't play basketball very well.
  → _____

B I wish + 가정법 과거(과거동사) / as if + 가정법 과거(과거동사)

I wish ~ / as if ~ 다음에 가정법 과거(과거동사)가 나오면, 현재에 대한 내용을 말하는 것이다. 가정법 과거는 현재 사실에 기준을 두고 있기 때문이다.

 I wish + 가정법과거(과거동사) : (현재) ~이면 좋겠다

- I wish I were rich.   (현재) 부자이면 좋겠다.
  = I'm sorry that I am not rich.   (현재) 부자가 아니어서 유감이다.
- I wish I were tall.
- I wish I were an adult.
- I wish I had a sports car.   (현재) 스포츠카가 있으면 좋겠다.
  = I'm sorry that I don't have a sports car.   (현재) 스포츠카가 없어서 유감이다.
- I wish I could speak English better.
- I wish I lived in a big house.

 as if + 가정법 과거(과거동사) : 마치 (현재) ~인 것처럼

- He talks as if he were a famous singer.   마치 (현재) 자기가 유명한 가수인 것처럼.
  = In fact, he is not a famous singer.   사실 (현재) 유명한 가수가 아니다.
- She speaks to others as if she were a doctor.
- Jennifer talks as if everything were O.K.
- He acts as if he knew everything.   마치 (현재) 자기가 모든 것을 다 아는 것처럼.
  = In fact, he doesn't know everything.   사실 (현재) 모든 것을 다 아는 것은 아니다.
- Tom talks as if he knew everything about the accident.
- She nods her head as if she understood the lecture.

Pattern Practice

다음 빈칸을 채우세요.

❶ 나는 내가 (현재) 이 나라의 대통령이면 좋겠다.
→ I wish I _____ the president of this country.

❷ 나는 (현재) 영어 말하기를 더 잘할 수 있으면 좋겠다.
→ I wish I _____ speak English better.

❸ 나는 (현재) 여자친구가 있으면 좋겠다.
→ I wish I _____ girlfriend.

❹ 그녀는 마치 (현재) 자기가 유명한 피아니스트인 것처럼 말한다.
→ She talks _____ _____ she _____ a famous pianist.

C 가정법 과거 대용 표현

If를 사용하지 않고도 다양한 구문으로 가정법 과거를 표현할 수 있다.

 Without[But for]~ / With ~/ otherwise 구문으로 가정법 과거를 표현할 수 있다.

- Without water, living things could not survive.
  = But for water, living things could not survive.
  = If it were not for water, living things could not survive.

- With your help, I could finish the work earlier.
  = If you helped me, I could finish the work earlier.

- She can't speak English very well, otherwise, I would employ her.
  = If she spoke English very well, I would employ her.

 to 부정사 구문으로 가정법 과거를 표현할 수 있다.

- To hear him speak English, you would think him from America.
  = If you heard him speak English, you would think him from America.

- I would be happy to marry her.
  = I would be happy, if I married her.

- It would be better for him to refuse the offer.
  = It would be better if he refused the offer.

 분사 구문으로 가정법 과거를 표현할 수 있다.

- Living in a rich country, he would be a more successful businessman. (현재분사 구문)
  = If he lived in a rich country, he would be a more successful businessman.

- Left alone, she would cry loudly. (과거분사 구문)
  = If she were left alone, she would cry loudly.

 명사구로 가정법 과거를 표현할 수 있다.

- An honest man would not tell a lie.
  = If he or she were honest, he or she would not tell a lie.

Pattern Practice

다음 문장을 가정법 과거 문장으로 바꾸세요.

① Without air, we could not breathe.
→ If _____, _____.

② I would be happy to see her again.
→ I _____, if _____.

A 다음 빈칸에 알맞은 말을 넣으세요.

1 만약 내가 부자라면, 나는 멋진 자동차를 살 수 있을 텐데.

→ If I _____ rich, I _____ _____ a nice car.

2 만약 그녀가 아프지 않다면, 우리와 함께 소풍을 갈 수 있었을 텐데.

→ If she _____ _____ sick, she _____ _____ on a picnic with us.

3 나는 (현재) Tom의 주소를 알았으면 좋겠다.

→ I wish I _____ Tom's address.

4 내가 (현재) 대학생이면 좋겠다.

→ I wish I _____ a university student.

5 그는 마치 (현재) 자기가 대통령인 것처럼 사람들과 악수하기를 좋아한다.

→ He likes to shake hands with people _____ _____ he _____ the president.

6 그는 마치 (현재) 그녀에 대한 모든 것을 알고 있는 것처럼 말한다.

→ He talks _____ _____ he _____ everything about her.

7 만약 그가 아파트에 살지 않는다면, 그는 개를 기를 수 있을 텐데.

→ If he _____ _____ in an apartment, he _____ _____ a dog.

B 다음 빈칸에 알맞은 표현을 쓰세요.

1 I don't have my own computer. (And I want to have one.)

→ I wish _____.

2 I don't know many people. (And I'm lonely.)

→ I wish _____.

3 We don't visit you often because you live so far away.

→ If you _____, we _____.

4 It's raining, so we can't play soccer outside.

→ If it _____, we _____.

5 He talks to people like he is an actor, but in fact, he is not an actor.

→ He talks _____.

6 That toy is too expensive, so I will not buy it.

→ If the toy _____, I _____.

A 각 괄호 안에 주어진 표현들을 어순에 맞게 배열하여 문장을 완성하세요.

1 나는 내가 (현재) 복권에 당첨되면 좋겠다. (I wish ~)
　주어　　　　　목적어　　　　　동사

　→ _____

2 그녀는 마치 자기가 (현재) 유명한 가수인 것처럼 행동한다. (as if ~)
　주어　　　　　　　　　　　　　　　　　동사

　→ _____

3 만약 내가 너라면, 나는 그의 생일파티에 갈 텐데.
　　　　　주어　　　　　　　동사

　→ _____

4 나는 내가 (현재) 날씬하면 좋겠다. (I wish ~)
　주어　　목적어　　　동사

　→ _____

5 그녀는 마치 자기가 (현재) 내 엄마인 것처럼 말한다. (as if ~)
　주어　　　　　　　　　　　　　동사

　→ _____

B 다음 문장을 영어로 옮기세요.

1 만약 내가 너라면, 나는 그를 믿지 않을 텐데.

　→ _____

2 만약 내가 마술사라면, 나는 백조를 미녀로 바꿀 수 있을 텐데. (change ~ into)

　→ _____

3 만약 Jane의 주소를 안다면, 나는 그녀에게 편지를 쓸 텐데.

　→ _____

4 만약 내가 우리 학교 교장 선생님이라면, 엄격한 규칙들을 없앨 텐데. (abolish)

　→ _____

5 나는 내가 (현재) 유명한 가수이면 좋겠다. (I wish ~)

　→ _____

6 그는 마치 자기가 (현재) 그 비밀을 알고 있는 것처럼 말한다. (as if ~)

　→ _____

UNIT 16 가정법 과거완료

A 가정법 과거완료

가정법 과거완료는 과거 사실의 반대를 가정하며 '만약 ~이었더라면 …했었을 텐데'라고 해석된다.

 가정법 과거완료형 문장의 기본형

가정절(만약 ~이었다면),				귀결절(…했었을 텐데)			
접속사	주어	동사	목적어/보어.	주어	조동사	본동사	목적어/보어
If	S	had + p.p. (과거완료)	O/C,	S	should would could might	have + p.p. (현재완료)	O/C
If	I	had been	rich,	I	could	have bought	the house.
If	I	had had	enough money,	I	could	have bought	the house.

* 귀결절의 조동사는 문장의 내용에 맞게 선택해서 사용한다.
　(should: 의무, would: 의도나 소망, could: 능력, might: 추측)

Pattern Practice

다음 빈칸에 알맞은 말을 넣으세요.

❶ 만약 내가 더 열심히 공부했었더라면, 나는 성공할 수 있었을 텐데. (study, succeed)
　→ If I ＿＿＿＿＿ ＿＿＿＿＿ harder, I ＿＿＿＿＿ ＿＿＿＿＿
　　＿＿＿＿＿.

❷ 만약 그가 그렇게 빨리 운전하지 않았더라면, 그는 운전시험에 통과했을 텐데. (drive, pass)
　→ If he ＿＿＿＿＿ ＿＿＿＿＿ so fast, he ＿＿＿＿＿
　　＿＿＿＿＿ the driving test.

❸ 만약 네가 더 관심을 가졌더라면, 너는 밥을 태우지 않았을 텐데. (pay, burn)
　→ If you ＿＿＿＿＿ ＿＿＿＿＿ more attention, you ＿＿＿＿＿
　　＿＿＿＿＿ the rice.

❹ 만약 내가 그의 생일을 알았더라면, 내가 그에게 멋진 선물을 주었을 텐데. (know, give)
　→ If I ＿＿＿ ＿＿＿ his birthday, I ＿＿＿＿＿＿＿＿＿
　　him a nice gift.

❺ 만약 내가 그 당시에 충분한 돈이 있었다면, 나는 그 집을 살 수 있었을 텐데. (have, buy)
　→ If I ＿＿＿＿＿ ＿＿＿＿＿ enough money at that time, I ＿＿＿＿＿
　　＿＿＿＿＿ ＿＿＿＿＿ the house.

가정법 과거완료는 과거 사실의 반대를 가정할 때 사용하며 '만약 ~이었다면 …했었을 텐데'
라고 해석된다.

- As he didn't study hard, he couldn't pass his exam. (직설법, 과거의 사실)
  ↓ (과거 사실의 반대를 가정하면)
  → If he had studied hard, he could have passed his exam. (가정법 과거완료)

- As Susan was sick then, she didn't attend the meeting.
  ↓ (과거 사실의 반대를 가정하면)
  → If Susan had not been sick then, she would have attended the meeting.
  → If Susan had not been sick then, she could have attended the meeting.
  ≫ 귀결절에 동사 would를 사용하면 '~했었을 텐데'의 의미가 되며, could를 사용하면 '~할 수 있었을 텐데'의 의미가
  된다.

- As it rained yesterday, we couldn't go camping.
  ↓ (과거 사실의 반대를 가정하면)
  → If it had not rained yesterday, we could have gone camping.

- As she was not careful, she couldn't get full marks in English.
  → If she had been careful, she could have gotten full marks in English.
  → Had she been careful, she could've gotten full marks in English.
  ≫ If를 생략하면, 주어, 동사의 위치가 서로 바뀐다. (도치문)

Pattern Practice

다음 문장을 가정법 과거완료 문장으로 바꾸세요.

❶ As he didn't know her phone number, he couldn't call her.
  → _____

❷ As I was not rich then, I couldn't buy the house.
  → _____

❸ As it was not sunny yesterday, we didn't go on a picnic.
  → _____

❹ Jane couldn't come to the birthday party yesterday because she worked late.
  → _____

❺ As I didn't work part-time after school, I couldn't earn extra money.
  → _____

❻ I couldn't take a trip because I had no time.
  → _____

B I wish + 가정법 과거완료(had + p.p.)
as if + 가정법 과거완료(had + p.p.)

I wish ~ / as if ~ 다음에 가정법 과거완료(had + p.p.)가 나오면, 과거에 대한 내용을 말하는 것이다.
가정법 과거완료는 과거 사실에 기준을 두고 있기 때문이다.

 I wish + 가정법 과거완료(had + p.p.): (과거에) ~이었더라면 좋았을 텐데

- I wish I had been rich then.　　　　　　　　　　그 당시에 부자였더라면 좋았을 텐데.
  = I'm sorry that I was not rich then.　　　　　그 당시에 부자가 아니었기에 유감이다.

- I wish I had been strong.

- I wish I had gone to college after high school.　(과거에) 대학에 갔더라면 좋았을 걸.
  = I'm sorry that I didn't go to college after high school. (과거에) 대학에 가지 않아서 유감이다.

- I wish I hadn't told the secret.
  = I'm sorry that I told the secret.

 as if + 가정법 과거완료 (had + p.p.): 마치 (과거에) ~이었던 것처럼

- He talks as if he had been a famous singer.　　마치 (과거에) 유명한 가수였던 것처럼.
  = In fact, he was not a famous singer.　　　　사실 (과거에) 유명한 가수가 아니었다.

- She speaks to others as if she had been a teacher.
  = In fact, she was not a teacher.

- He acts as if he had known the cause of the accident.
  = In fact, he didn't know the cause of the accident.

Pattern Practice

다음 빈칸에 알맞은 말을 넣으세요.

❶ 나는 어젯밤에 너무 많이 먹지 않으면 좋았을 걸.
　→ I wish I _____ _____ so much last night.

❷ 나는 (과거에) 학생이었을 때, 더 열심히 공부했었더라면 좋았을 텐데.
　→ I wish I _____ _____ harder when I was a student.

❸ 나는 그 당시에 부자였더라면 좋았을 텐데.
　→ I wish I _____ _____ rich at that time.

❹ 그녀는 마치 (과거에) 자기가 유명한 피아니스트였던 것처럼 말한다.
　→ She talks _____ _____ she _____ _____ a famous
　　pianist.

❺ 그녀는 마치 (과거에) 자기가 유명한 가수였던 것처럼 말한다.
　→ She talks _____ _____ she _____ _____ a famous
　　singer.

C 가정법 과거완료 대용 표현

If를 사용하지 않고도 다양한 구문으로 가정법 과거완료를 표현할 수 있다.

 1 Without[But for]~ / With ~ / otherwise 구문으로 가정법 과거완료를 표현할 수 있다.

- Without your help, I would have failed in business.
  = But for your help, I would have failed in business.
  = If it had not been for your help, I would have failed in business.

- With your help, I could have finished the work successfully.
  = If you had helped me, I could have finished the work successfully.

- She was very busy then, otherwise, she could have gone.
  = She was very busy then. If she had not been busy, she could have gone.

 2 to 부정사 구문으로 가정법 과거완료를 표현할 수 있다.

- To have seen him, you would have thought him a beggar.
  = If you had seen him, you would have thought him a beggar.

- It would have been better for her to have refused the proposal.
  = It would have been better if she had refused the proposal.

 3 분사 구문으로 가정법 과거완료를 표현할 수 있다.

- Having finished the project successfully, he could have been promoted. (현재분사 구문)
  = If he had finished the project successfully, he could have been promoted.

- Born in a rich country, he might have become a great man. (과거분사 구문)
  = If he had been born in a rich country, he might have become a great man.

4 명사구로 가정법 과거완료를 표현할 수 있다.

- A true friend would have kept the promise.
  = If they had been a true friend, they would have kept their promise.

- A wise person would have acted differently.
  = If he or she had been a wise person, he or she would have acted differently.

 Pattern Practice ·

다음 문장을 가정법 과거완료 문장으로 바꾸세요.

❶ Without the money, we would have failed in business.

→ _____

❷ It would have been better for him to have taken the job.

→ _____

GRAMMAR PRACTICE

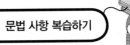

A 다음 빈칸에 알맞은 말은 넣으세요.

1 만약 내가 부자라면, 나는 멋진 자동차를 살 수 있을 텐데.

→ If I _____ rich, I _____ _____ a nice car.

2 그는 마치 (과거에) 자기가 부자였었던 것처럼 행동한다.

→ He acts _____ _____ he _____ _____ rich.

3 만약 그때 아프지 않았었다면, 그녀는 중국에 갈 수 있었을 텐데.

→ If she _____ _____ sick then, she _____ _____ _____ to China.

4 내가 그 당시에 대학생이었더라면 좋았을 텐데.

→ I wish I _____ _____ a university student at that time.

5 만약 내가 그 기회를 잡았더라면, 나는 많은 돈을 벌 수 있었을 텐데.

→ If I _____ _____ the chance, I _____ _____ _____ a lot of money.

6 만약 내가 그의 어려움을 더 일찍 알았더라면, 나는 그를 도와줄 수 있었을 텐데.

→ If I _____ _____ about his trouble earlier, I _____ _____ _____ him.

B 다음 문장의 의미가 같아지도록 빈칸에 알맞은 말을 넣으세요.

1 I was not able to buy the car because Tom didn't lend me the money.

→ If Tom _____, I _____.

2 You didn't eat anything because you were sick.

→ If you _____, you _____.

3 Jennifer talks like she saw the movie, but in fact she didn't.

→ Jennifer talks as if _____.

4 To have seen him, you would have thought him a gentleman.

→ If you _____, you would have thought him a gentleman.

5 I couldn't pass the exam because I didn't study hard.

→ If I _____, I _____.

6 When you were young, you didn't learn to play the guitar. Now you regret this.
You would say: I wish _____.

7 As I didn't go to the birthday party, I couldn't meet her.

→ If I _____, I _____.

Ⓐ 다음 우리말을 영어로 옮기세요.

1 만약 내가 너의 이메일 주소를 알았더라면, 내가 너에게 연락했었을 텐데.
　　　　　　　　　　　　　　주어　　　　　　　동사

→ _____

2 그녀는 마치 자기가 (과거에) 유명한 가수였던 것처럼 행동한다. (as if ~)
　　주어　　　　　　　　　　　　　　　　　　　　　　동사

→ _____

3 나는 학생 때 공부를 더 열심히 했었더라면 좋았을 텐데. (I wish ~)
　　주어　　　　　　　　　　　　　　　　동사

→ _____

4 만약 내가 충분한 돈을 가지고 있었더라면, 나는 그 저택을 살 수 있었을 텐데. (mansion)
　　　　　　　　　　　　　　주어　　　　　　　동사

→ _____

5 그녀는 마치 자기가 (과거에) 나의 엄마였던 것처럼 말한다. (as if ~)
　　주어　　　　　　　　　　　　　　　　동사

→ _____

Ⓑ 다음 문장을 영어로 옮기세요.

1 만약 그녀가 좀 더 주의를 했었더라면, 사고는 일어나지 않았었을 텐데.

→ _____, _____

2 그는 마치 자기가 (과거에) 그 비밀을 알고 있었던 것처럼 말한다. (as if ~)

→ _____, _____

3 만약 밤에 음식을 먹지 않았었더라면, 나는 그렇게 뚱뚱하지 않았을 텐데.

→ _____, _____

4 만약 어제 눈이 왔었더라면, 우리는 스키를 타러 갔었을 텐데.

→ _____, _____

5 내가 시험에 대비해 (과거에) 공부를 더 많이 했었더라면 좋았을 텐데. (I wish ~)

→ _____, _____

6 만약 이메일을 확인했었더라면, 그가 그런 큰 실수는 하지 않았을 텐데.

→ _____, _____

A 괄호 안의 동사를 문장에 맞게 고치세요.

1 He talks as if he (be) a singer when he was young. → _____

2 I wish you (come) to my birthday party tonight. → _____

3 I couldn't see her yesterday. I wish that I (go) to the concert with her.

→ _____

4 If I (be) a famous singer, I would be happy. → _____

5 Our house is not big. I wish I (live) in a big house. → _____

6 If I (study) harder, I could have gotten the job. → _____

7 (be) I you, I would take the job. → _____

B 다음 괄호 안에서 알맞은 표현을 고르세요.

1 If I (went / had gone) to the birthday party, I could have met her.

2 You painted the door red yesterday. You don't think that it looks very good.

You would say: I wish I (painted / had painted) the door green.

3 If he (missed / had missed) the train yesterday, he would have been late for his

interview.

4 I wish I (were / had been) a university student at that time.

5 If I (were / had been) you, I would take the chance.

6 What would happen if I (pressed / had pressed) that red button?

7 If I (had been / were) rich, I would buy a nice car.

C 다음 문장에서 틀린 부분을 찾아 올바르게 고치세요.

1 He talks as if he is my elder brother. _____ → _____

2 Steve ate the pizza as if he didn't eat anything all day. _____ → _____

3 If I am you, I would accept his apology. _____ → _____

4 With your help, I would not have done my homework. _____ → _____

5 We could have caught the train if we leave earlier. _____ → _____

6 If it snowed yesterday, we could have gone skiing. _____ → _____

D 다음 직설법 문장을 가정법 문장으로 바꾸세요.

1 As he didn't exercise, he was not healthy.

→ _____

2 As she is sick, she cannot attend the farewell party.

→ _____

3 As I am not you, I will not forgive him.

→ _____

4 I failed in the test, so I was not happy then.

→ _____

5 Because he is not wearing his glasses, he can't see the board.

→ _____

6 As I am fat, I can't run fast.

→ _____

E 다음 문장을 영어로 옮기세요.

1 만약 내가 키가 크다면, 나는 배구를 잘할 수 있을 텐데. (가정법 과거)

→ _____

2 나는 내가 (현재) 키가 크면 좋겠다. (I wish ~)

→ _____

3 그는 마치 (현재) 자기가 유명한 배우인 것처럼 말한다. (as if ~)

→ _____

4 만약 내가 그녀의 전화번호를 알았더라면, 나는 그녀에게 전화했었을 텐데. (가정법 과거완료)

→ _____

5 나는 (과거에) 그녀의 전화번호를 알았더라면 좋았을 텐데. (I wish ~)

→ _____

6 그는 마치 (과거에) 자기가 유명한 배우였던 것처럼 말한다. (as if ~)

→ _____

IBT토플 Writing
기본 문형 영작 연습

A 예시(example)를 나타내는 표현들

글을 쓸 때 예시를 사용하면 자신의 주장을 더욱 구체적으로 명확하게 뒷받침해 줄 수가 있다.
예를 들 때는 다음과 같은 표현들을 사용할 수 있다.

1 for example / for instance 예를 들어

For example, some documentaries are used in school.

2 Let's take A, for example A를 예로 들어 보자

Let's take a traffic signal at a busy intersection, for example.

3 Let's suppose A, for example 예를 들어 A라고 가정해 보자

Let's suppose you are interested in golf, for example.

4 One / another example of A is ~ A의 한 가지 / 또 다른 예는 ~

One example of a lesson learned from difficulty is responsibility.

B 실전 Writing 연습 : 다음 문장을 영어로 옮기세요.

1 예를 들어, 일부 어린이는 간접흡연으로 인해 고통받고 있다.

(example / suffer / second-hand smoking)

→ _____

2 자동차 사고로 인한 보험을 예로 들어 보자.

(Let's / insurance / car accident)

→ _____

3 예를 들어, 당신이 암에 걸렸다고 가정해 보자.

(suppose / cancer)

→ _____

CHAPTER

09

접속사

UNIT 17 등위접속사와 상관접속사

UNIT 18 종속접속사

등위접속사와 상관접속사

A 등위접속사

문법적으로 같은 성질과 형태를 대등하게 연결한다.

 등위접속사 and와 but

- We brought two cameras and some money.
- The professor lectured, and the audience took notes.
- Do you know where to go and how to get there?
- He tried his best to recover the data, but he failed to do so.
- I don't like her much, but I will admit that she works well.
- The police caught the criminal, but he escaped again.

 등위접속사 or과 so

- Do you want to drink water or soda?
- Was it you or Jennifer that called me yesterday?
- If you're in outer space, look down at the Earth or look at the moon.
- He was exhausted, so he went to bed early last night.
- It was quite warm this fall, so we couldn't see the fallen leaves.
- I was very sleepy that night, so I drank a cup of coffee.

Pattern Practice

빈칸에 문맥상 알맞은 접속사를 쓰세요.

❶ Mary is a person with patience _____ she doesn't have it today.

❷ The thief broke into the house _____ stole all the appliances.

❸ Which do you like better, phone games _____ computer games?

❹ The car was running out of gas, _____ we pulled into a gas station.

B 상관접속사

상관접속사는 등위접속사(and, but, or)와 짝을 이루어 쓰이는 접속사를 말한다. 독해에 도움이 되는 표현들이므로 반드시 암기하자.

 상관접속사의 종류

(1) not only A but also B(= B as well as A): A뿐만 아니라 B도
- Not only <u>you</u> but also <u>I</u> was helpless at that moment.
  = <u>I</u> as well as <u>you</u> was helpless at that moment.

- My father enjoys hiking not only <u>in spring</u> but also <u>in other seasons</u>.
  = My father enjoys hiking <u>in other seasons</u> as well as <u>in spring</u>.

(2) not A but B: A가 아니라 B다
- This national park is intended not <u>for people</u> but <u>for preserving wildlife</u>.

(3) either A or B: A와 B 둘 중의 하나
- Either <u>you</u> or <u>I</u> have to make a sacrifice for the people.

- The knives we've found in the ancient cave were used either <u>for cooking</u> or <u>as weapons</u>.

(4) neither A nor B: A와 B 둘 다 아닌
- Neither <u>the terrorist</u> nor <u>the hostage</u> survived from the explosion.

- I play neither <u>computer games</u> nor <u>video games</u>.
  = I don't play either <u>computer games</u> or <u>video games</u>.

(5) both A and B: A와 B 둘 다
- Both <u>his computer</u> and <u>mine</u> were hacked last night.

- David can drive both <u>sedans</u> and <u>trucks</u>.

Pattern Practice

다음 문장들을 해석하세요.

❶ Neither Tim nor Steve did great work.
→ _____

❷ Either you or her must complete the task.
→ _____

❸ The woman you saw last night is not a detective but a reporter.
→ _____

상관접속사와 동사의 수 일치

(1) both A and B → 주어인 경우 항상 복수 취급

- Both the police and the suspect <u>were</u> tired of chasing and being chased.

- Both you and I <u>are</u> going to be the hosts of the show.

(2) 기타 상관접속사 → 주어인 경우 뒤에 나오는 표현에 동사를 일치시킴

- Either this book or <u>that book</u> <u>has</u> to be purchased.

- Neither the parliament nor <u>the king</u> <u>cares</u> about the people.

- Not the students but <u>the teacher</u> <u>was</u> sick.

- Not only you but also <u>I</u> <u>am</u> happy to hear the news.
  = <u>I</u> as well as you <u>am</u> happy to hear the news.

Pattern Practice

1 다음 문장에서 밑줄 친 부분을 올바르게 고치세요.

❶ Either her or I <u>are</u> going to win the game.　　　→ _____

❷ Not the book but the pencils <u>was</u> missing.　　　→ _____

❸ The rats as well as the cat <u>was</u> hit by a truck.　　→ _____

❹ Both Ann and Judy <u>is</u> his sisters.　　　　　　→ _____

❺ Not only the show host but also the guests <u>was</u> embarrassed.　→ _____

2 다음 문장들을 해석하세요.

❶ I am going to either teach English or become a professional golfer.
　→ _____

❷ It's not you but Susan I want to talk with.
　→ _____

❸ John as well as Max passed the driving test.
　→ _____

GRAMMAR PRACTICE

문법 사항 복습하기

A 괄호 안의 표현 중 알맞은 것을 고르세요.

1 I would like to do not only hiking but also (swim / swimming).

2 Neither my mom (nor / or) dad came to pick me up.

3 The sun is not a planet but (star / a star).

4 I as well as you (was / were) tired of listening to strange stories.

5 Both Korea and China (are / is) becoming powerful nations in the world.

B 우리말에 맞게 빈칸에 알맞은 표현을 쓰세요.

1 나는 축구를 보는 것은 좋아하지만 하는 것은 좋아하지 않는다.

→ I like to watch soccer, _____ I don't like to play it.

2 그의 자동차뿐만 아니라 차 안에 있던 모든 것들도 도난당했다.

→ _____ _____ his car _____ _____ all the things inside it have been stolen.

3 지도자와 지지자들 둘 다 힘든 시간을 보내고 있다.

→ _____ the leader _____ his supporters are having a hard time.

4 그 여자는 학생이 아니라 선생님이다.

→ The lady is _____ a student _____ a teacher.

5 이 티켓 또는 저 티켓 둘 중의 하나는 가짜다.

→ _____ this ticket _____ that ticket is a fake.

C 다음 문장에서 틀린 부분을 올바르게 고치세요.

1 Either Tim or Susan are in a big trouble.

_____ → _____

2 Jennifer as well as the tour group are visiting the Eiffel Tower.

_____ → _____

3 I want to play computer games or she wants to surf the Internet.

_____ → _____

4 Either hamburgers nor French Fries are good for your health.

_____ → _____

A 다음 우리말을 접속사를 사용하여 영작하세요.

1 <u>너와 나 둘 중의 한 명은</u> <u>시험을 통과해야 한다.</u>
     주어   동사

→ _____

2 <u>그녀를 좋아하는 사람은</u> <u>Steve가 아니라 John이다.</u>
     주어   동사+보어

→ _____

3 <u>나는</u> <u>Mary뿐만 아니라 Jane과</u> 테니스를 <u>치는 것을 좋아한다.</u>
  주어   목적어   동사

→ _____

4 <u>아버지는</u> 월요일이 아니라 화요일에 <u>그의 자동차를</u> <u>팔 것이다.</u>
   주어   목적어   동사

→ _____

5 <u>너와 나 둘 다</u> <u>그 문제를</u> <u>풀지 못했다.</u> (solve)
    주어   목적어   동사

→ _____

B 다음 문장을 영어로 옮기세요.

1 Tim은 너의 언니나 동생 둘 중 한 명을 어제 극장에서 봤다. (elder, younger)

→ _____

2 내 아내는 저녁 식사를 요리할 시간이 정말 없었지만 어쨌든 했다. (anyway)

→ _____

3 당신은 나의 사랑이나 돈 둘 중의 하나만 얻을 수 있다.

→ _____

4 그녀는 로마뿐만 아니라 나폴리도 가 본 적이 있다. (Rome, Napoli)

→ _____

5 그는 열심히 작업을 하려고 했지만 도서관이 일찍 문을 닫았다.

→ _____

UNIT 18 종속접속사

A 명사절을 이끄는 종속접속사

종속접속사(that, 의문사, if/whether)가 이끄는 종속절은 명사절이다.

 that과 if / whether – 둘 다 뒤에 주어와 동사가 있는 절을 이끈다.

(1) that: '~인 것'으로 해석한다.

- It is obvious that <u>he has finished the work</u>.   주어
- Mary said that <u>she had nothing to do with the case</u>.   목적어
- The truth is that <u>Jane wasn't here last week</u>.   보어

(2) if / whether: '~인지 아닌지'로 해석한다.

- Whether <u>he did it or not</u> is not my concern.   주어
- I don't know if <u>he will come</u>.   목적어
- The important part is whether <u>Ann will accept his offer</u>.   보어

2 의문사가 이끄는 종속절: 「의문사 + 주어 + 동사」 어순

- How <u>the prisoners escaped</u> is important to me.   주어
- I want to know when <u>he will come to the party</u>.   목적어
- The main point is what <u>I should do now</u>.   보어

Pattern Practice

다음 우리말에 맞는 표현을 빈칸에 넣으세요.

① 내일 비가 올지 안 올지 모르겠다.
→ I don't know _____ it's going to rain tomorrow.

② 언제 공연이 시작하는지 안내소에 물어봐라.
→ Ask the information center _____ the concert begins.

③ 그는 거기에 한 번 가 본 적이 있었다고 말했다.
→ He said _____ he had been there once.

B 부사절을 이끄는 종속접속사

시간, 조건, 이유, 양보를 나타내는 접속사가 이끌고 주어, 목적어, 보어로 쓰이지 않으면 부사절이다.

 시간과 조건의 부사절을 이끄는 종속접속사

(1) 시간의 부사절

> when(~할 때), while(~하는 동안), as soon as(~하자마자),
> until(~할 때까지), since(~이래로), after(~ 후에), before(~ 전에)

- <u>When</u> the truck arrives, we will start to load the boxes onto it.
  ≫ 주어, 목적어, 보어로 쓰이지 않고 있으니 부사절임

- Keep working hard <u>until</u> the boss is satisfied.

- <u>As soon as</u> she lay down on her bed, she fell asleep.

- Would you please help me think of an idea <u>before</u> she comes back?

(2) 조건의 부사절

> if (만약~ 라면), unless(만약~ 아니라면 = if ~ not)…

- <u>If</u> anybody crosses the line, the police will arrest that person.

- <u>Unless</u> she begs me to forgive her, I won't meet her.
  = If she doesn't beg me to forgive her, I won't meet her.

Writing에 적용하기

시간이나 조건을 나타내는 부사절에서는 현재 시제가 미래를 나타낸다.

즉, 부사절의 시제를 미래로 나타내고 싶으면 부사절의 동사의 형태를 현재로 써야 한다.

- If my mom <u>gives</u> me some money, I will buy a computer game CD.
  (엄마가 나에게 돈을 주시면, 나는 컴퓨터 게임 CD를 살 것이다.)

Pattern Practice

밑줄 친 부분을 올바르게 고치고, 부사절이 있으면 괄호 치세요.

❶ I was about to hand in the paper when <u>she calls my name</u>.
  → _____

❷ If <u>Jane will come back</u>, he will go home. → _____

❸ I don't know when <u>my sister comes home tonight</u>.
  → _____

이유, 양보의 부사절을 이끄는 종속접속사

(1) 이유의 부사절

> because, since, for, as (~ 때문에)

- <u>Because</u> I want to be a photographer, I study day and night.
- <u>Since</u> you can't understand what I'm saying, come again tomorrow.
- <u>As</u> the driver was tired, he stopped his car to take a rest.

> **Writing에 적용하기**
>
> because vs because of
> 해석은 같으나 쓰는 방식이 다르다.
> 「because + 주어 + 동사」
> · Because <u>I love her</u>, I will do anything for her. (그녀를 사랑하기 때문에 그녀를 위해서 뭐든지 할 것이다.)
> 「because of + 명사(구)」
> · Because of <u>him</u>, I didn't go there. (그 사람 때문에 나는 그곳에 가지 않았다.)

(2) 양보의 부사절

> although, though, even though, even if (비록 ~ 일지라도)

- <u>Although</u> she is an English teacher, she teaches math quite well.
- <u>Even though</u> you are majoring in Engineering, you have to study English.
- <u>Even if</u> I have to be in danger, I still love you.

> **Writing에 적용하기**
>
> although vs despite/in spite of
> 해석은 같으나 쓰는 방식이 다르다.
> 「although + 주어 + 동사」
> · Although <u>he was tired</u>, he went to work. (그는 피곤한데도 불구하고 일하러 갔다.)
> 「despite/in spite of + 명사(구)」
> · Despite <u>his illness</u>, he went to work. (그는 아픈데도 불구하고 일하러 갔다.)

Pattern Practice

괄호 안에서 알맞은 접속사를 선택하고, 부사절(구)에 밑줄을 그으세요.

① (Because / Because of) he was left alone, he skipped his meal.

② (Although / Because) Steve did his best, he failed to win the contest.

③ (Even though / In spite of) the fact that there was evidence against him, he denied that he had done it.

④ (Since / Though) he was sick, he couldn't attend the meeting.

⑤ (As / Even if) Jessica was late, nobody noticed it.

A 괄호 안의 표현 중 알맞은 것을 고르세요.

1 She didn't want (neither / either) a doll or a puppy for her present.

2 Not they but I (am / are) going to be responsible for the result.

3 Michael failed in the exam, (but / even though) he had studied hard.

4 (Even though / Despite) I knew it would be worthless, I did my best.

5 When she (will come / comes) back tonight, we'll have a nice dinner.

B 다음 빈칸에 알맞은 표현을 쓰세요.

1 그녀가 John을 사랑하지 않는다면 그는 매우 불행할 것이다.

→ If she _____ _____ John, he will be very unhappy.

2 내 여동생이 TV를 보는 동안에 나는 컴퓨터 게임을 했다.

→ _____ my sister _____ _____ TV, I played computer games.

3 경찰이 도착할 때까지 움직이지 마라!

→ Don't move _____ the police _____!

4 Susan이 나가자마자 도둑이 그녀의 집에 침입했다.

→ _____ _____ _____ Susan left, the thief broke into her house.

5 도서관의 디지털 룸이 닫기 전에 내 짐을 챙겨서 나가야 한다.

→ I must pack my stuff _____ the Digital Room in the library _____.

C 다음 문장에서 틀린 부분을 올바르게 고치세요.

1 Unless the book isn't written with care, it will not sell very well.

_____ → _____

2 The exam was quite difficult for her when she studied very hard.

_____ → _____

3 While you arrive there, please give us a call. _____ → _____

4 If the money will be not found within 30 minutes, the owner will be very

disappointed in you. _____ → _____

5 He only calls me when he will need me.

_____ → _____

A 다음 표현들을 영작하세요.

1 <u>비록전에 대회에서 이긴 적이 없었더라도</u> <u>나는</u> 이번 대회에 <u>자신이 있다</u>. (confident)
　　　　　 부사절　　　　　　　　　　 주어　　　　　　 동사 + 보어

　→ _____

2 <u>내가몹시 피곤했기 때문에</u> <u>아내가</u> 내 대신 <u>차를</u> <u>운전했다</u>. (instead of)
　　　 부사절　　　　　 주어　　　　　 목적어　 동사

　→ _____

3 <u>David는 좋은 차를 가지고 있어서</u> <u>그는</u> 항상 조심스럽게 <u>운전한다</u>.
　　　　　 부사절　　　　　　　　　 주어　　　　　　　　 동사

　→ _____

4 <u>할아버지는</u> 전쟁에서 <u>싸우셨다고</u> <u>말씀하셨다</u>. (that ~)
　 주어　　　　　 목적어　　　　 동사

　→ _____

5 <u>아무도</u> <u>나에게</u> <u>Jennifer가 언제 올지</u> <u>얘기하지 않았다</u>. (when ~)
　 주어　 간접목적어　 직접목적어　　　　　 동사

　→ _____

B 다음 문장을 영어로 옮기세요.

1 그가 무엇을 할지 알고 있니?

　→ _____

2 Michael이 사업에서 성공하든 말든, 나는 여전히 그를 사랑할 것이다. (in business)

　→ _____

3 문제는 그가 자리를 항상 지키지 않는 것이다. (position)

　→ _____

4 나는 나이가 들면서 차를 마시는 것이 좋아지기 시작했다. (get older)

　→ _____

5 Jane은 Tim이 열심히 공부해서가 아니라 착해서 자랑스러워한다. (be proud of)

　→ _____

6 내가 돌아오기 전까지 너의 모든 숙제는 끝마쳐져 있어야 한다.

　→ _____

7 지금 바쁘지 않다면 이야기 좀 합시다. (unless)

　→ _____

A 다음 괄호 안에서 알맞은 표현을 고르세요.

1 (Not only / Not) Antonio but also I will be unable to attend the meeting.

2 He kept on writing his novel (so that / even though) he had a headache.

3 The little boy learned (that / what) the Earth goes round the Sun.

4 There is some discomfort (but / or) I really like this small town.

5 (Because of / Since) the rain, I had to stay home.

B 다음 두 문장을 한 문장으로 만드세요.

1 Do you know? + Who is that lady?

→ _____

2 I want to know. + Why is he always late?

→ _____

3 She forgot. + Where had she put the remote control?

→ _____

4 My brother remembers. + What should he do in that situation?

→ _____

5 Do you think? + What does this mean?

→ _____

C 다음 문장에서 틀린 부분을 올바르게 고치세요.

1 I have lived in this house until I was two years old.

_____ → _____

2 Mary will visit London when she will save $1,000.

_____ → _____

3 If I will be stuck in a traffic jam, I will call you. _____ → _____

4 If Steve finishes the work or not, I will hand in my drawing to the teacher.

_____ → _____

5 My mom didn't notice what was it. _____ → _____

D 다음 문장을 영어로 옮기세요.

1 Susan은 운전을 잘할 뿐만 아니라 조심스럽게 한다.

→ _____

2 나는 내일 버스로 또는 기차로 서울에 가야 한다.

→ _____

3 오늘 자정까지 이것을 보고하지 않으면 내 이름이 명단에 올라갈 것이다. (report)

→ _____

4 비록 그는 복권에 당첨됐을지라도 행복하지 않았다. (lottery)

→ _____

5 나는 비록 평생 이 나라에서 살아 왔지만 남쪽 지방을 가 본 것은 이번이 처음이다. (province)

→ _____

6 아버지는 사업에서 성공하려고 노력했지만 그의 노력은 모두 헛된 것이었다. (in vain)

→ _____

7 너무 어두워서 우리는 전진할 수 없었다. (move forward)

→ _____

8 다음 블록에서 오른쪽으로 돌면 그 가게를 찾을 수 있을 겁니다.

→ _____

9 음악을 너무 크게 들으면 나중에 청각에 문제가 생길 것이다. (hearing problem)

→ _____

10 내가 TV를 보고 있는 동안에 그녀가 들어왔다.

→ _____

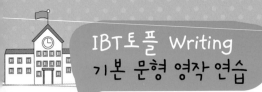
A 대조(contrast)의 표현들

자신의 주장을 전개할 때 '대조'를 사용하면 논점을 더욱 부각시킬 수 있다. 먼저 일반적인 주장을 언급하고 이와 대조를 이루어서 자신의 주장을 펼치면 더욱 명확하게 전달할 수 있다. 이때 다음과 같은 표현들을 사용한다.

1 However / But 그러나

My family used to spend the evening talking or playing games together.
Now however, we are answering emails and searching for things on the Internet instead of being together.

2 On the other hand 다른 한편으로는, 반면에

It is said that playing games has a negative effect on most people.
On the other hand, it can be a way of releasing stress for some adults.

3 Unlike ~ ~와는 달리

Unlike knowledge gained from experience, knowledge gained from books are just ideas in theory which can easily be forgotten unless they are put into practice.

4 While 그러나, ~와는 달리

People hug each other as a greeting in some countries, while they shake hands in other countries.

B 실전 Writing 연습 : 다음 문장을 영어로 옮기세요.

1 정규직 근로자와는 달리 시간제 근로자는 유연한 근로 시간의 이점을 가질 수 있다.
(full-time workers / part-timers / benefit / flexible)

→ _____

2 문학 공부는 예술적 감각을 발달시키는 반면에 수학 공부는 보통 논리적 사고를 발달시킨다.
(Studying literature / develop / on the other hand / logical thinking)

→ _____

3 다른 한편으로는, 식구가 많은 사람들은 집에서 식사하는 것이 싸다는 것을 종종 알게 된다.
(On the other hand / people / large family / cheaper / to eat)

→ _____

CHAPTER 10

관계사

UNIT 19 관계대명사의 기본 개념과 주의할 용법

UNIT 20 관계부사의 기본 개념과 주의할 용법

UNIT 19 관계대명사의 기본 개념과 주의할 용법

A 관계대명사 who/whom/whose

선행사가 사람일 때 who/whom/whose가 하나의 문장으로 연결해 준다.

 주격 관계대명사 who

- The staff yelled at the actor. + He made a terrible mistake.

  선행사가 사람 / He는 주어

  → The staff yelled at the actor who made a terrible mistake.

- The police tried to save the hostage who was on the plane.

- We are willing to donate the money to Michael, who is a genius.

 목적격 관계대명사 whom

- She is the lady. + Steve doesn't like her.

  선행사가 사람 / her는 목적어

  → She is the lady whom Steve doesn't like.

- I don't know the man. + You talked about him.

  선행사가 사람 / him은 전치사(about)의 목적어

  → I don't know the man whom you talked about.

- He likes the manager whom we introduced him to.

 소유격 관계대명사 whose

- She is the student. + Her father received the Medal of Honor.

  선행사가 사람 / Her는 소유격

  → She is the student whose father received the Medal of Honor.

- Mary knows the guard whose hair is white.

- His sister loves Tim whose dad is the CEO of a company.

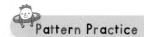

빈칸에 알맞은 관계대명사를 쓰세요.

❶ I know the kids _____ are playing in the yard.

❷ My mom knows the little boy _____ was coming out of that building.

❸ It was John _____ stole my idea regarding the project.

B 관계대명사 which / whose[of which]

선행사가 사물 또는 동물일 때 which/whose[of which]가 하나의 문장으로 연결해 준다.

 주격 관계대명사 which

- The printer is broken again. + It was fixed a week ago.

  선행사가 사물 / It은 주어

  → The printer which was fixed a week ago is broken again.

- I scratched the car which was parked behind mine.

- The wall which is painted white has lots of pencil marks on it.

 목적격 관계대명사 which

- Is this the tool? + You bought it at the market.

  선행사가 사물 / It은 목적어

  → Is this the tool which you bought at the market?

- This is the book which I wrote recently.

- These are the apartments which I have built.

 소유격 관계대명사 whose/of which

- This is the car. + Its quality is the best in the world.

  선행사가 사물 / Its는 소유격

  → This is the car whose quality is the best in the world.

- She has a nice bike whose seat is covered with leather.

- This is the ball of which the surface is covered with autographs of the great players.
  ≫ 선행사가 사물이면서 소유격 관계대명사 뒤에 붙는 명사에 the가 있으면 of which로 씀

C 관계대명사 that

선행사가 사람이든 사물이든지 that을 이용하여 하나의 문장으로 연결할 수 있다. 그러나 that은 소유격이 없고, 반드시 that만 사용해야 하는 경우도 있다.

 관계대명사 that → 다른 관계대명사의 대용 가능

- She is the teacher. + She has studied abroad for 2 years.

  선행사가 사람 / She가 주격

  → She is the teacher that has studied abroad for 2 years.
- Jennifer bought the building that stands at the end of the road.
- The glasses that I'm wearing are made in Korea.
- The jazz musician that I saw on TV yesterday was impressive.
- Do you know the man that is sitting on the bench?

 관계대명사 that을 주로 쓰는 경우

(1) 선행사가 「사람 + 사물(동물)」인 경우

- I know the man and his pet that are walking along the river.
- The farmer and his truck that were in the field disappeared.

(2) 선행사가 who인 경우

- Who that has a house will buy another one?

(3) 선행사 앞에 the very, the only, 서수, 최상급이 붙은 경우

- Antonio is the very person that is suitable for restoring the data.
- My parents are the only people that will love me forever.
- My wife is the first woman that has climbed that mountain.
- That is the most expensive car that I've ever seen in my life.

═Writing에 적용하기═

관계대명사 what과 접속사 that의 구별

- What he said yesterday is true. (○)
  (그가 어제 말한 것은 사실이다.)
  cf. ~~That~~ he said yesterday is true. (✕)

→ what이나 that이나 둘 다 '~인 것'으로 해석되고 앞에 선행사가 없으니 접속사 that을 써도 무방할 것 같으나 he said yesterday 부분은 목적어가 없는 불완전한 문장이므로 결국 what만 쓸 수 있다.

D 관계대명사 what

선행사(the thing(s))가 what안에 이미 포함되어 있으므로 선행사를 앞에 따로 쓰지 않는다. 다른 관계대명사들은 형용사절을 이끄는 반면, 관계대명사 what은 명사절을 이끌기 때문에 '~인 것'으로 해석한다.

 관계대명사 what이 이끄는 절: 주어, 목적어, 보어로 쓰인다.

- What the director ordered yesterday was obviously wrong.　　주어
- Do you remember what he did to you last week?　　목적어
- This is what I meant to say.　　보어

 관계대명사 what의 관용적 표현

- He is, what is called, a genius. (소위, 말하자면)
- What is better, Mary recovered from her injury.
  (더욱 좋은 것은)
- What is worse, John's house was burnt down.
  (더욱 나쁜 것은)
- Reading is to the mind what food is to the body.
  (A is to B what C is to D: A와 B의 관계는 C와 D의 관계와 같다)

Pattern Practice

1 빈칸에 알맞은 관계대명사를 쓰세요.

❶ Give me the book _____ I bought last week.

❷ Cars _____ are parked in a no-parking zone will be removed.

2 다음 문장에서 틀린 부분을 올바르게 고치세요.

❶ The driver and his dog who were in the garage were both killed during the fire.
_____ → _____

❷ Who who advocates his statement will be sentenced to death!
_____ → _____

❸ She is the very person who can deal the problem. _____ → _____

❹ That he did yesterday was really surprising. _____ → _____

❺ What Jane is honest is definitely true. _____ → _____

❻ I lost my purse, and what is better, someone stole my car!
_____ → _____

E 복합관계대명사(-ever)

「관계대명사 + ever」의 형태로 되어 있고 선행사를 포함하고 있다. 단, thatever는 영어에 없는 표현이다.

 whoever: 누구든지

- Whoever helps the poor will be blessed.
- Whoever tells the truth will be forgiven.
- Give it to whomever you like. (whomever는 whoever의 목적격)

 whichever: 어느 쪽이든지

- You can choose whichever you would like to have.
- Whichever he uses, nothing will be displayed on the screen.
- Whichever you take, I won't mind at all.

 Whatever: 무엇이든지, 무엇을 ~할지라도

- Whatever you do, do it fast.
- Whatever I do, she doesn't seem to care.
- Whatever the result is, I will trust all of you.

 **Pattern Practice**

다음 문장들을 해석하세요.

❶ You can have whatever they don't want.

→ _____

❷ Whichever you choose, you will be disappointed.

→ _____

❸ Whoever comes to my house is welcome.

→ _____

F 관계대명사의 생략

「관계대명사 + be동사」와 목적격 관계대명사는 생략이 가능하다. 생략되는 경우가 흔하니 독해할 때 주의가 필요하다.

 「주격 관계대명사 + be동사」 + -ing/-ed

- I saw a police officer (who was) chas<u>ing</u> a man.
- The woman (who was) carri<u>ed</u> out of the building was my friend.
- She pointed at the man (who was) chatt<u>ing</u> with others.

 목적격 관계대명사의 생략

(1) 동사의 목적어로서의 목적격 관계대명사 → 항상 생략 가능

- Did you talk to the person (whom) I hired last month?
- She made a similar sculpture to the one (which) I made.
- The flower (that) he gave to her was really pretty.

(2) 전치사의 목적어로서의 목적격 관계대명사 → 〈전치사 + 관계대명사〉 형태일 때는 생략 불가능

- The boy (whom) we talked <u>of</u> went to another school.
  = The boy <u>of whom</u> we talked went to another school.
  　　　　생략 불가능

- I hate the cheerleader (whom) you played <u>with</u>.
  = I hate the cheerleader <u>with whom</u> you played.
  　　　　　　생략 불가능

- This is the book (which) I have been looking <u>for</u>.
  = This is the book <u>for which</u> I have been looking.
  　　　　생략 불가능

Pattern Practice

다음 밑줄 친 관계대명사가 생략 가능한지 불가능한지 밝히세요.

❶ The book for <u>which</u> we are searching has a gray cover. _____

❷ She is a person <u>whom</u> I don't trust. _____

❸ The man <u>whom</u> I saw told me to return today. _____

❹ The smartphone at <u>which</u> you are looking is mine. _____

A 괄호 안의 표현 중 알맞은 것을 고르세요.

1 I went to the history museum of (whose / which) I read a review on the Internet.

2 There's always some students (who / whom) don't pay attention during class.

3 (That / What) you've just said shocked me.

4 I found the missing note for (which / that) we'd been searching.

5 The lady and her bike (that / which) were at the beach disappeared.

B 우리말에 맞게 빈칸에 알맞은 표현을 쓰세요.

1 테이블 위에 있던 내 태블릿 PC를 봤니?
  → Did you see my tablet PC _____ was on the table?

2 미국에서 살고 있는 조카가 다음 달에 한국에 온다.
  → My nephew _____ lives in the United States is visiting Korea next month.

3 한국에서 그 시험에 만점을 받은 그 소녀는 미국으로 초청받았다.
  → The girl _____ got a perfect score on her exam in Korea was invited to visit America.

4 비싼 차를 운전하던 노인은 친절하게 방향을 가르쳐 주었다.
  → The old man _____ was driving an expensive car kindly showed me the way.

5 '스타워즈'는 내가 지금까지 본 공상 과학 영화 중에서 최고다.
  → Star Wars is the best science fiction movie _____ I have ever seen.

C 다음 문장에서 틀린 부분을 올바르게 고치세요.

1 The bench on that he is sitting has just been painted.

  _____ → _____

2 Jane is a woman on which you can rely.　　_____ → _____

3 She is the very person whose was chosen to be Korea's first astronaut.

  _____ → _____

4 The bread which is on the table aren't mine.　　_____ → _____

5 She doesn't like people whom give up easily.　　_____ → _____

150

A 다음 우리말을 관계대명사를 사용하여 영작하세요.

1 나는 저 차를 운전하고 있는 그 여자를 예전에 본 적이 있다. (driving)
　주어　　　　　　목적어　　　　　　　동사

→ _____

2 그녀는 나에게 커피를 가져다 준 여자이다.
　주어　　　　　동사 + 보어

→ _____

3 나의 모든 자료를 지워버린 이 컴퓨터는 비싼 컴퓨터이다. (erase)
　　　　　주어　　　　　　　　동사 + 보어

→ _____

4 나는 형이 세계보건기구(WHO)에서 일하고 있는 사람을 안다.
　주어　　　　　　　목적어　　　　　　　　동사

→ _____

5 우리는 요즘 설명하기 힘든 이상한 현상들을 목격하고 있다. (phenomena)
　주어　　　　　목적어　　　　　　동사

→ _____

B 다음 문장을 영어로 옮기세요.

1 Tim은 가장 빨리 수학 문제를 풀 수 있는 학생이다.

→ _____

2 벽에 있는 에어컨은 청소가 필요하다. (air conditioner)

→ _____

3 우리는 우리를 안내했던 안내원에게 팁을 줬다. (guide)

→ _____

4 내 주머니에 있던 열쇠들이 어디 있지?

→ _____

5 나는 인내심이 매우 강한 사람들을 존경한다. (lots of patience)

→ _____

UNIT 20 관계부사의 기본 개념과 주의할 용법

A 관계부사 when/where/why/how

선행사(장소, 시간, 이유, 방법)에 따라 when, where, why, how 등이 두 문장을 하나의 문장으로 연결해준다. 관계부사가 이끄는 절은 형용사절이다.

 관계부사 where와 when

(1) 관계부사 where: 선행사가 '장소'

- This is the house + I used to live here when I was young.

  두 문장의 공통된 요소가 '장소'

  → This is <u>the house</u> where I used to live when I was young.

- Is this <u>the warehouse</u> where the thieves hid themselves?

- There is <u>a place</u> where the sky is blue and the air is clean.

> **Writing에 적용하기**
>
> 관계부사는 that으로 대신해서 쓸 수도 있다.
> · **This is the place <u>that</u> I used to live.**
>   = where
> (이곳은 내가 살던 곳이다.)

(2) 관계부사 when: 선행사가 '시간'

- Today is the day. + I have to give him a report on the day.

  두 문장의 공통된 요소가 '시간'

  → Today is <u>the day</u> when I have to give him a report.

- 2020 is <u>the year</u> when I will start my own business.

- 9 o'clock is <u>the time</u> when most news programs begin.

2 관계부사 why와 how

(1) 관계부사 why: 선행사가 '이유'

- I don't know the reason. + She mentioned those facts for that reason.

  <u>두 문장의 공통된 요소가 '이유'</u>

  → I don't know <u>the reason</u> why she mentioned those facts.

- She had better tell me <u>the reason</u> why she gave up on the exam.

- These are <u>the reasons</u> why Steve participated in the project.

(2) 관계부사 how: 선행사가 '방법'

단, 선행사와 함께 쓰지 못하고 둘 중 하나를 생략해야 한다.

- Could you tell me the way? + I should get there in a certain way.

  두 문장의 공통된 요소가 '방법'

  → Could you tell me how I should get there?

- We don't know how the girl solved the difficult problem.

- This is the way Michael avoided the accident.

Pattern Practice

다음 우리말에 맞는 표현을 빈칸에 넣으세요.

❶ 12월의 마지막 주는 우리가 가족 여행을 가는 주이다.
  → The last week of December is the week _____ we go on a family trip.

❷ 내 처남이 일하는 병원은 역 오른쪽에 있다.
  → The hospital _____ my brother-in-law is working is on the right side of the station.

❸ 그 문을 어떻게 열었는지 아무에게도 말하지 마라.
  → Don't tell anyone _____ you opened the door.

❹ 왜 너는 포로를 풀어줬는지 그 이유를 내게 말해 봐.
  → Tell me the reason _____ you released the prisoner.

B 복합관계부사(-ever)

관계부사에 -ever를 붙인 형태로 선행사를 포함하고 있다. 단, whyever는 영어에 없는 표현이다.

 복합관계부사 wherever: 어디든지

- Wherever you may go, I will go with you.

- Wherever my enemy is hiding, I'll find him someday.

- Let them go wherever they like.

 복합관계부사 whenever: 언제든지

- You may go whenever you like.

- Please give me a call whenever it is possible.

- Whenever there's a problem, he shows up.

 복합관계부사 however: 아무리 ~일지라도, 어떻게 ~할지라도

- However long it takes, Jane will wait for John.

- However tired I get, I won't give up this work.

- However difficult the task may be, we will finish it.

Pattern Practice

다음 문장들을 해석하세요.

❶ You may put the computer wherever you like.

→ _____

❷ I will come here whenever I like.

→ _____

❸ However hard he tried, he kept on failing.

→ _____

❹ Wherever you go, I won't forget you.

→ _____

❺ However rich you are, you shouldn't look down on others.

→ _____

C 관계부사 vs 관계대명사

관계부사와 관계대명사의 가장 큰 차이점은 선행사를 보는 기준이 다르다는 것이다. 즉, 관계부사는 장소, 시간, 이유, 방법으로 나누는 반면에 관계대명사는 사람과 사물로 선행사를 나눈다. 또한 공통 요소가 명사 또는 부사의 성질을 가지고 있는지에 따라 관계부사를 쓸지, 관계대명사를 쓸지 결정된다.

 관계부사 = 전치사 + 관계대명사

- This is the building. + I live in the building.

  전치사 in까지 공통된 요소로 포함한 경우

  → This is the building where I live.

  (= in which)

- This is the building. + I live in the building.

  두 문장의 공통된 요소를 명사와 명사로 본 경우

  → This is the building which I live in.

  전치사 in은 관계대명사에 포함되지 않으므로 그대로 있다.

 문장의 완전성

(1) 관계대명사가 이끄는 절은 '불완전한 문장'이다.

- This is the building which I live in.

  불완전한 문장

(2) 관계부사가 이끄는 절은 '완전한 문장'이다.

- This is the building where I live.

  완전한 문장

빈칸에 알맞은 표현을 쓰세요.

❶ Did you see the strange building _____ had rainbow color?

❷ Tomorrow is the day on _____ the city's festival begins.

❸ The house _____ she lives is on the next block.

❹ This is a one-room apartment _____ my uncle lives in.

❺ The office _____ Jack is working is not far from here.

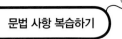
A 괄호 안의 표현 중 알맞은 것을 고르세요.

1 This is the prison (where / which) the Japanese tortured our people.

2 Next Saturday is the day (where / when) I must host a show.

3 (Wherever / However) our next target market is, we must move fast.

4 Civilians must stay in this building (where / which) they are safe from toxic gas.

5 You would be shocked if you knew the reason (why / which) the project was canceled.

B 다음 두 문장을 관계부사를 사용하여 하나의 문장으로 만드세요.

1 Today is the day. + Our school was founded on the day.

→ _____

2 Tell me the way. + You sold your laptop for a good price in a certain way.

→ _____

3 Tell me the resort. + You and your wife stayed at the resort.

→ _____

4 That is the reason. + Jennifer left him two days ago for that reason.

→ _____

5 This is the way. + The prisoner escaped from the prison in a certain way.

→ _____

C 다음 문장에서 틀린 부분을 올바르게 고치세요.

1 I would like to visit the apartment in where she lives. _____ → _____

2 Whenever boring it may be, I still like his play. _____ → _____

3 This is the house which the movie star lives. _____ → _____

4 That is the way how he has treated me since then. _____ → _____

5 This is the school when I used to play soccer. _____ → _____

6 I don't know the reason which she hates me. _____ → _____

Ⓐ 다음 우리말을 관계부사를 사용하여 영작하세요.

1 언제든지 너 편할 때 그 책을 나에게 돌려줘. (convenient)
　　 부사절　　　　목적어　　　　동사

→ _____

2 그것이 사장님이 그 문제를 푼 방법이다.
　　주어　　　　　동사 + 보어

→ _____

3 그것이 Tim이 금요일 밤 파티에 오지 못한 이유다.
　　주어　　　　　　동사 + 보어

→ _____

4 2002년은 우리 모두가 월드컵 때문에 들떠 있었던 해였다. (excited about)
　　주어　　　　　　　　동사 + 보어

→ _____

5 Michael은 외국인들이 많은 아파트에서 산다.
　　주어　　　　　　　　　　동사

→ _____

Ⓑ 다음 문장을 관계부사를 사용하여 영어로 옮기세요.

1 겨울은 우리가 일하기에 힘든 계절이다. (difficult for)

→ _____

2 내가 독일에 처음 갔었던 연도를 기억할 수 없다.

→ _____

3 내가 어찌 내가 처음 너를 만났던 그 극장을 잊을 수 있겠는가!

→ _____

4 이것이 그가 나를 고통스럽게 한 이유다. (make one suffer)

→ _____

5 어떻게 완벽한 점수를 얻었는지 알려 주실 수 있겠습니까? (perfect score)

→ _____

6 네가 아무리 열심히 일하더라도, 나만큼 성공할 수 없다. (as ~ as)

→ _____

7 네가 어디에 있든, 우리는 너와 항상 있다는 것을 잊지 마라.

→ _____

REVIEW TEST

A 괄호 안의 표현 중 알맞은 것을 고르세요.

1 I would like to find out (the way how / how) she knew about our plan.

2 Have you seen a woman (whom / whose) hair is long and curly?

3 Both the repairman and the air conditioner (which / that) were in the room disappeared.

4 (Whoever / Whichever) uses my computer will be treated as a cheater.

5 The bridge (which / whose) connects the two islands looks beautiful.

B 다음 빈칸에 알맞은 표현을 쓰세요.

1 그 사장님은 그녀가 만나기 싫어하는 사람 중의 한 명이다.
   → The boss is one of the persons _____ she doesn't want to meet.

2 이곳은 한때 인디언들이 살던 곳이다.
   → This is the place _____ the Indians once lived.

3 그는 4층에 있는 자판기를 수리하러 갔다.
   → He went to repair the vending machine _____ is on the fourth floor.

4 Michael은 워싱턴대학에서 공부하고 있는 Mary를 만나러 갔다.
   → Michael went to meet Mary _____ is studying at Washington University.

5 Jessica가 가장 좋아하는 것은 사람들이 약속을 잘 지키는 것이다.
   → _____ Jessica likes the most is people keeping their promises.

C 다음 문장에서 틀린 부분을 올바르게 고치세요.

1 David, who is visiting his parents, are coming back to L.A. next week.
   _____ → _____

2 The words which the magician said is all in this book.
   _____ → _____

3 My dad is, what are called, a walking dictionary.   _____ → _____

4 The buyer what visited our company is from China.   _____ → _____

5 What he is a lazy person is certain.
   _____ → _____

D 다음 문장을 영어로 옮기세요.

1 저 남자가 내가 내일 상대해야 할 사람이다. (deal with)

→ _____

2 너에게 파일을 보내려고 할 때마다 인터넷이 끊긴다. (get disconnected from)

→ _____

3 Mary가 어제 주문한 물건은 내일 John에게 배달될 것이다.

→ _____

4 나는 TV에서 본 재즈 음악가의 CD를 샀다.

→ _____

5 누구든지 이 노란 선을 넘는 자는 처벌을 받을 것이다. (punish)

→ _____

6 Ann이 가고 싶어 하는 곳은 너무 멀고 여행하기에 비싸다.

→ _____

7 고객에게 친절해야 할 직원이 고객을 매우 불친절하게 대했다. (rude)

→ _____

8 이곳이 고대시대에 우리 조상이 통치했던 장소이다. (ancestor)

→ _____

9 그녀가 어제 끝낸 그 일은 내가 할 수 없는 일이었다.

→ _____

10 그 가게에서 일하는 사람들은 모두 그의 가족이다.

→ _____

A 통합형 작문의 서론 주제문에 자주 사용되는 표현들

통합형 작문(Integrated Writing)에서는 어떤 주제에 대해 지문에서 읽은 내용과 강의 들은 내용을 서로 비교해서 설명하거나 요약하는 방식으로 작문을 한다. 따라서 독해지문과 강의에서 읽고 들은 내용을 언급해야 하는 경우가 많다. 이때 다음과 같은 표현들을 사용할 수 있다.

1 In the lecture, the speaker cast doubt on ~, which was expressed in the reading.
   강의에서, 화자는 독해지문에서 표현된 ~에 대한 의심을 제기했다.
   In the lecture, the speaker cast doubt on the benefits of a bilingual education, which was expressed in the reading.

2 In the lecture, the speaker proposed solutions for ~, which was explained in the reading.   강의에서, 화자는 독해지문에서 설명된 ~에 대한 해결 방안을 제안했다.
   In the lecture, the speaker proposed solutions for the problem of world poverty, which was explained in the reading.

3 In the lecture, the speaker suggested alternatives to ~, which was discussed in the reading.   강의에서, 화자는 독해지문에서 논의된 ~에 대한 대안을 제안했다.
   In the lecture, the speaker suggested alternatives to the existing therapy, which was discussed in the reading.

B 실전 Writing 연습: 다음 문장을 영어로 옮기세요.

1 강의에서, 화자는 독해지문에서 설명된 사형제도의 필요성에 대해 의심을 제기했다.
   (lecture / speaker / necessity / death penalty / explained)
   → _____
     _____

2 강의에서, 화자는 독해지문에서 언급된 불법 이민 문제에 대한 해결 방안을 제시했다.
   (lecture / speaker / propose / illegal immigration / expressed)
   → _____
     _____

3 강의에서, 화자는 실업 문제에 대한 가능한 해결 방안을 제안했다.
   (lecture / speaker / suggest / solution / unemployment)
   → _____
     _____

명사와 관사

UNIT 21 명사

UNIT 22 관사

A 셀 수 있는 명사(Countable Nouns)

셀 수 있는(C) 명사 앞에는 a/an이 올 수 있으며, many, a few와 같은 수량 형용사가 올 수 있고 -(e)s를 붙여 복수형을 만들 수 있다.

 사람이나, 사물 장소를 나타내는 보통명사와 사람이나 사물의 집합체를 가리키는 집합명사는 셀 수 있는(C) 명사에 속한다.

- A girl is talking with her teacher.　　　　　　보통명사 단수형
- Many girls are talking with their teacher.　　　보통명사 복수형

> 보통명사: computer, door, student, camera, cell phone, mountain, desk, classroom, movie, tree, building, car, lamp, floor, space, pipe, stone, insect, bird…

- My family is a large one.　　　　　　　　　　가족 단위, 집합명사 단수형
  - cf. My family are all well.　　　　　　　　　가족 구성원, 군집명사, 복수 취급
- A few families are having a party together.　　가족 단위, 집합명사 복수형

> 집합명사: class, team, club, group, school, crew, orchestra, audience, crowd, public, band, police, army, navy, staff, committee, party(정당), jury(배심원단), union…

 '일부 추상명사'는 셀 수 있는(C) 명사에 속한다.

- I have a good idea.　　　　　　　　　　　　추상명사, 단수형
- We have two plans to achieve the goal.　　　추상명사, 복수형

 Pattern Practice

다음 문장에서 틀린 부분을 찾아 올바르게 고치세요.

❶ Many student attended the event.　　　＿＿＿＿＿ → ＿＿＿＿＿

❷ My family is all early risers.　　　　　　＿＿＿＿＿ → ＿＿＿＿＿

❸ They have a few idea to solve the problem.　＿＿＿＿＿ → ＿＿＿＿＿

❹ Many girl are talking with their teacher.　＿＿＿＿＿ → ＿＿＿＿＿

❺ He has a few computer.　　　　　　　　＿＿＿＿＿ → ＿＿＿＿＿

162

B 셀 수 없는 명사(Uncountable Nouns)

셀 수 없는(UC) 명사 앞에는 a/an이 올 수 없고, 복수형이 없으며 항상 단수로 취급한다.

 액체, 기체, 재료등과 같은 것을 나타내는 '물질명사'는 셀 수 없는(UC) 명사에 속한다.

- Water is composed of hydrogen and oxygen. 　　물질명사, 단수 취급
- A lot of water is needed in a big city. 　　물질명사, 단수 취급
- There is a lot of sand on the beach. 　　물질명사, 단수 취급

> 물질명사: water, milk, coffee, tea, beer, soup, shampoo, oil, gasoline, blood, glass, paper, wood, ice, steel, iron, gold, silver, meat, cheese, butter, bread, air, steam, smoke, smog, salt, sugar, dust, flour, rice, weather, sunshine, rain, snow, fog, hail, thunder, lightning, fire, gravity...

 '추상적인 개념을 나타내는 추상명사'는 셀 수 없는(UC) 명사에 속한다.

- Happiness comes from contentment. 　　추상명사, 단수 취급
- Honesty is the best policy. 　　추상명사, 단수 취급

> 추상명사: beauty, love, peace, truth, patience, pride, wealth, courage, confidence, health, education, knowledge, intelligence, justice, importance, fun, music, information, news, advice, homework, work, proof, evidence, energy, vocabulary, grammar, English, Chinese, Japanese, Spanish, slang, mathematics, history, literature, chemistry, physics, psychology, engineering, soccer, baseball, tennis, swimming, driving, poker, chess...

 인명, 지명, 나라 이름 등을 나타내는 '고유명사'는 셀 수 없는(UC) 명사에 속한다.

≫ 고유명사의 첫 글자는 항상 대문자로 쓰며 단수 취급을 한다.

- Edison was a great inventor. 　인명, 고유명사, 단수 취급
- Seoul is one of the world's largest cities.
  지명, 고유명사, 단수 취급
- Korea lies between China and Japan.
  나라 이름, 고유명사, 단수 취급

> **stop 이건 알아둬~**
>
> 고유명사 앞에는 원칙적으로 관사가 오지 않지만 인명 앞에는 부정관사 (a/an)이 올 수 있는데, 의미가 달라진다.
> - Seoul is a big city. (O)
>   → 고유명사 앞에는 관사가 오지 않는다.
> - A Seoul is a big city. (X)
>   → 고유명사 앞에는 관사 a/an이 못 온다.
> - The Seoul is a big city. (X)
>   → 고유명사 앞에는 관사 the가 못 온다.
> - I want to become an Edison. (O)
>   (나는 에디슨과 같은 사람이 되고 싶다.)

 **Pattern Practice**

다음 문장에서 틀린 부분을 찾아 올바르게 고치세요.

① A lot of money are needed to finish the project. ＿＿＿＿ → ＿＿＿＿

② People want a justice. ＿＿＿＿ → ＿＿＿＿

③ Many people live in seoul. ＿＿＿＿ → ＿＿＿＿

④ Happiness come from contentment. ＿＿＿＿ → ＿＿＿＿

C 명사의 단·복수 구분과 주의할 점

 1 신발이나 장갑과 같이 '짝을 이루는 명사'는 항상 복수형을 사용하며, '악수를 하다'와 같은 표현은 관용적으로 항상 복수형을 사용한다.

- He bought a pair of new shoes.
  ≫ 짝을 이루는 명사: gloves, socks, trousers, pants, jeans, shorts, scissors, glasses...

- She shook hands with the President at the ceremony. 악수하다, hands 항상 복수형

- I want to make friends with Michael. 　　　　　　친구를 사귀다, friends 항상 복수형

 2 형태는 복수이지만 항상 단수 취급하는 명사들이 있다.

- Mathematics is a difficult subject. 　　　　　　학과목, 항상 단수 취급
  ≫ economics: 경제학, physics: 물리학, politics: 정치학, statistics: 통계학

- The United States is a superpower.
  ≫ 여러 개의 주가 모여졌으므로 복수형이지만, 그 전체가 하나의 나라이므로 단수 취급함

 3 두 단어가 합해서 이루어진 복합명사는 의미의 중심이 되는 단어에 복수형을 표시한다.

- boyfriend → boyfriends 　　　　　　　　girlfriend → girlfriends
- son-in-law → sons-in-law 　　　　　　　sister-in-law → sisters-in-law
- passer-by → passers-by 　　　　　　　　by-stander → by-standers

 4 단·복수에 따라 의미가 달라지는 명사들이 있다.

- Tooth-decay often causes pain. 　　　　　　pain: 고통

- He took great pains to pass the exam. 　　　　pains: 노력, 수고
  ≫ arm: 팔　　　custom: 습관　　　air: 공기　　　mean: 의미
  　arms: 무기　　customs: 세관, 관세　　airs: 거만한 태도　　means: 수단

5 문맥에 따라 하나의 명사가 셀 수 없는(UC) 명사와 셀 수 있는(C)명사 양쪽에 사용될 수 있다.

- Susan has blond hair. 　　　　　　　　UC, 머리카락 전체

- She found a hair in her soup. 　　　　　　C, 머리카락 한 가닥

- Fire burns wood. 　　　　　　　　　　UC, 불

- There was a fire last night. 　　　　　　C, 화재 한 건

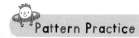 **Pattern Practice**

다음 문장에서 어법상 어색한 부분을 찾아 바르게 고치세요.

❶ I exchanged a letter with him. 　　_____ → _____

❷ Statistics are very difficult to understand. 　_____ → _____

D 명사의 수량 표시

명사의 수량이 많고 적음을 나타내는 수량 표시 방법에는 여러 가지가 있다.

 셀 수 있는(C) 명사의 수량 표시

- Each <u>student</u> has a computer.　　　　　　　　each + 단수명사: 각각의 ~

- Every <u>student</u> has a computer.　　　　　　　every + 단수명사: 모든 ~

- Both <u>students</u> have their own computer.　　　Both + 복수명사: 둘 모두

- A few <u>students</u> have their own computer.　　A few + 복수명사: 몇몇의 ~ (긍정)
  cf. Few students have their own computer.　　　few + 복수명사: 거의 없는 ~ (부정)

- Several <u>students</u> have their own computer.　several + 복수명사: 여럿의 ~

- Many <u>students</u> have their own computer.　　many + 복수명사: 많은 ~

- A number of <u>students</u> have their own computer.　a number of + 복수명사: 많은 ~

 셀 수 없는(UC) 명사의 수량 표시

- We will have a little <u>rain</u> tomorrow.　　　　a little + 단수명사: 약간의 ~ (긍정)
  cf. We will have little <u>rain</u> tomorrow.　　little + 단수명사: 거의 없는 ~ (부정)

- We had much <u>rain</u> last June.　　　　　　　much + 단수명사: 많은 ~

- We had a great deal of <u>rain</u> last June　.　a great deal of + 단수명사: 많은 ~

 셀 수 있는(C) 명사와 셀 수 없는(UC) 명사 모두에 사용되는 수량 표시

- We have some <u>books</u> on modern history.　　some + (C)복수명사: 약간의

- We have some <u>milk</u> in the refrigerator.　　some + (UC)단수명사: 약간의

- A lot of <u>students</u> participated in the speech contest.　a lot of + (C)복수명사: 많은

- We need a lot of <u>time</u> to finish the project.　a lot of + (UC)단수명사: 많은

- Most <u>students</u> have passed the exam.　　most + (U)복수명사: 대부분의

- Most <u>water</u> has been contaminated.　　　most + (UC)단수명사: 대부분의

- All <u>students</u> have passed the exam.　　　all + (U)복수명사: 대부분의

- All <u>water</u> has been contaminated.　　　　all + (UC)단수명사: 대부분의

 Pattern Practice

다음 문장에서 어법상 어색한 부분을 찾아 바르게 고치세요.
❶ Every students have their own cell phone.　　＿＿＿＿＿ → ＿＿＿＿＿

❷ We have a little times before the interview.　＿＿＿＿＿ → ＿＿＿＿＿

A 다음 문장에서 밑줄 친 명사가 셀 수 있는 명사인 경우에는 **C**, 셀 수 없는 명사인 경우에는 **UC**라고 쓰세요.

1 <u>Our team</u> won the game last year. _____

2 We have enough <u>meat</u> in the refrigerator. _____

3 I have a lot of <u>homework</u> to do this evening. _____

4 <u>Seoul</u> is the biggest city in Korea. _____

5 Tim has black <u>hair</u>. _____

6 The policeman found <u>a hair</u> on the floor. _____

B 다음 괄호 안에서 알맞은 표현을 고르세요.

1 The book has a few spelling (mistake / mistakes).

2 The soccer team (has / have) many members.

3 A lot of water (is / are) needed to make all the bread in the bakery.

4 A number of people (like to / likes to) raise a pet animal.

5 Economics (is / are) a very interesting subject.

6 He has (a number of / a great deal of) money in his bank account.

C 다음 문장에서 어법상 어색한 부분을 찾아서 바르게 고치세요.

1 There are a few stadium in Seoul. _____ → _____

2 He comes from the Korea. _____ → _____

3 I have many sister-in-laws. _____ → _____

4 Most boy like to play Role Playing Games. _____ → _____

5 She has taken great pain to succeed. _____ → _____

6 There was two big fires in the city last night. _____ → _____

7 Each people has his or her own talents. _____ → _____

A 다음 문장을 영어로 옮기세요.

1 나는 모른다. (no idea)
　　주어 동사 + 목적어

→ _____

2 정치학은 흥미로운 과목이다. (politics)
　　　주어　　　　　　동사 + 보어

→ _____

3 (우리는) 지난겨울에 많은 눈이 내렸다(가졌다).
　　주어　　　　　　목적어　　　　동사

→ _____

4 나는 미스코리아와 악수를 했다.
　　주어　　　　　　동사 + 목적어

→ _____

5 모든 방에는 TV가 한 대씩 있다. (every)
　　주어　　　목적어　　　동사

→ _____

B 다음 문장을 영어로 옮기세요.

1 그 컴퓨터 프로그램은 에러가 거의 없다. (few)

→ _____

2 미국은 큰 나라이다.

→ _____

3 이 호텔의 방마다 특수 잠금 장치가 있다. (each, special lock)

→ _____

4 냉장고에 있는 대부분의 우유가 상했다. (most)

→ _____

5 나는 그와 친구하고 싶다. (make friends)

→ _____

6 두 가족이 주차 문제를 놓고 말다툼을 하고 있다. (family, argue)

→ _____

7 많은 팬들이 그 콘서트 티켓을 샀다. (a number of)

→ _____

A 부정관사(a/an)의 용법

부정관사(a/an)은 기본적으로 하나의 의미로 단수를 나타내며 또한 불특정한 것을 가리킬 때 사용한다.

 부정관사 뒤에 오는 단어의 발음이 '모음'일 때는 an을, '자음'일 때는 a를 사용한다.

an hour	an honest man	an umbrella
an aisle	an airplane	an airport
an agent	an easy word	an engine
an old man	an exit	an information center
a car	a highway	a house
a sign	a woman	a wing
a university	a building	a city

 부정관사(a/an)의 기본 용법은 다음과 같다.

(1) 불특정한 것을 가리키는, 셀 수 있는 명사의 단수형 앞에 사용

- He has a car, but I don't have one.
- She is a student and he is a teacher.

(2) '하나'라는 뜻으로 사용 (a/an = one)

- I don't know a word of French. (a word = one word)
- They will stay here for a week.

(3) '같은'의 의미로 사용 (a/an = same)

- She and I are of an age. (an age = same age)
- Birds of a feather flock together.

(4) 종족 대표를 나타낼 때 사용

- A dog is a clever animal.
  ≫ 여기서 a dog은 개 한 마리가 아니라 개 종류 전체를 뜻함
- A cat is an independent animal.

(5) '～마다'의 의미로 사용 (a/an = per)

- I used to walk for 2 hours a day. (a day = per day)

- He goes swimming once a week.

(6) '어떤, 얼마간'의 의미로 사용 (a/an = some)

- My grandmother will stay in my house for a while.

  (for a while = for some time)

- She left Korea on a fine day.

stop
이건 알아둬~

종족 대표를 표시하는 방법은 다음과 같이 세 가지가 있다.

- A dog is a faithful animal.
  = The dog is a faithful animal.
  = Dogs are a faithful animal. (개는 충직한 동물이다.)

 부정관사(a/an)의 특수 용법

(1) 고유명사 앞에 부정관사(a/an)가 오는 경우

- A Mr. Brown called on you while you were out. (브라운 씨라는 사람)

- Steve wants to be an Edison. (에디슨과 같은 사람)

- This is a Picasso painted about a hundred years ago. (피카소의 작품)

(2) 물질명사 앞에 부정관사(a/an)가 오는 경우

- This is a different wine from the one they usually serve. (다른 종류의 포도주)

(3) 추상명사 앞에 부정관사(a/an)가 오는 경우

- He did me a kindness last winter. (친절한 (구체적인) 행동)

Pattern Practice

1 다음 문장을 해석하세요.

❶ I don't know a word of French. → _____

❷ He and I are of an age. → _____

❸ Birds of a feather flock together. → _____

❹ A dog is a loyal animal. → _____

❺ She will stay there for a month. → _____

2 밑줄 친 부분에 유의하여 다음 문장을 해석하세요.

❶ I want to be a Bill Gates. → _____

❷ He jogs three times a week. → _____

❸ She will stay here for a while. → _____

❹ This is a Picasso painted 120 years ago. → _____

❺ She goes to the movies once a month. → _____

B 정관사(the)의 용법

정관사는 기본적으로 특정한 것을 가리킬 때 사용한다.

 정관사(the)의 기본 용법은 다음과 같다.

(1) 앞에서 한 번 나온 말을 받을 때 사용

- I know a <u>store</u>. The <u>store</u> stocks many interesting items.
- Did you see a red <u>lunchbox</u>? Yes, the <u>lunchbox</u> is over there.

(2) 뒤에 있는 수식어에 의해 한정을 받을 때 사용

- The book <u>on the desk</u> is mine.
- I guarantee the innocence <u>of Mr. Johnson</u>.

(3) 서로가 알고 있는 것을 가리킬 때 사용

- Could you close the <u>door</u>? (말하는 사람과 듣는 사람이 서로 알고 있는 문)
- It's so hot. Please open the <u>window</u>. (서로 알고 있는 창문)

(4) 서수 앞에 사용

- George Washington was the <u>first</u> president of the United States.
- She lives on the <u>second</u> floor of this apartment.

(5) 최상급 앞에 사용

- He is the <u>tallest</u> student in our class.
- She is the <u>most beautiful</u> girl in our class.

(6) 자연계의 유일무이한 것을 가리킬 때 사용

- The <u>sun</u> is much bigger than the <u>moon</u>.
- The <u>Earth</u> is the third planet from the Sun in the <u>solar system</u>.

(7) 우리 주위의 친숙한 자연환경을 가리킬 때 사용.

- A lot of plants live under the <u>sea</u>.
- Birds fly high in the <u>sky</u>.

Pattern Practice

다음 문장에서 틀린 부분을 찾아서 올바르게 고치세요.

❶ A book on the table is Jennifer's. _____ → _____

❷ He was first man who landed on the moon. _____ → _____

❸ Venus is the second planet in a solar system. _____ → _____

❹ She is tallest girl in our school. _____ → _____

정관사(the)의 특별 용법은 다음과 같다.

- He is <u>the more intelligent of the two</u>.   the + 비교급 + of the two: 둘 중에서 더 ~한
- My mom kissed me <u>on the forehead</u>.   전치사 + the + 신체 부위: 신체 부위에~
- They sell candies <u>by the kilogram</u> at that store.   by + the + 도량형 단위: ~의 단위로
- <u>The rich</u> are not always happier than <u>the poor</u>.   the + 형용사 = 복수 보통명사

C 관사를 사용하지 않는 경우

다음과 같은 경우에는 관사를 사용하지 않는다. 문법에서는 '무관사가 사용된' 것으로 본다.

(1) 식사 이름 앞에는 관사를 사용하지 않는다.

- Susan is having breakfast at the moment.
- We had lunch two hours ago.
  cf. We had a good lunch two hours ago. » 식사 이름 앞에 형용사가 오면 그 앞에 부정관사를 사용한다.

(2) 스포츠 이름 앞에는 관사를 사용하지 않는다.

- Let's play tennis together this afternoon.
- I played soccer with my friends at school yesterday.

(3) 「by + 교통수단/통신수단」은 관사를 사용하지 않는다.

- They will go to China by plane next Monday.
- You will receive my answer by email.

(4) 어떤 장소가 본래 목적으로 쓰이는 경우에는 관사를 사용하지 않는다.

- He goes to school from Monday to Friday.   학교에 공부하러 가다
  cf. He went to the school last Monday.   학교에 볼일이 있어서 갔다

- She goes to church on Sundays.   예배 보러 교회에 가다
  cf. She went to the church last Monday.   교회에 볼일이 있어서 갔다

(5) 관직, 신분을 나타낼 때, 호격에는 관사를 사용하지 않는다.

- President Bush made remarks on the terrorist issue.   관직, 신분
- "Waiter, give me a cup of water, please."   호격

Pattern Practice

다음 문장에서 틀린 부분을 찾아서 올바르게 고치세요.

❶ My mom kissed me on a cheek.   _____ → _____

❷ We played the basketball in the park last night.   _____ → _____

❸ They had the lunch one hour ago.   _____ → _____

GRAMMAR PRACTICE

문법 사항 복습하기

A 다음 괄호 안에서 알맞은 말을 고르세요.

1 He is (a / an) honest student.

2 He has (a / an) house in his hometown.

3 It is raining outside. I should have brought (a / an) umbrella.

4 There is (a / an) university in the city.

5 He want to be (a / an) Edison.

6 The building has (a / an) exit on each floor.

7 Steve wants to be (a / an) engineer in the future.

B 다음 문장의 빈칸에 a, an, the, X(없음) 중에 하나를 넣으세요.

1 He wrote a letter to me twice _____ month.

2 Michael offered me a pen or a pencil. I chose _____ pen.

3 She is learning how to play _____ golf.

4 We had _____ wonderful dinner together.

5 His family go to _____ church every Sunday.

6 _____ sunset at the beach is very beautiful.

7 I will give my answer to you by _____ fax.

C 다음 문장에서 틀린 부분을 찾아서 올바르게 고치세요.

1 A Sun is the biggest object in the solar system. _____ → _____

2 We played the baseball with them yesterday. _____ → _____

3 They sell salt by a gram at the store. _____ → _____

4 Susan is tallest student in our school. _____ → _____

5 I know a doctor. A doctor helps the poor very much. _____ → _____

6 It takes time to learn how to play violin. _____ → _____

7 He was very active when he was child. _____ → _____

A 다음 문장을 영어로 옮기세요.

1 개는 영리한 동물이다.
　　주어　　　　동사

→ _____

2 나는 일주일에 세 번 테니스를 친다.
　　주어　　　　　　　　목적어　동사

→ _____

3 나는 Picasso의 작품 하나를 사고 싶다.
　　주어　　　　　　　　　목적어 동사

→ _____

4 그는 한국의 3대 대통령이었다.
　　주어　　　　　　　　동사

→ _____

5 달은 지구보다 더 작다.
　　주어　　　동사 + 보어

→ _____

B 다음 문장을 영어로 옮기세요.

1 지구는 태양 주위를 돈다. (move)

→ _____

2 우리는 어젯밤 그 파티에서 훌륭한 저녁 식사를 했다. (wonderful dinner)

→ _____

3 그들은 부산까지 자동차로 갔다. (by + 교통수단)

→ _____

4 그들은 로프를 미터 단위로 판매한다. (by + the + 도량형 단위)

→ _____

5 Steve와 Susan은 지금 구내식당에서 점심을 먹고 있는 중이다. (cafeteria)

→ _____

6 그가 어제 내 복부를 때렸다. (전치사 + the + 신체 부위)

→ _____

7 부자들이 항상 가난한 사람보다 더 행복한 것은 아니다. (the + 형용사)

→ _____

REVIEW TEST

 다음 괄호 안에서 알맞은 말을 고르세요.

1 My family (is / are) all early risers.

2 A lot of coffee (is / are) consumed worldwide every day.

3 The Philippines (consist of / consists of) thousands of islands.

4 Today, every house (have / has) a TV set.

5 A number of foreign cars (is / are) sold in Korea every year.

6 I have a few (book / books) on Science Fiction movies.

7 All the milk (has / have) gone bad because of the hot weather.

B **다음 괄호 안에서 알맞은 말을 고르세요. (X: 관사 없음)**

1 He is (a / an / X) honest businessman.

2 They climb the mountain twice (a / an / the / X) week.

3 We had (a / an / the / X) breakfast early this morning.

4 Susan lives on (a / an / the / X) fourth floor of this building.

5 A big plane is flying high in (a / an / the / X) sky.

6 (A / An / The) Mr. Johnson came to see you yesterday.

C **다음 문장에서 틀린 부분을 찾아서 올바르게 고치세요.**

1 It takes many time to learn how to play the piano. _____ → _____

2 He was a CEO of this company for 10 years. _____ → _____

3 Some students don't like to go to the school. _____ → _____

4 A number of dove is released to celebrate the Olympic games.

_____ → _____

5 We are going to go there by the taxi. _____ → _____

6 Yesterday I read a book about a life of Edison. _____ → _____

7 We need some flour, a carrot and several potato to cook the meal.

_____ → _____

D 다음 빈칸에 알맞은 단어를 쓰세요.

1 그 오케스트라는 단원이 많다.

→ The orchestra _____ _____ members.

2 우리 할머니에게는 네 명의 사위들이 있다.

→ My grandmother has _____ _____.

3 그녀는 청바지 입기를 좋아한다.

→ She likes to wear _____ _____.

4 그들은 개 몇 마리를 기르고 있다.

→ They are raising _____ _____ dogs.

E 다음 빈칸에 알맞은 영어 표현을 넣으세요.

1 그들은 일 년에 한 번씩 다른 나라를 여행한다.

→ They travel to other countries _____ _____ _____.

2 그녀는 이 나라의 최초 여성 대통령이 될 것이다.

→ She will become _____ _____ _____ _____ of this country.

3 젊은이들은 노인들을 공경해야만 한다.

→ _____ _____ should respect _____ _____.

4 우유가 그 가게에서는 리터 단위로 판매된다.

→ Milk is sold _____ _____ _____ at the store.

F 다음 문장을 영어로 옮기세요.

1 아는 것(지식)이 힘이다.

→ _____

2 서울은 한국에서 가장 큰 도시이다.

→ _____

3 나는 어제 학교에서 내 안경을 잃어버렸다.

→ _____

4 지난밤에 시내에서 큰 화재가 두 건 있었다. (downtown area)

→ _____

5 그녀는 여름 동안에 일주일에 네 번 수영을 한다.

→ _____

A 인과 관계(cause and effect)를 나타내는 표현들

본론에서 글을 전개할 때, 원인과 결과의 관계를 이용하여 자신의 주장을 펴는 경우가 많다. 예를 들어, "오늘날 자연재해가 더욱 심각해지고 있다. 그 원인은 환경오염으로 인한 지구 온난화 때문이다."라고 주장할 수 있는데, 이때 다음과 같은 표현들을 사용할 수 있다.

1 because ~ (절) ~ 때문에

More and more young people want to study abroad these days because they want to improve their foreign language skills and experience another culture.

2 because of ~ (구) ~ 때문에

More people have become overweight in recent years because of poor diet and a lack of exercise

3 ~, for ... ~ 왜냐하면 ...

We have to be prepared for the later years life as early as possible, for the average life span is becoming longer and longer.

B 실전 Writing 연습: 다음 문장을 영어로 옮기세요.

1 많은 학생들이 해외에서 공부하기를 원하는데, 그 이유는 새로운 문화를 직접 경험할 수 있기 때문이다.

(desire / abroad / because / experience / culture / firsthand)

→ _____

_____

2 요즘 대부분의 사람들이 휴대전화를 가지고 다니는데 그 이유는 편리하기 때문이다.

(Most people / cell phones / convenient)

→ _____

_____

3 부모가 가장 좋은 선생님인데, 왜냐하면 우리는 일생을 통해서 부모님들과 관계를 유지하기 때문이다.

(best teacher / maintain / relationship / throughout / life)

→ _____

_____

CHAPTER 12

대명사

UNIT 23 인칭 · 소유 · 재귀 · 지시대명사

UNIT 24 부정대명사

UNIT 23 인칭·소유·재귀·지시대명사

주격	목적격	소유격	소유대명사	재귀대명사
I	me	my	mine	myself
we	us	our	ours	ourselves
you	you	your	yours	yourself (-selves)
she	her	her	hers	herself
he	him	his	his	himself
it	it	its	X	itself
they	them	their	theirs	themselves

A 인칭 대명사

인칭 대명사는 사람을 가리키는 대명사로서 특정한 사람을 가리키거나 막연한 일반인을 가리킬 수도 있다.

 특정한 사람을 가리킬 경우 → 인칭·수·격에 주의해서 쓴다.

- <u>My friends</u> are coming to the party with their partners. (복수이면서 소유격)
- <u>Every boy</u> in this class has to bring his favorite book tomorrow.
- <u>Every girl</u> in our class has her own swimsuit.

 Pattern Practice

괄호 안의 표현 중 알맞은 것을 고르세요.

❶ (Our / Ours) house is being painted right now.

❷ I met some people working in the club. (They / Their) were nice to (mine / me).

❸ She bought a new car last week. (It's / Its) color is gray.

❹ I'm sure that this chocolate cake is for (our / us).

막연한 일반인을 가리킬 경우 → we, one, you (보통 해석을 안 함)

- We should always respect the old.
- One should be nice to others.
- You should always follow traffic laws.

B 소유격과 소유대명사

소유격은 뒤에 반드시 명사가 있어야 하며 소유대명사는 소유격과 명사를 합친 표현이다.

 소유격 + 명사 → 관사를 명사 앞에 쓸 수 없다.

- The car in the corner is his <u>car</u>.   he's와 혼동하지 말 것
- The machine has its own <u>generator</u>.   it's와 혼동하지 말 것
- Their <u>cafe</u> became a huge success in this town.   they're와 혼동하지 말 것
  cf. She has a nice pool in ~~the her~~ <u>house</u>. (×)   관사와 소유격은 같이 쓸 수 없음

 소유대명사 → 관사를 앞에 쓸 수 없다.

- This is your *Grammar & Writing* book, and that is <u>mine</u>.

  = my *Grammar & Writing* book

- Jane says that the red sports car is hers.

- Mom, my smartphone is broken. Can I use yours?
  cf. They say that the building at the corner is ~~a his~~. (×)

Pattern Practice

틀린 부분을 고치세요.

❶ My dad wants to have he's own car.   _____ → _____

❷ The teacher took her the student's smartphone away.   _____ → _____

❸ The red cell phone is mine phone.   _____ → _____

❹ Hello, everyone! These yellow shirts are all your!   _____ → _____

❺ A: Are these stickers ours?   _____ → _____
   B: No, their they're.

C 재귀대명사

'재귀'는 '다시 돌아오다'는 의미로 주어가 하는 행동을 다시 주어에게로 되돌려 보내는 대명사를 재귀대명사라고 부른다. 강조 용법, 관용 용법도 있다.

 재귀 용법: 주어가 하는 행위를 다시 주어에게 되돌려 보내는 용법 (목적어이기 때문에 생략 불가능)

- My daughter is too young to wash herself.
- Mary threw herself into the pond.
- They enjoyed themselves at the dance party.

 강조 용법: 강조하고자 하는 표현 바로 뒤나 문장 끝에 쓴다. (문장 성분이 아니기 때문에 생략 가능)

- The president himself gave a speech in front of the students.
- Susan herself cooked dinner for the guests.
- She did the plumbing herself.

 관용 용법: 보통 특정한 동사나 전치사와 함께 쓰인다.

- She sat by herself on the bench. (홀로)
- The patient spoke to himself. (혼잣말하다)
- I think the terrorists are beside themselves. (제정신이 아닌)
- Did she pay for herself? (혼자 힘으로)
- Mary and Steve blamed themselves for the accident. (자신을 탓하다)
- Help yourself to the cake. (마음껏 ~해라)

Pattern Practice

1 밑줄 친 재귀대명사의 용법을 밝히세요.

❶ She opened the door underline{herself}. ＿＿＿＿＿＿ 용법

❷ The kids enjoyed underline{themselves} at the pool. ＿＿＿＿＿＿ 용법

❸ I underline{myself} went to the market. ＿＿＿＿＿＿ 용법

2 다음 문장들을 해석하세요.

❶ The little girl can get dressed by herself.

→ ＿＿＿＿＿＿＿＿＿＿＿＿＿＿＿＿＿＿＿＿＿＿＿＿

❷ They must be totally beside themselves to say such a thing.

→ ＿＿＿＿＿＿＿＿＿＿＿＿＿＿＿＿＿＿＿＿＿＿＿＿

D 지시대명사

비교적 가까운 것은 this, 먼 것은 that을 쓴다. 그 외에도 '전자'와 '후자'의 의미로 쓰이고 또한 앞의 명사의 반복을 피하기 위해 쓰는 경우도 있다.

 가까운 것 또는 먼 것을 가리키는 지시대명사

가까운 것:	this(단수일 때) / these(복수일 때)
먼 것:	that(단수일 때) / those(단수일 때)

- This is my favorite car. Is that your favorite car?

- I have <u>novels and an encyclopedia</u>. These are all my books.

- There are <u>several cars</u> across the street. Those are my dad's cars.

- A: Is this your key?   B: Yes, it is.
  A: Is that your key?   B: Yes, it is.
  A: Are these your keys?   B: Yes, they are.
  A: Are those your keys?   B: Yes, they are.

 '전자' 또는 '후자'의 개념으로 쓰이는 지시대명사

전자:	that(= the former, the one)
후자:	this(= the latter, the other)

A..............*B*. **This**...............**that**.

- <u>Health</u> is above <u>wealth</u>. This is less important than that.

- <u>A mammal</u> has warm blood, but <u>a reptile</u> doesn't. <u>This</u> is a cold-blooded animal, and <u>that</u> is a warm-blooded animal.
  = a mammal   = a reptile

  = <u>The former</u> is a warm-blooded animal, and <u>the latter</u> is a cold-blooded animal.
  = a mammal   = a reptile

- <u>A Spaniard</u> and <u>a German</u> were walking along the river.
  <u>The one</u> was tall and <u>the other</u> was small.
  = A Spaniard   = a German

앞의 명사의 반복을 피하기 위하여 사용

> 단수일 때: that
>
> 복수일 때: those

- The population of Japan is larger than that of Korea.
- The trees of my hometown are taller than those of your hometown.
- The water in this lake is cleaner than that of that lake.

E 비인칭대명사 it

비인칭대명사 it은 날씨, 날짜, 시간, 명암, 거리 등을 나타낼 때 쓴다. 이때의 it은 '그것'이라고 해석하지 않는다.

• It's already five o'clock.	시간
• It's very hot outside.	날씨
• What day is it today?	날짜
• It's dark inside but bright outside.	명암

Pattern Practice

1 다음 문장에서 틀린 부분을 고치세요.

❶ The CDs in my room are valuable. That is not to be touched.

_____ → _____

❷ Ann has a blue pen and a red pen. One is cheaper than the other.

_____ → _____

❸ The climate of Korea is cooler than those of Hong Kong.

_____ → _____

2 다음 문장을 영어로 옮기세요.

❶ 지금 몇 시니?　　→ _____

❷ 밖은 밝니?　　　→ _____

❸ 오늘은 며칠이니?　→ _____

GRAMMAR PRACTICE

문법 사항 복습하기

A 다음 괄호 안에서 알맞은 표현을 고르세요.

1 Could you introduce (you / yourself) to the class?

2 The apples here are much more expensive than (that / those) there.

3 She (her / herself) managed to solve the problem.

4 Help (yourself / you) to the cookies.

5 It's getting dark, and (that / it) is also getting cold.

B 다음 빈칸에 알맞은 표현을 쓰세요.

1 학생들이 책상 위에 있는 문법책이 그들의 것이 아니라고 말한다.

→ The students say that the grammar book on the desk _____ _____.

2 그녀는 종종 홀로 백화점에서 쇼핑을 하곤 했다.

→ She would often go shopping at the department store _____ _____.

3 그 사고는 네 잘못이 아니다. 자신을 탓하지 마라.

→ The accident is not your fault. Don't _____ _____.

4 오늘날의 기후는 과거의 것보다 더 따뜻하다.

→ Today's climate is warmer than _____ of the past.

5 존은 데스크톱 컴퓨터와 노트북 컴퓨터가 있다. 전자가 후자보다 오래되었다.

→ John has a desktop and a laptop. _____ is older than _____.

C 다음 문장에서 틀린 부분을 올바르게 고치세요.

1 The ears of a rabbit are longer than that of a human.

_____ → _____

2 We enjoyed themselves here. Let's come back here again.

_____ → _____

3 I saw a cat and a mouse. The one is called Tom, other is called Jerry.

_____ → _____

4 My computer is much faster than hers computer.

_____ → _____

5 The cover of a yellow book is brighter than these of a black book.

_____ → _____

A 다음 우리말을 영작하세요.

1 누구나 약속을 지켜야 한다. (one)
   　주어　목적어　　동사

   →

2 나는 저것이 내 것이라고 생각했다.
   　주어　　　목적어　　　　동사

   →

3 그녀는 홀로 교외에서 산다. (suburbs)
   　　주어　　　　　　동사

   →

4 나는 영어와 프랑스어를 배웠다. 전자가 후자보다 훨씬 더 많이 쓰인다. (frequently)
   　주어　　　목적어　　　동사　　주어　　　　　　　　　　　동사

   →

5 저것들은 비슷하게 생긴 것 같다.
   　　주어　　　동사 + 보어

   →

B 다음 우리말을 영작하세요.

1 뉴욕의 인구는 서울의 인구보다 크다(많다). (population)

   →

2 나는 시계가 두 개 있다. 하나는 아날로그이고, 다른 하나는 디지털이다. (analogue, digital)

   →

3 이것들은 우리들의 것이고 저것들은 너희들의 것이다.

   →

4 Jane은 자신을 탓하지 말아야 한다. (blame)

   →

5 나는 홀로 사는 것에 대해 지쳤다. (tired)

   →

UNIT 24 부정대명사

A 부정대명사 one / another / (the) other(s)

부정대명사 one과 another는 단수 취급하고 other는 단수, others는 복수 취급한다.

부정대명사	단수·복수 취급 여부
one, another (an + other), other	단수 취급
ones, others	복수 취급

 one – 막연한 명사(a/an + 명사)를 대신

- I have a Porsche in my garage. Do you have one?
- Have you seen a bus stop near here? - Yes, I've seen one.

 another – 여러 의미로 쓰임

- I don't like this hat. Show me another. (또 다른 하나)
- This chocolate is delicious! Please give me another. (하나 더)
- If you say I'm a coward, then you're another. (역시 같은 하나)

 one 또는 some과 함께 쓰이는 (the) other(s)

(1) one …, the other ~ : 하나는 …, 다른 하나는 ~

- Jessica has two books. One is on grammar, the other is on writing.

(2) Some …, others ~ : (막연한 것 중의) 일부는 …, 일부는 ~

- Some criticize my husband, but others do not.

(3) Some …, the others ~ : (한정된 것 중의) 일부는 …, 일부는 ~

- 10 of them left. Some with delight; the others with sadness.

Pattern Practice

빈칸에 알맞은 부정 대명사를 쓰세요.

❶ 이 바나나 맛있다. 하나 더 먹어도 될까?
  → This banana tastes good. Could I have _____?

❷ 휴가로 일부는 해변을 좋아하고, 일부는 산을 좋아한다.
  → _____ like the beaches, _____ like the mountains for vacation.

B 부정 대명사 all / both / none / each

위 표현들이 주어로 쓰이면 단 · 복수 취급에 주의해야 한다.

⭐ 부정 대명사 all / both

(1) 부정대명사 all → 사람일 때는 복수, 사물일 때는 단수 취급

- All <u>are</u> present at the meeting. (모든 사람들)
- All (of it) <u>was</u> stolen. (모든 것)

(2) 부정대명사 both → 사람, 사물 모두 항상 복수 취급

- Both <u>were</u> captured at the stadium. (둘 다)
- Both <u>are</u> coming to the ceremony. (둘 다)

⭐ 부정 대명사 each / none

(1) 부정 대명사 each → 단수 취급

- Each <u>represents</u> the happiness of our world.
- Each <u>shows</u> a problem related to electricity.
- Each of the students is doing his or her job.

(2) 부정 대명사 none → 독립적으로 쓰일 때 복수 취급

- None of the members <u>were</u> attending the meeting. (아무도 ~않다)
- None <u>were</u> able to come to the party. (아무도 ~않다)

Writing에 적용하기

부정 대명사 somebody, anybody는 사람을 뜻하며, something과 anything은 사물을 뜻한다. somebody와 something은 긍정문에 쓰이며, anybody와 anything은 부정문, 의문문에 쓰인다.

- **Somebody** stole my wallet!
  (누군가가 내 지갑을 훔쳤다!)
- **Does anybody** want to go with me?
  (나와 함께 가고 싶은 사람 있니?)
- **Something is** crawling!
  (무언가가 기어가고 있어!)
- **I couldn't do** anything.
  (나는 아무것도 할 수 없었다.)

 Pattern Practice

괄호 안의 표현 중 알맞은 것을 고르세요.

❶ All (was / were) crying in pain except me.

❷ Each (arrives / arrive) late.

❸ Both (is / are) not going to play the piano.

❹ None (was / were) able to stay up all night.

A 다음 괄호 안에서 알맞은 표현을 고르세요.

1 You look hungry. Can I get you (another / other) bar of chocolate?

2 Somebody (have / has) donated $2,000.

3 None (were / was) to go back to their country again.

4 Some like to go skiing while (the other / others) like to go skating.

5 Each (hold / holds) a blue-colored candle.

6 Is there (somebody / anybody) who can fix this computer?

B 다음 빈칸에 알맞은 표현을 쓰세요.

1 누가 내 수첩 못 봤어?

→ _____ _____ _____ my schedule book?

2 아무도 책이나 음식을 살 여유가 없었다.

→ _____ _____ _____ books or food.

3 일부는 축구를 좋아하고 일부는 야구를 좋아한다.

→ _____ _____ soccer, _____ _____ baseball.

4 모든 것이 다른 곳으로 옮겨지고 있었다.

→ _____ _____ being moved to _____ place.

5 오늘 할 일이 두 가지다. 하나는 보고서를 제출하는 것이고, 다른 하나는 회의에 참석하는 것이다.

→ I have two things to do today. _____ is submitting my paper;
_____ _____ is going to the meeting.

6 지우개가 필요하면 하나 빌려 줄게.

→ If you need _____ _____, I will lend you _____.

7 그들 중의 세 명은 좋아했지만 나머지는 좋아하지 않았다.

→ Three of them liked it; _____ _____ did not.

A 다음 우리말을 영작하세요.

1 <u>그들각각은</u> <u>자신의 사물함을</u> <u>가지고 있다.</u> (cabinet)
　주어　　　　목적어　　　동사

　→ _____

2 <u>모든것이</u> <u>고요했다.</u>
　주어　　동사 + 보어

　→ _____

3 <u>나에게</u> <u>뜨거운 마실 것을</u> <u>달라.</u>
　간접목적어　직접목적어　　동사

　→ _____

4 <u>우리는</u> 다른 사람들에게 <u>친절해야 한다.</u> (nice)
　주어　　　　　　　　　동사 + 보어

　→ _____

5 <u>그녀는</u> <u>두 아들이</u> <u>있다.</u> <u>한 명은</u> <u>성실하고</u> 다른 <u>한 명은</u> <u>게으르다.</u>
　주어　　목적어　동사　주어　동사 + 보어　　주어　　동사 + 보어

　→ _____

B 다음 문장들을 영작하세요.

1 아무도 시험을 통과하지 못했다. (none)
　→ _____

2 그들 중의 다섯 명은 동의했지만 나머지는 동의하지 않았다. (agree)
　→ _____

3 만약 내가 바보라면 너도 마찬가지다. (another)
　→ _____

4 누구 프로젝트를 끝낸 사람 있니? (anyone)
　→ _____

5 내 주머니에 아무것도 없다. (anything)
　→ _____

REVIEW TEST

A 우리말에 맞게 괄호 안의 표현들을 고르세요.

1 내 남자친구는 홀로 해변에 앉아 있었다.

→ My boyfriend was sitting (himself / by himself) at the beach.

2 그들은 스키 리조트에서 스키를 즐겼다.

→ They enjoyed (themselves / them) skiing at the ski resort.

3 교실에 두고 온 우산은 내 것이었다.

→ The umbrella that I left in the classroom was (the mine / mine).

4 Ann은 일에 전념했다.

→ Ann devoted (her / herself) to her work.

5 내 동료들은 그들의 차를 가지고 여기에 올 것이다.

→ My colleagues will come to this place with (they're / their) cars.

B 다음 문장에서 틀린 부분을 고치세요.

1 Each car has their owner.　　　　　　＿＿＿＿＿＿＿ → ＿＿＿＿＿＿＿

2 She said that he's car is parked over there.　＿＿＿＿＿＿＿ → ＿＿＿＿＿＿＿

3 The eyes of an eagle has much better sight than that of a human.

＿＿＿＿＿＿＿ → ＿＿＿＿＿＿＿

4 A truck hit a pedestrian. The one had run into other.

＿＿＿＿＿＿＿ → ＿＿＿＿＿＿＿

5 You should ask theirs opinions.　　　＿＿＿＿＿＿＿ → ＿＿＿＿＿＿＿

C 다음 문장들을 영작하세요.

1 내 자신에게 화가 난다.

→ ＿＿＿＿＿＿＿＿＿＿＿＿＿＿＿＿＿＿＿＿＿＿＿＿＿＿

2 제주도의 면적이 서울의 것보다 더 크다. (area)

→ ＿＿＿＿＿＿＿＿＿＿＿＿＿＿＿＿＿＿＿＿＿＿＿＿＿＿

3 이 노트북 컴퓨터가 너의 것이니? (laptop)

→ ＿＿＿＿＿＿＿＿＿＿＿＿＿＿＿＿＿＿＿＿＿＿＿＿＿＿

4 나는 내 스스로 그 어려운 과정을 마쳤다. (process)

→ ＿＿＿＿＿＿＿＿＿＿＿＿＿＿＿＿＿＿＿＿＿＿＿＿＿＿

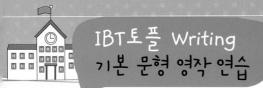
A 영작을 할 때는 문장 부호를 정확하게 사용해야 한다.

1 For these reasons, smoking should be banned in public places.
→ 문장의 첫 글자는 반드시 대문자를 사용하고
→ 문두의 부사(구) 다음에는 쉼표가 오고
→ 평서문의 끝에는 반드시 마침표가 있어야 한다.

2 I agree with the statement that we should "never, ever give up," and I believe the lives and accomplishments of numerous individuals such as Sam Jackson establish its truth.
→ 직접 인용하는 말이나 강조를 하는 부분은 따옴표로 구분한다.

B 영작을 할 때는 숫자 관련 표시를 정확하게 사용해야 한다.

1 For example, in the early 20th century, most American cars were actually manufactured in the United States. However, during the 1980s, many American car manufacturers could no longer compete with Japanese manufacturers.
→ 세기(century) 표시는 서수로 한다.
→ 나라 이름별 형용사 형태도 정확하게 알아 두어야 한다.

2 Over 6 million Jews were killed under Adolf Hitler's reign.
→ 숫자의 단위를 정확하게 표기해야 한다. (숫자 단위는 단수형으로 표시)

3 30 percent of the respondents say "yes" to the new policy.
→ 백분율은 % 또는 percent라고 표기하면 된다.

4 The cost of living is very high. For example, houses in Los Angeles cost an average of $300,000.
→ 돈의 단위 표시는 숫자 앞에 $, ₩ 등으로 표시한다.

C 영작을 할 때는 고유명사의 철자도 정확하게 알고 사용해야 한다.

Shakespeare	Beethoven	Abraham Lincoln	Martin Luther King
Oprah Winfrey	New York City	Europe	the Pyramids of Egypt
the Olympics	General Motors	Oscar	the Industrial Revolution
the Taj Mahal of India		South Africa's apartheid system	

→ 고유명사의 첫 글자는 반드시 대문자로 써야 한다.

CHAPTER 13

형용사와 부사

UNIT 25 형용사

UNIT 26 부사

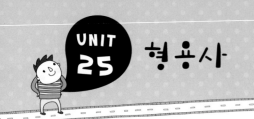

A 형용사의 두 가지 용법

형용사는 명사를 수식하는 한정적 용법과 보어 역할을 하는 서술적 용법이 있다. 대부분의 형용사는 한정적 용법과 서술적 용법에 모두 사용되는데, 일부 형용사는 한정적 용법으로만 또는 서술적 용법으로만 사용되기도 한다.

 한정적 용법: 형용사가 명사를 수식하는 용법이다.

- She is a beautiful girl.　　　　　　beautiful이 girl을 수식함
- He is a clever boy.
- That is a difficult question to answer.
- It was a wonderful concert.
- That was a really exciting trip.

 서술적 용법: 주어나 목적어를 보충 설명해 주는 보어로 사용되는 용법이다.

- She is beautiful.　　　　　　주어인 She가 beautiful하다고 설명해 줌
- He is clever.
- That question is difficult to answer.
- The concert was wonderful.
- That trip was really exciting.

 **Pattern Practice**

다음 문장에서 밑줄 친 형용사가 무슨 용법으로 사용되었는지 쓰세요.

❶ That question was <u>easy</u> to answer.　　　　＿＿＿＿＿＿ 용법

❷ Steve is a <u>brilliant</u> student.　　　　＿＿＿＿＿＿ 용법

❸ He is very <u>wise</u> and <u>kind</u>.　　　　＿＿＿＿＿＿ 용법

❹ It was a <u>wonderful</u> festival.　　　　＿＿＿＿＿＿ 용법

❺ That festival was <u>wonderful</u>.　　　　＿＿＿＿＿＿ 용법

한정적 용법으로만 사용되는 형용사

> main, drunken, principal, live, golden, wooden, following, the only, the same...

- A: What is the main <u>problem</u> of the Korean economy?
  B: The main <u>problem</u> is unemployment.
  cf. Unemployment problem is ~~main~~. (×)　　　　　main은 수식하는 명사가 필요함

- A drunken <u>man</u> was sitting on the corner of the street.
  cf. The man was ~~drunken~~. (×)　　　　　drunken은 수식하는 명사가 필요함

- Oil is the principal <u>source</u> of the country's wealth.

- Some people are against medical testing on live <u>animals</u>.

 서술적 용법으로만 사용되는 형용사

> afraid, alike, alive, alone, ashamed, asleep, awake, aware, content, fond, glad...

- The twins look very much alike.
  cf. They are very ~~alike twins~~. (×)　　　　　alike는 명사를 수식하지 않음

- He is still alive somewhere.
  cf. He is a still ~~alive man~~. (×)　　　　　alive는 명사를 수식하지 않음

 용법에 따라 의미가 달라지는 형용사

- A certain <u>woman</u> called you while you were out.　　한정적 용법, 어떤
  I am certain that she will pass the exam.　　　　　　서술적 용법, 확신하는

- Her ill <u>manner</u> made me angry.　　　　　　　　한정적 용법, 나쁜
  She has been ill since last Friday.　　　　　　　　　서술적 용법, 아픈

- He is the present <u>mayor</u> of Seoul.　　　　　　　한정적 용법, 현재의
  The mayor was present at the exhibition.　　　　　서술적 용법, 참석한

- The late <u>President</u> was respected very much by the people.　한정적 용법, 고인이 된
  He was late for school yesterday.　　　　　　　　　서술적 용법, 늦은

Pattern Practice

다음 문장에서 어법상 어색한 부분을 찾아 바르게 고치세요.

① That is a wood chair.　　　＿＿＿＿＿＿ → ＿＿＿＿＿＿

② The baby is still live.　　　＿＿＿＿＿＿ → ＿＿＿＿＿＿

③ A drunk man is walking slowly.　＿＿＿＿＿＿ → ＿＿＿＿＿＿

④ The twins are like.　　　　＿＿＿＿＿＿ → ＿＿＿＿＿＿

B 형용사의 위치 및 어순

일반적으로 형용사는 명사 앞에 위치하지만 명사 뒤에서 수식하는 경우도 있다. 그리고 형용사를 여러 개 사용할 경우에는 정해진 어순에 따라야 한다.

 일반적으로는 형용사가 명사 앞에서 수식한다.

- He lives in a big <u>house</u>.
- She married a handsome and gentle <u>guy</u> last year.
- I have seen the movie *Titanic* several <u>times</u>.
- The festival was held in a large vacant <u>area</u> downtown.

 수식을 받는 명사가 -thing, -one, -body로 끝나거나, 수식어구가 긴 경우에는 형용사가 명사 뒤에서 수식한다.

- People always want <u>something</u> new.
  cf. People always want ~~new something~~. (×)
- Is there <u>anything</u> new?
- Are you doing <u>everything</u> possible to reduce your budget?
- He found <u>a bag</u> full of money on the street. (형용사구는 명사 뒤에서 수식함)

 형용사가 여러 개 사용될 경우에는 「지시 + 수량 + 대·소 + 성질·상태 + 신구 + 재료」의 어순에 따른다.

- I read all of <u>these three thick</u> books.   지시 + 수량 + 상태
- Those <u>two large, old</u> houses are museums.   수량 + 대·소 + 상태
- He lives in <u>a small, green</u> house.   관사 + 대·소 + 상태
- She bought <u>three round, pink</u> pillows.   수량 + 대·소 + 상태
- I eat <u>a big, red</u> apple in the morning.   관사 + 대·소 + 상태

Pattern Practice

다음 문장에서 어법상 어색한 부분을 찾아서 바르게 고치세요.

❶ Teenagers are always looking for special something. _____ → _____

❷ He eats two green small apples every morning. _____ → _____

❸ Do you have new anything? _____ → _____

❹ She lives in a house big. _____ → _____

❺ He showed me a full of money box. _____ → _____

194

A 다음 문장에서 밑줄 친 형용사의 용법과 뜻을 쓰세요.

1 The <u>concerned</u> mother called her daughter.

2 The twin boys look <u>alike</u>.   용법, 뜻: _____

3 I bought a <u>wooden</u> chair at E-mart yesterday.   용법, 뜻: _____

4 Who is the <u>present</u> principal of your school?   용법, 뜻: _____

5 I was <u>late</u> for the meeting because of the rain.   용법, 뜻: _____

6 His son must be <u>alive</u> somewhere.   용법, 뜻: _____

7 All the people <u>concerned</u> gathered to solve the problem.   용법, 뜻: _____

B 다음 문장에서 형용사(구)의 수식을 받는 명사에 밑줄을 그으세요.

1 That was an easy question to answer.

2 A drunken man was wandering around the parking lot.

3 I want something special on my birthday.

4 I lost a box full of my toys.

5 She lives in a big red house on the hill.

6 Do you have anything hot to drink?

7 What is the main reason for the price hike?

C 다음 문장에서 어법상 어색한 부분을 바르게 고치세요.

1 I want to live in a white, small house. _____ → _____

2 She is a still alive woman. _____ → _____

3 She found a full of money bag on her way home. _____ → _____

4 I prefer a green small apple. _____ → _____

5 It's very hot. I want to drink cool something. _____ → _____

6 Who is the captain present of your soccer team? _____ → _____

7 The baby is sleep on the bed peacefully. _____ → _____

A 다음 문장을 영어로 옮기세요.

1 그는 나에게 금으로 된 열쇠 하나를 주었다.
　주어　간.목　　　직.목　　　동사

→ _____

2 나는 나무로 된 의자 하나를 직접 만들겠다.
　주어　　　목적어　　　　동사

→ _____

3 그 아기는 아직 살아 있다.
　　주어　　　보어 동사

→ _____

4 나는 하얀색 목조 주택에서 살기를 원한다.
　주어　　　　　　목적어　동사

→ _____

5 나는 오래된 우표들로 가득한 상자 하나를 발견했다.
　주어　　　　　　　　　목적어　동사

→ _____

B 다음 문장을 영어로 옮기세요.

1 나는 매일 아침마다 커다란 빨간 사과 하나를 먹는다.

→ _____

2 나는 어제 우리 집 앞에서 돈이 가득 들어있는 배낭 하나를 발견했다. (backpack)

→ _____

3 그녀는 자기 생일에 뭔가 특별한 것을 원한다.

→ _____

4 고인이 된 Mr. Brown은 훌륭한 교사였다.

→ _____

5 그들은 언덕 위의 작은 갈색 집에서 산다.

→ _____

6 나는 그가 미래에 성공할 것이라고 확신한다.

→ _____

7 그들의 나쁜 매너 때문에 우리는 기분이 안 좋았다. (make ~ unhappy)

→ _____

A 부사의 역할

 부사는 기본적으로 동사를 수식하며 형용사, 다른 부사, 문장 전체를 수식한다.

- She <u>drives</u> her car slowly.   동사 수식
- <u>Listen</u> to the dialogue carefully.
- I am really <u>happy</u> now.   형용사 수식
- He is very <u>clever</u> and diligent.
- Thank you very <u>much</u> for your help.   다른 부사 수식
- Steve speaks English very <u>well</u>.
- Unfortunately, <u>he lost the election by a small margin</u>.   문장 전체 수식
- Strangely, <u>he and I met at the same place by chance several times</u>.

Pattern Practice

다음 문장에서 부사가 수식하는 단어(부분)에 밑줄을 그으세요.

❶ She can speak both English and French very well.

❷ Fortunately, he didn't make a big loss in the business.

❸ I practice English continuously.

❹ She is really sad now.

❺ He drives his car fast.

B 부사의 위치

 일반적으로 부사의 위치는 문장 내에서 자유롭다. (문장 앞, 가운데, 뒤)

- Tomorrow I am going to visit my grandparents.   문장 앞
- Here comes the bus.   문장 앞
- I first visited Canada in 1994.   문장 가운데, 동사 앞
- I felt really tired yesterday.   문장 가운데, 동사 뒤
- My mother drives her car carefully.   문장 뒤
- I will put these things downstairs.   문장 뒤

빈도부사는 빈번한 정도를 나타내는 부사로서 문장 내에서 be동사 뒤, 일반동사 앞, 조동사와 본동사 사이에 위치한다.

> always, usually, often, sometimes, frequently, rarely, seldom, never

- He <u>is</u> always kind to others. (be동사 뒤)
- He always <u>goes</u> to bed early and gets up early. (일반동사 앞)
- He <u>can</u> never <u>speak</u> Chinese. (조동사와 본동사 사이)

 「타동사 + 부사」의 어구에서, 목적어가 보통명사인 경우에는, 목적어의 위치가 부사 앞/뒤에 모두 올 수 있지만, 목적어가 대명사인 경우에는 부사 앞(타동사와 부사 사이에)에 온다.

> turn off, turn up, turn down, put on, take off, break down…

- I <u>turned on</u> the radio.　　(O)　　I <u>turned</u> the radio <u>on</u>.　(O) 목적어가 보통명사
  I <u>turned on</u> it.　　　　　(X)　　I <u>turned</u> it <u>on</u>.　　　(O) 목적어가 대명사
- She <u>picked up</u> the pencil. (O)　　She <u>picked</u> the pencil <u>up</u>. (O)
  She <u>picked up</u> it.　　　　(X)　　She <u>picked</u> it <u>up</u>.　　(O)

 일반적으로 부사가 형용사나 다른 부사를 수식할 때는 그 위치가 형용사나 부사 앞에 온다. 하지만 enough가 부사로 쓰일 때는 형용사나 부사 뒤에 위치한다.

- This classroom is <u>big</u> enough to accommodate 30 students. (형용사 뒤)
- She is <u>old</u> enough to go to school.
  cf. I have enough <u>money</u> to buy a car. (enough가 형용사로서 명사를 수식)

Pattern Practice

다음 문장에서 어법상 어색한 부분을 찾아서 바르게 고치세요.

❶ She always is kind to children.　　　　＿＿＿＿＿＿ → ＿＿＿＿＿＿

❷ I asked her to turn off TV and she turned off it.　＿＿＿＿＿＿ → ＿＿＿＿＿＿

❸ This box is enough big to put all these books.　＿＿＿＿＿＿ → ＿＿＿＿＿＿

❹ She goes always to bed early.　　　　＿＿＿＿＿＿ → ＿＿＿＿＿＿

❺ He is enough old to go to school.　　　＿＿＿＿＿＿ → ＿＿＿＿＿＿

C 주의해야 할 형용사와 부사

 형용사와 부사의 형태가 같은 경우에는 문장 내에서 수식해 주는 단어를 보고 품사를 구분한다.

• There are many high <u>buildings</u> in Seoul.	명사 수식 → 형용사: 높은
• The athlete <u>jumped</u> high.	동사 수식 → 부사: 높게
• He is a fast <u>runner</u>.	명사 수식 → 형용사: 빠른
• Cheetah can <u>run</u> fast.	동사 수식 → 부사: 빨리
• I admired him as a true scientist and hard <u>worker</u>.	명사 수식 → 형용사: 열심히 하는
• You should <u>study</u> English hard.	동사 수식 → 부사: 열심히
• They got married in late <u>spring</u>.	명사 수식 → 형용사: 늦은
• I <u>got up</u> late this morning.	동사 수식 → 부사: 늦게
• We had a short <u>meeting</u>.	명사 수식 → 형용사: 짧은
• His career <u>was cut</u> short by a heart attack.	동사 수식 → 부사: 짧게

 부사의 형태가 두 가지이며, 각각 의미가 다른 경우도 있다.

- He jumped up high from the ground. (높게)
- Mr. James was a highly successful salesman. (매우)
- They studied hard for the final exam. (열심히)
- I can hardly believe what you said. (거의 ~하지 않다)
- They arrived at the meeting late. (늦게)
- Have you seen any movies lately? (최근에)
- Her political career was cut short by the scandal. (짧게)
- The show will begin shortly. (곧)

Pattern Practice

다음 문장을 해석하세요.

❶ He can hardly speak Chinese. → _____

❷ It is highly likely to rain today. → _____

❸ The work will be completed shortly. → _____

❹ Have you seen a movie lately? → _____

❺ He is a highly successful businessman. → _____

A 다음 문장에서 밑줄 친 단어의 품사와 뜻을 쓰세요.

1 Michael was a <u>highly</u> successful businessman.　　　품사: _____ , 뜻: _____

2 The accident occurred in <u>late</u> summer.　　　품사: _____ , 뜻: _____

3 His political career was cut <u>short</u> by a heart attack.　　품사: _____ , 뜻: _____

4 He runs the <u>fastest</u> in our school.　　　품사: _____ , 뜻: _____

5 The city has a lot of <u>high</u> buildings.　　　품사: _____ , 뜻: _____

6 Have you read any books <u>lately</u>?　　　품사: _____ , 뜻: _____

7 We had a <u>short</u> vacation last summer.　　　품사: _____ , 뜻: _____

B 다음 문장에서 표시된 부사의 수식을 받는 단어(부분)에 밑줄을 그으세요. (부사가 두 개일 경우 첫 번째 부사 기준)

1 I **really** like Boa.

2 He died **peacefully** in his house yesterday.

3 **Happily**, she didn't leave.

4 Susan can speak Spanish **very** well.

5 He is strong **enough** to lift the heavy stone.

6 The little girl is **very** smart.

7 He **always** exercises in the morning.

8 He is intelligent **enough** to solve the problem.

C 다음 문장에서 어법상 어색한 부분을 찾아서 바르게 고치세요.

1 He goes fishing sometimes with his kids.　　_____ → _____

2 I asked him turn on the air conditioner and he turned on it.

　　　　　　　　　　　　　　　　　　　　　_____ → _____

3 Have you visited New York late?　　_____ → _____

4 The auditorium is enough large to accommodate as many as 500 people.

　　　　　　　　　　　　　　　　　　　　　_____ → _____

5 The speech contest will short begin.　　_____ → _____

6 We should be always kind to other people.　　_____ → _____

A 다음 문장을 영어로 옮기세요.

1 그녀는 아주 잘 노래한다.
　　주어　　　　　동사

→ _____

2 불행하게도, 그는 시험에 떨어졌다. (fail)
　　　　　　　주어　　　　　동사

→ _____

3 그는 바닥에 있는 그 펜을 집어 들었다.
　　주어　　　　　　목적어　　동사

→ _____

4 Susan은 항상 나에게 친절하다.
　　주어　　　　　　동사 + 보어

→ _____

5 그는 저 무거운 상자를 들어 올릴 만큼 힘이 세다.
　　주어　　　　　　　　　　　　동사 + 보어

→ _____

B 다음 문장을 영어로 옮기세요.

1 농구 선수들이 공을 잡기 위해 높이 점프했다.

→ _____

2 그는 우리 반에서 가장 빠른 달리기 선수이다.

→ _____

3 나는 기말고사를 위해서 열심히 공부해야 한다. (final exam)

→ _____

4 나는 피아노를 거의 연주할 줄 모른다. (hardly)

→ _____

5 너는 최근에 동물원을 방문한 적 있니?

→ _____

6 그들은 늦가을에 결혼할 것이다.

→ _____

7 영화가 곧 시작할 것이다. (shortly)

→ _____

REVIEW TEST

A 다음 괄호 안에서 알맞은 표현을 고르세요.

1 He won the (Gold / Golden) Glove award.

2 The two boys look (like / alike).

3 We need (something new / new something) to boost sales.

4 My mom bought three (big, red / red, big) apples.

5 He (sometimes is / is sometimes) rude to older people.

6 Steve (knows never / never knows) the answer to questions.

7 She lives in a (small, green / green, small) wooden house.

B 다음 문장에서 형용사나 부사가 수식하는 단어(부분)에 밑줄을 그으세요.

1 I was really nervous at the job interview.

2 Steve is tall enough to touch the ceiling.

3 Unfortunately, he died of cancer at a young age.

4 Who is the present governor of Gyeonggi province?

5 Tell us the main reason for the delay of the project.

6 I practice a lot to speak English very well.

7 He handles everything carefully.

C 다음 문장에서 어법상 어색한 부분을 찾아서 바르게 고치세요.

1 We need special something to win the competition. ＿＿＿＿ → ＿＿＿＿

2 She eats usually bread and milk in the morning. ＿＿＿＿ → ＿＿＿＿

3 I'll pick up you at the airport at 7. ＿＿＿＿ → ＿＿＿＿

4 My mom asked me to put on the trousers and I put on them.

＿＿＿＿ → ＿＿＿＿

5 The train can run enough fast to go from Seoul to Busan in 2 hours.

＿＿＿＿ → ＿＿＿＿

6 Have you seen Susan late? ＿＿＿＿ → ＿＿＿＿

7 She got up lately this morning. ＿＿＿＿ → ＿＿＿＿

D 다음 빈칸에 알맞은 단어를 쓰세요.

1 그는 해결책을 찾을 만큼 충분히 지혜롭다.

→ He is _____ _____ to find the solution.

2 시가행진이 곧 시작될 것이다.

→ The parade will _____ _____.

3 그녀는 매우 성공한 변호사였다.

→ She was a _____ _____ lawyer.

4 Steve는 열심히 일하는 사람이다.

→ Steve is a _____ _____.

5 그녀는 바닥에 있는 동전 하나를 집었다.

→ She _____ _____ a coin from the floor.

6 나는 절대 치과에 가지 않을 것이다.

→ I _____ _____ _____ to the dentist's office.

7 고인이 된 그 배우는 사람들의 사랑을 많이 받았다.

→ _____ _____ _____ was loved by people very much.

E 다음 문장을 영어로 옮기세요.

1 나는 언덕 위에 있는 그 작은 나무로 지어진 집에 살고 싶다.

→ _____

2 우리 학교 교장 선생님이 축제에 참석하셨다. (present)

→ _____

3 나는 골프 치는 법을 거의 모른다. (hardly)

→ _____

4 우리는 작년 늦가을에 설악산을 등산했다.

→ _____

5 그 교실은 30명 학생을 수용할 수 있을 만큼 충분히 크다.

→ _____

A 순서(order)를 말할 때 주로 사용되는 표현들

주제문에 대해서 논리적으로 뒷받침하는 내용을 언급할 때, 내용별로 분류해서 중요한 것부터 순서대로 하나씩 설명하는 것이 좋다. 이렇게 함으로서 구성이 깔끔해지고 자신이 주장하는 내용을 더욱 명료하게 전달할 수 있다. 순서를 말할 때, 다음과 같은 표현을 사용할 수 있다.

1 First / First of all: 첫 번째로는

First, renting movies is much cheaper than buying them.

2 Second / Secondly: 두 번째로는

Secondly, renting movies means that you don't have to find a new place to keep them.

3 Finally: 마지막으로는

Finally, renting movies give you a variety of choice including old movies.

B 실전 Writing 연습: 다음 문장을 영어로 옮기세요.

1 첫 번째로는 차량을 운전할 때 휴대전화 통화는 안전하지 않다.

(not safe / talk / cell phone / drive / a vehicle)

→ _____

2 두 번째로 운전 중 휴대전화 통화는 법으로 금지되어 있다.

(ban / by law / cell phone / drive)

→ _____

3 마지막으로 운전 중 휴대전화 통화는 다른 운전자들에게 피해를 줄 수 있다.

(harmful / drivers / cell phone / drive)

→ _____

CHAPTER 14

비교

UNIT 27 원급, 비교급, 최상급의 기본 용법

UNIT 28 원급, 비교급, 최상급의 다양한 용법

원급, 비교급, 최상급의 기본 용법

A 원급, 비교급, 최상급의 형태

형용사 또는 부사에 대해서만 원급, 비교급, 최상급이 존재하며 기본적으로 비교급은 -er, 최상급은 -est형태로 만들며 불규칙 변화도 있다.

 비교급, 최상급의 규칙 변화

원급	비교급	최상급
fast	faster	the fastest
smart	smarter	the smartest
pretty 1)	prettier	the prettiest
happy	happier	the happiest
nice 2)	nicer	the nicest
free	freer	the freest
hot 3)	hotter	the hottest
big	bigger	the biggest
thin	thinner	the thinnest
honest 4)	more honest	the most honest
famous	more famous	the most famous
beautiful 4)	more beautiful	the most beautiful
dangerous	more dangerous	the most dangerous
important	more important	the most important
slowly 5)	more slowly	(the) most slowly
quickly	more quickly	(the) most quickly

1) -y로 끝나는 단어는 -y를 i로 고치고 -er, -est를 붙인다.
2) -e로 끝나는 단어는 -r, -st를 붙인다.
3) '단모음 + 단자음'으로 끝나는 단어는 자음을 한 번 더 쓰고 -er, -est를 붙인다.
4) 2음절 이상의 일부 형용사와 3음절 이상의 형용사는 more, most를 붙인다.
5) -ly로 끝나는 부사의 경우에는 more, most를 붙인다.
   최상급 앞에는 the를 붙이는 것이 원칙이다.
   어떤 형용사는 -er과 more의 두 개의 비교급을 가진다.
   clever - cleverer, more clever / friendly - friendlier, more friendly

비교급, 최상급의 불규칙 변화

원급	비교급	최상급
good (좋은)	better (더 좋은)	the best (가장 좋은)
well (잘)	better (더 잘)	(the) best (가장 잘하는)
bad / ill (나쁜)	worse (더 나쁜)	the worst (가장 나쁜)
many (많은)	more (더 많은)	the most (가장 많은)
much (많은)	more (더 많은)	the most (가장 많은)
little (UC 명사 앞, 적은)	less (더 적은)	the least (가장 적은)
few (C 명사 앞, 적은)	fewer (더 적은)	the fewest (가장 적은)

비교급과 최상급이 두 개이고, 그 의미가 다른 경우가 있다.

원급	비교급	최상급
old	older (나이 기준)	the oldest (가장 나이가 많은)
	elder (서열 기준)	the eldest (가장 손위의)
late	later (시간 기준)	the latest (최근의)
	latter (순서 기준)	the last (마지막의)
far	farther (거리 기준)	the farthest (거리가 가장 먼)
	further (정도 기준)	the furthest (정도가 가장 많이)

- He is older than me.
- He is my elder brother.
- See you later.
- The latter part of the debate was about the environmental issues.
- You have to go farther to reach the summit of the mountain.
- Please visit our website for further information.

 Pattern Practice

1 다음 단어의 비교급과 최상급의 형태를 쓰세요.
  ❶ free – _____ – _____   ❷ honest – _____ – _____
  ❸ thin – _____ – _____   ❹ pretty – _____ – _____

2 다음 문장에서 어법상 어색한 부분을 찾아서 바르게 고치세요.
  ❶ He can speak English the better than me.   _____ → _____
  ❷ He drinks fewer milk than she.   _____ → _____

B 원급, 비교급, 최상급의 기본 용법

비교 문장을 사용할 때는 무엇과 무엇을 비교하는지 그 대상을 분명하게 파악해야 한다. 원급 비교는 as ~ as, 비교급 문장은 -er than, 최상급 문장은 the ~est로 표현한다.

 원급 비교는 「as + 형용사·부사의 원급 + as」의 형태로 사용되며 '~만큼 …한'으로 해석한다.

- He is as strong as an ox.   황소만큼 힘이 센
- I can run as fast as Steve.
- She can speak English as well as a native speaker.
- He is not as[so] old as me.   부정형은 not as[so] ~ as
  = I am older than him.
  = He is younger than me.
- The sequel to the movie was not as[so] good as the original.
- The deck of the ship is as big as 10 football stadiums.

 비교급 문장은 -er (more) than의 형태도 사용되며 '~보다 더 …한'으로 해석한다.

- He is stronger than an ox.   황소보다 더 힘이 센
- I can run faster than Steve.
- She can speak English better than a native speaker.
- She is <u>much</u> taller than me.   much는 비교급 강조에 사용
- He is <u>10 centimeters</u> taller than me.   차이 나는 정도: 비교급 앞에 표시
  → He is taller than me <u>by 10 centimeters</u>.   차이 나는 정도: 문장 뒤에 'by + 차이'로 표시

 최상급 문장은 the -est(most)의 형태로 상용되며 '가장 ~한'으로 해석한다.

- The Han river is the biggest river <u>in</u> Seoul.   최상급 + in + 장소
- Seoul is the biggest city <u>in</u> Korea.
- She may be the tallest student <u>in</u> the school.
- He is the most handsome <u>of</u> all the club members.   최상급 + of + 복수명사
- The cheetah can run (the) fastest <u>of</u> all animals.   부사의 최상급 앞에서는 the 생략 가능
- Tomorrow will be the coldest day <u>of</u> the year.   최상급 + of + 기간

 Pattern Practice

다음 문장을 해석하세요.

❶ This summer is not as hot as last summer was.   → _____

❷ This building is 10 meters higher than that one. → _____

❸ He is the strongest student in our class.   → _____

❹ Cheetahs can run the fastest of all land animals. → _____

A 다음 단어의 비교급, 최상급을 쓰세요. (최상급 앞에는 the를 붙이세요.)

1 big   – _____ – _____

2 bad   – _____ – _____

3 sad   – _____ – _____

4 useful   – _____ – _____

5 difficult – _____ – _____

6 happy   – _____ – _____

7 little   – _____ – _____

8 slowly   – _____ – _____

9 interesting – _____ – _____

10 famous   – _____ – _____

B 다음 괄호 안에서 알맞은 표현을 고르세요.

1 I am (funnier / funny) than Steve.

2 Steve drives (the most / more) carefully than Tim.

3 He is (very / much) stronger than me.

4 Love is the most important thing (in / of) life.

5 I can run as (fast / faster) as Steve.

C 다음 문장에서 어법상 어색한 부분을 찾아서 바르게 고치세요.

1 He is the smarter in our class.   _____ → _____

2 She is more famouser than me.   _____ → _____

3 His car is as bigger as yours.   _____ → _____

4 Air pollution is as more serious as water pollution.

                                        _____ → _____

5 China is the biggest country of Asia. _____ → _____

6 That is the eldest building on this city. _____ → _____

A 다음 문장을 영어로 옮기세요.

1 그는 나만큼 뚱뚱하다.
　　주어　　　동사 + 보어

　→ _____

2 그는 나보다 더 뚱뚱하다.
　　주어　　　동사 + 보어

　→ _____

3 그는 우리 반에서 가장 뚱뚱한 학생이다.
　　주어　　　　　　　동사 + 보어

　→ _____

4 그녀는 나보다 5cm 더 크다.
　　주어　　　　　　동사 + 보어

　→ _____

5 이 건물은 한국에서 가장 오래된 것이다.
　　주어　　　　　　　　동사 + 보어

　→ _____

B 다음 문장을 영어로 옮기세요.

1 세계에서 가장 높은 산은 무엇이냐?
　→ _____

2 에베레스트 산은 세계에서 가장 높은 산이다. (Mt. Everest)
　→ _____

3 제주도는 서울보다 훨씬 더 크다. (Jeju-do)
　→ _____

4 만년필이 볼펜보다 훨씬 더 비싸다. (fountain pen)
　→ _____

5 Steve는 Jennifer만큼 열심히 공부하지 않는다. (not as[so] ~ as)
　→ _____

6 그 동물원은 축구장 20개만큼 크다. (soccer field)
　→ _____

7 한국에서 가장 큰 도시는 무엇이니?
　→ _____

UNIT 28 원급, 비교급, 최상급의 다양한 용법

A as ~ as 구문을 이용한 원급 비교

as ~ as와 관련된 여러 가지 다양한 표현들을 정리해서 잘 외워 두도록 한다.

 as ~ as possible = as ~ as one can: 가능한 한 ~하게

- You have to send us the data as soon as possible. (가능한 빨리, ASAP)
  → You have to send us the data as soon as you can.
- I put the books in the box as much as possible. (가능한 많이)

 몇 배 + as ~ as: …의 몇 배만큼 ~한

- This building is two times as high as that one. (~보다 두 배 높은)
  → This building is two times higher than that one.
- This cell phone is three times as expensive as that one.

 as many: 같은 수의 / as much: 같은 양의

- In the report, there are five mistakes in as many pages. (다섯 페이지에서)
- I love him but I hate him just as much. (그만큼)

 not so much A as B: A라기 보다는 오히려 B이다

- He is not so much a politician as a businessman.
- She is not so much a poet as a novelist.

Pattern Practice

다음 문장을 해석하세요.

❶ He is 1.5 times as tall as me. → _____

❷ He is not so much a businessman as a scholar. → _____

❸ You had better leave as early as possible. → _____

❹ She loves John but hates him as much. → _____

❺ If you hate someone, it means that you love him or her as much.
→ _____

B 비교급의 다양한 용법

 get(become) + 비교급 + and + 비교급: 점점 더 ~한

- The weather is getting colder and colder. (점점 더 추워지다)
- Air pollution is getting more and more serious.
- The wind is becoming stronger and stronger.

 the + 비교급(S + V) ..., the + 비교급(S + V) ~: …하면 할수록 더욱 ~한

- The more, the better. (많으면 많을수록 더욱 좋다.)
- The more we have, the more we want.
- The more he eats, the fatter he becomes.

 the + 비교급 + of the two: 둘 중 더 ~ 한

- He is the taller of the two. (둘 중에 더 큰 사람)
  ≫ 둘 중에 더 큰 사람은 정해지기 때문에, taller 앞에 the를 붙인다.
- She is the smarter of the two.

 still[much] less: (부정문) 하물며, 더군다나

- I don't care for their jokes, still less their bad language. (하물며 그들의 욕이야…)
- She cannot speak English, much less French.

 much / a lot / far / even / still + 비교급: 훨씬 더 ~한

- The new airport is much bigger than the old one. (훨씬 더 큰)
- He is a lot older than me.

 know better than + to부정사: ~할 정도로 어리석지 않다

- They knew better than to expect mercy from the enemy.
- He knows better than to make such a mistake.

 기타 비교급 관련 관용 표현

- more A than B: B라기보다는 A하다
- sooner or later: 조만간
- no more than A: A정도밖에 (없음)

more often than not: 매우 빈번히
more or less: 다소, 얼마간
no less than A: A만큼이나 (많이)

C 최상급의 다양한 용법

 원급과 비교급으로도 최상급의 내용을 나타낼 수 있다.

- Seoul is the biggest city in Korea. 최상급
  = Seoul is bigger than any other city in Korea. 비교급
  = No other city in Korea is bigger than Seoul. 비교급
  = No other city in Korea is as big as Seoul. 원급

- Bill Gates is the richest man in the world.
  = Bill Gates is richer than any other man in the world.
  = No one in the world is richer than Bill Gates.
  = No one in the world is as rich as Bill Gates.

 최상급이 양보의 뜻을 나타내기도 한다.

- The wisest man cannot know everything. (가장 지혜로운 사람이라 하더라도)
- The richest man in the world cannot live forever.

 the last는 두 가지 뜻으로 사용된다: 결코 ~하지 않을, 마지막 ~

- He is the last person to tell a lie. (결코 ~하지 않을)
- He was the last to come to the party. (마지막)

 (by) far + 최상급: 단연코 가장 ~한

- She is by far the oldest. (단연코 나이가 가장 많은)
- He is far the kindest man that I have ever met.

 최상급 관련 관용어구

at most: 기껏해야   at best: 고작   at least: 적어도

at last: 마침내   at earliest: 빨라도   at the latest: 늦어도

Pattern Practice

다음 문장을 해석하세요.

❶ The richest man in the world cannot buy happiness.
  → _____

❷ She is the last person to make such a mistake.
  → _____

A 다음 괄호 안에서 알맞은 표현을 고르세요.

1 I love her but I hate her just (as much / as many).

2 It is getting (darker and darker / dark and dark).

3 She is (the smarter / smarter) of the two.

4 I don't know how to ride a bike, (much less / much more) inline skates.

5 She knows better than (to do / doing) such a thing.

6 He is (the last / last) person to do such a thing.

7 I passed the bar exam (at last / the last).

B 다음 빈칸에 알맞은 말을 넣으세요.

1 I want you to finish the project as soon as you can.

= I want you to finish the project _____ _____ _____ _____ .

2 This car is two times as expensive as that one.

= This car is two times _____ _____ _____ that one.

3 Although he is the wisest man in the world, he cannot solve every problem.

= _____ _____ _____ in the world cannot solve every problem.

4 He is the tallest student in our class.

= He is _____ _____ any other student in our class.

= No other student is _____ _____ _____ in our class.

= No other student is _____ _____ _____ him in our class.

C 다음 문장에서 틀린 부분을 찾아 올바르게 고치세요.

1 He is stronger of the two. _____ → _____

2 He is two times as heavier as me. _____ → _____

3 The new PC is very faster than the old one. _____ → _____

4 The world is getting small and small. _____ → _____

5 The more I get to know her, the best I trust her. _____ → _____

6 She is last person to give up. _____ → _____

7 Today, cell phones are getting smart and smart. _____ → _____

A 다음 문장을 영어로 옮기세요.

1 그녀는 가능한 열심히 공부했다. (as ~ as possible)
　 <u>주어</u>　　　　　　 <u>동사</u>

　→ _____

2 이 PC는 저 PC보다 두 배 더 비싸다. (~ times as ~ as)
　 <u>주어</u>　　　　　　 <u>동사 + 보어</u>

　→ _____

3 그는 가수라기보다는 코미디언이다. (not so much A as B)
　 <u>주어</u>　　　　　　 <u>동사</u>

　→ _____

4 그들은 점점 더 피곤해졌다. (비교급 and 비교급)
　 <u>주어</u>　　　　 <u>동사</u>

　→ _____

5 Steve가 둘 중에서 더 빠르다. (~ of the two)
　 <u>주어</u>　　　 <u>동사 + 보어</u>

　→ _____

B 다음 문장을 영어로 옮기세요.

1 Steve가 우리 반에서 가장 똑똑한 학생이다. (the smartest)
　→ _____

2 Steve는 우리 반에서 그 어느 학생보다 더 똑똑하다.
　→ _____

3 우리 반에서 그 어떤 학생도 Steve보다 더 똑똑하지 않다.
　→ _____

4 우리 반에서 그 어떤 학생도 Steve만큼 똑똑하지 않다.
　→ _____

5 이 산은 저 산보다 훨씬 더 높다. (by far)
　→ _____

6 이 세상에서 가장 강한 사람이라 할지라도 가끔 아플 수도 있다.
　→ _____

7 그녀는 그런 실수를 할 정도로 어리석지 않다. (know better than to부정사)
　→ _____

REVIEW TEST

A 다음 괄호 안에서 알맞은 말을 고르세요.

1 Health is (more important / the most important) than wealth.

2 They spoke as (kindly / more kindly) as possible.

3 The situation is getting (bader and bader / worse and worse).

4 Today is (the hottest / the hotter) day of the year.

5 She is shorter than me (by / for) 10 centimeters.

6 He made 7 spelling mistakes in (as much / as many) lines.

B 다음 보기에서 알맞은 말을 골라서 빈칸에 쓰세요.

보기 : the more, much, still less, not so much, as possible, more and more

1 Elephants are _____ bigger than lions.

2 The environmental protection is getting _____ _____ _____ important.

3 I will study English as hard _____ _____ .

4 He is _____ _____ _____ a scholar as a writer.

5 _____ _____ she exercises, the healthier she becomes.

6 Susan can't play the piano, _____ _____ the violin.

C 다음 문장에서 어법상 어색한 부분을 찾아서 바르게 고치세요.

1 You can call us for farther information. _____ → _____

2 I am taller 5 centimeters than him. _____ → _____

3 He is not as smarter as Susan. _____ → _____

4 Whales are the biggest mammal in all animals. _____ → _____

5 He is not so much an actor but a comedian. _____ → _____

6 She is very smarter than any other students in our class. _____ → _____

D 다음 빈칸에 알맞은 단어를 쓰세요.

1 나는 형이 두 명 있다.

→ I have two _____ _____ .

2 낮 시간이 점점 더 짧아지고 있다.

→ The daytime is getting _____ _____ _____ .

3 나는 네가 가능한 한 일찍 출발하기를 바란다.

→ I want you to leave _____ _____ _____ _____ .

4 Susan이 둘 중에서 키가 더 크다.

→ Susan is _____ _____ of _____ _____ .

5 오늘이 올해 들어 가장 추운 날이다.

→ Today is _____ _____ _____ of the year.

E 다음 문장을 영어로 옮기세요.

1 나는 그녀보다 기타 치는 것을 훨씬 더 좋아한다.

→ _____

2 그녀는 나보다 두 배 더 많이 공부했다. (~ times as)

→ _____

3 그는 세계에서 가장 키가 큰 사람이다.

→ _____

4 낮 시간이 점점 더 길어지고 있다.

→ _____

5 우리가 운동을 많이 하면 할수록 우리는 더욱 건강해진다.

→ _____

6 Susan은 결코 거짓말을 할 사람이 아니다. (the last)

→ _____

A 비교(comparison)의 표현들

글을 쓸 때, 자신의 주장을 전개하기 위해서는 두 가지를 비교해서 설명하는 경우가 많다. 비교 표현을 사용할 때는 비교 대상을 명확하게 파악해서 비교급 표현을 사용해야 한다. 그리고 비교급을 이용하여 최상급의 내용을 나타내는 표현을 사용하면 전달하고자 하는 내용을 더욱 강조할 수 있다. 이때 다음과 같은 표현들을 사용할 수 있다.

1 A is better than B A가 B보다 더 좋다

   Tea is better than coffee for your health.

2 If you compare A with B~ A와 B를 비교해 보면 ~

   If you compare his theory with other scientific researches, you can easily find it to be wrong.

3 A is -er(more) than any other things A가 그 어느 것보다 더 ~하다

   No other thing is -er(more) than A 그 어느 것도 A보다 더 ~하지 않다

   It is said that smoking is more harmful to our health than any other things.

   It is said that no other thing is more harmful to our health than smoking.

4 A is similar to B A는 B와 유사하다

   Plays are similar to movies in some ways. First, both need a plot.

B 실전 **Writing** 연습: 다음 문장을 영어로 옮기세요.

1 만약 여러분이 연극과 영화를 비교해 보면, 많은 유사점을 발견할 수 있습니다.

   (compare / plays / movies / similar points)

   → _____

2 큰 그룹의 일원이 되는 것이 작은 그룹의 리더가 되는 것보다 낫다.

   (better / member / a big group / leader / a small group)

   → _____

3 음주운전보다 더 위험한 것은 없을 것이다.

   (drinking and driving / dangerous)

   → _____

   → _____

CHAPTER

15

일치와 화법

UNIT 29 일치

UNIT 30 화법

A 수의 일치

영어에서는 주어와 동사간의 단 · 복수를 항상 일치시켜야만 한다.

 주어가 단수이면 동사는 단수 형태를 사용하고, 주어가 복수이면 동사도 복수 형태를 사용한다.

- A computer is a very useful tool.   주어: 단수, 동사: 단수 형태
- Computers are very useful tools.   주어: 복수, 동사: 복수 형태
- He does his homework after school.   주어: 단수, 동사: 단수 형태
- We do our homework after school.   주어: 복수, 동사: 복수 형태
- Steve wants to be a soccer player.
- She has a lot of books on history.
- Steve and I are good friends.
- A cat and a dog are fighting over food.

> **stop 이건 알아둬~**
>
> and 뒤에 관사가 없으면 한 사람(단수)이고, and 뒤에 관사가 있으면 두 사람(복수)을 의미한다.
> - A businessman and politician was present at the meeting.
> (사업가이면서 정치인인 한 사람)
> - A businessman and a politician were present at the meeting.
> (사업가 한 사람과 정치인 한 사람)

Pattern Practice

다음 문장의 빈칸에 알맞은 동사의 형태를 써 넣으세요.

❶ The girls _____ (be) eager to see you.

❷ She _____ (like) to play the piano.

❸ My sisters _____ (have) a lot of dolls.

❹ Today, smartphones _____ (be) used very much.

❺ A cat and a dog _____ (be) running in the park.

❻ Jack _____ (take) a shower every morning.

❼ Sue _____ (be) an only child.

주어, 동사간의 수를 일치시킬 때 다음의 경우는 유의해야 한다.

(1) 주어 자리에 구 또는 절이 오면 동사는 단수동사가 온다.

- To answer the question is not easy   주어 자리에 to부정사구
- Reading books is a good way to learn things.   주어 자리에 동명사구
- That she will come to my birthday party is certain.   주어 자리에 that절
  = It is certain that she will come to my birthday party.   일반적인 표현

(2) and로 연결되어 있어도 내용상 한 단위의 뜻을 나타내면, 단수 취급한다.

- Bread and butter is my usual breakfast. (버터 바른 빵)
- A needle and thread was found on the floor of the living room. (실을 꿴 바늘)
- Curry and rice is my favorite food. (카레라이스)

(3) every나 each 다음에는 단수명사가 오고, 단수동사가 온다.

- Every student in our school has to wear a school uniform.
- Everything on the desk is mine.
- Each of these exercises takes one or two minutes to do.

(4) a number of(=many) 다음에는 복수동사가, the number of 다음에는 단수동사가 온다.

- A number of students are studying hard at the moment.
  (a number of students = many students)
- The number of students in our school is 750.

(5) 수식어를 동반하는 주어와 동사의 수 일치는 더욱 주의해야 한다.

- He who helps poor people is a happy man.
  ≫ 동사 바로 앞에 복수명사(people)가 있다고 해서 복수동사를 사용하면 안 된다.
- The company which produces a lot of cell phones is a global company.

Pattern Practice

다음 문장에서 틀린 부분을 찾아서 올바르게 고치세요.

❶ To play computer games are my favorite pastime.   _____ → _____

❷ Each of these cars are made in Korea.   _____ → _____

❸ A number of people was present at the festival.   _____ → _____

❹ Curry and rice are his favorite food.   _____ → _____

❺ The number of employees in the company are about 500.   _____ → _____

B 시제 일치

주절의 동사와 종속절의 동사는 서로 시제를 일치시켜야 한다.

 원칙적으로 종속절의 시제는 주절의 시제를 따라가며 다음과 같은 시제 일치 원칙이 있다.

(1) 주절의 동사가 현재 시제이면, 종속절의 동사 자리에는 모든 시제가 올 수 있다.

(주절의 동사가 현재완료나 미래시제인 경우에도 마찬가지이다.)

- I think that Steve is late for school.　　　　　　주절: 현재, 종속절: 현재
- I think that Steve was late for school.　　　　　주절: 현재, 종속절: 과거
- I think that Steve will be late for school.　　　　주절: 현재, 종속절: 미래

(2) 주절의 동사가 과거 시제이면, 종속절의 동사 자리에는 과거 또는 과거완료 시제가 올 수 있으며, 종속절에 조동사가 오는 경우에는 조동사의 과거형을 사용해야 한다.

- I thought that Steve was late for school.　　　　주절: 과거, 종속절: 과거
- I thought that Steve had been late for school.　　주절: 과거, 종속절: 과거완료

   ≫ 종속절이, 주절의 과거시제보다 더 이전에 일어난 일을 나타냄

- I thought that Steve would be late for school.　　would는 과거에서 본 미래

 종속절의 내용이 다음과 같은 경우에는, 주절의 시제와 상관없이 특정 시제를 사용하며, 이 경우는 시제 일치 원칙에서 예외로 취급한다.

(1) 불변의 진리, (현재) 습관적 동작, 일반적 사실, 성질은 항상 '현재 시제'를 사용한다.

- I learned that the Earth is round.　　　　　　　　　　불변의 진리
- Ann told me that she goes to church every Sunday.　　습관
- She didn't know that woolen clothes would shrink in the wash.　일반적 사실

(2) 역사적 사실은 항상 '과거 시제'를 사용한다.

- We know that the 2002 world cup was held in Korea and Japan.
- We learned that Korea was divided into two in 1945.
   ≫ 한국이 분단된 시점이 우리가 배운 시점보다 더 과거이지만, 과거완료를 사용하지 않고, 역사적 사실이기 때문에 과거시제를 사용한다.

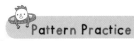 Pattern Practice

다음 문장에서 틀린 부분을 찾아서 바르게 고치세요.

❶ I thought that she is beautiful.　　　　　　＿＿＿＿＿　→　＿＿＿＿＿

❷ She said that she went to church every Sunday.　＿＿＿＿＿　→　＿＿＿＿＿

❸ I thought that Jane will come to the party.　　＿＿＿＿＿　→　＿＿＿＿＿

❹ They learned that the Earth was round.　　　＿＿＿＿＿　→　＿＿＿＿＿

A 괄호 안의 표현 중 알맞을 것을 고르세요.

1 The number of people using DMB phones (is / are) small.

2 Each of these books (have / has) good illustrations.

3 We learned that the Korean War (had broken / broke) out in 1950.

4 Bread and butter (are / is) her usual breakfast.

5 He said that he (takes / took) a walk after dinner every day.

6 Playing the guitar (is / are) her hobby.

7 He or she who treats patients (is / are) a doctor.

8 I thought that Ann (is / was) late for the meeting.

9 We learned that water (boils / boiled) at 100 degree Celsius.

10 The teacher told us that Korea (was / had been) liberated in 1945.

B 다음 문장에서 틀린 곳을 찾아서 바르게 고치세요.

1 A number of people has attended the festival. _____ → _____

2 He have a lot of books on science. _____ → _____

3 Playing soccer are my favorite activity. _____ → _____

4 Every student at our school have to come to school by 8.

_____ → _____

5 We learned that one plus one was two. _____ → _____

6 To know yourself are very important. _____ → _____

7 Trial and error are essential for success. _____ → _____

8 I knew that she has a cancer. _____ → _____

9 I thought that Jennifer will come to the party. _____ → _____

10 They learned that the Earth moved around the Sun. _____ → _____

11 Susan told me that she always went to bed before 11:00.

_____ → _____

12 Students learned that the Seoul Olympic Games had been held in 1988.

_____ → _____

A 다음 우리말을 영어로 옮기세요.

1 그녀는 <u>음악에 관한 책을 많이</u> 가지고 있다.
   주어　　　목적어　　　동사

   →　_____

2 <u>너자신을 아는 것은</u> <u>쉽지 않다.</u>
   　　　주어　　보어 + 동사

   →　_____

3 <u>버터 바른 빵은</u> <u>그들의 평상시 아침 식사이다.</u>
   　　주어　　　　보어 + 동사

   →　_____

4 우리 반의 <u>모든 학생은</u> <u>열심히 공부한다.</u> (every)
   　　　　주어　　　　동사

   →　_____

5 <u>많은 학생들이</u> <u>안경을</u> <u>쓰고 있다.</u> (a number of)
   　주어　　목적어　동사

   →　_____

B 다음 문장을 영어로 옮기세요.

1 우리 반 학생의 수는 35명이다. (The number of)

   →　_____

2 나는 지구가 달보다 더 크다는 것을 배웠다.

   →　_____

3 Susan은 매일 아침 7시에 일어난다고 나에게 말했다.

   →　_____

4 나는 Ann이 똑똑하다고 생각한다.

   →　_____

5 나는 Steve가 내 생일파티에 올 거라고 생각했다. (thought)

   →　_____

6 우리는 물이 수소와 산소로 구성되어 있다는 것을 배웠다. (hydrogen, oxygen)

   →　_____

7 그는 나에게 한국전쟁이 1953년에 끝났다고 말했다. (the Korean War)

   →　_____

UNIT 30 화법

A 직접화법과 간접화법

'직접화법'은 상대방이 말한 것을 그대로 전하는 것이고 '간접화법'은 상대방이 말한 것을 나의 말로 바꾸어서 전달하는 것이다.

 직접화법과 간접화법

- He said, "I want to play soccer with my friends."
  (직접화법)

- He said that he wanted to play soccer with his friends. (간접화법)

  » 직접화법에서는 화자가 한 말을 따옴표 안에 넣어서 전달하며, 따옴표 앞에는 쉼표를 붙인다.

> ⟿ **Writing에 적용하기**
>
> iBT토플에서 writing을 할 때 다른 사람의 의견이나 주장을 인용할 때, 간접화법을 많이 사용한다.
>
> - The author of the book said that he wanted to understand the basics of economy. (그 책의 저자는 경제의 기본 사항을 이해하기 원했다고 말했다.)
> - The speaker said that he was for the basic rules of democracy. (연사는 민주주의의 기본 규칙들에 찬성한다고 말했다.)

 직접화법을 간접화법으로 전환할 때 유의할 점

- She said to me, "I am going to give you this book tomorrow." (직접화법)
  → She told me that she was going to give me that book next day. (간접화법)

(1) 따옴표 안의 인칭대명사는 말을 전달하는 사람을 기준으로 맞춘다.

I → she　　　　　　　　　　　you → me

(2) 따옴표 안의 동사는 주절의 동사와 시제 일치가 되도록 맞춘다.

said to → told　　　　　　　　am → was

(3) 따옴표 안의 부사나 지시대명사도 내용에 맞게 바꾼다.

this → that	these → those	here → there
now → then	ago → before	today → that day
tomorrow → the next day	yesterday → the previous day	
next week → the next week	last week → the previous week	

Pattern Practice

다음 문장에서 틀린 부분을 찾아서 바르게 고치세요.

❶ They said "We will leave for New York tomorrow."　　_____ → _____

❷ He said, "I will call you." → He told me that he will call me.　_____ → _____

❸ I said to him, "I like you." → I told him that I liked you.　_____ → _____

B 화법 전환

문장의 종류(평서문, 의문문, 명령문)에 따라 변환하는 방법이 다르다.

 피전달문이 평서문인 경우

* 전달 동사를 바꾼다. (say → say / say to → tell)
• 쉼표와 따옴표를 없애고, 접속사 that을 사용한다.
• 따옴표 안에 있는 문장의 대명사, 시제, 부사들을 일치시킨다.

(1) 주절의 동사가 현재 시제이면, 화법 전환을 할 때 따옴표 안에 있는 문장의 시제는 변하지 않는다.

• He says to me, "I work hard."	직접화법
→ He tells me that he works hard.	간접화법
• He says to me, "I worked hard."	직접화법
→ He tells me that he worked hard.	간접화법

(2) 주절의 동사가 과거 시제이면, 화법 전환을 할 때 따옴표 안에 있는 문장의 시제는 변한다.
(현재시제 → 과거시제, 과거시제 → 과거완료시제)

• She said to me, "You are kind to me."	직접화법
→ She told me that I was kind to her.	간접화법

• He said, "I met this girl two years ago."
  → He said that he had met that girl two years before.

  ≫ 과거에 말한(said) 시점을 기준으로 해서 과거에 만난 것(met)이기 때문에, 간접화면으로 바뀌면서 시제가 과거완료인 had met이 된다.

 피전달문이 의문문인 경우

(1) 의문사가 없는 의문문의 화법 전환

* 전달 동사를 바꾼다. (say, say to → ask, inquire)
* 쉼표와 따옴표를 없애고, 접속사 if[whether]를 사용한다.
  이때, 어순이 「if + 주어 + 동사」인 점을 주의해야 한다. (간접의문문)
* 따옴표 안에 있는 문장의 대명사, 시제, 부사들을 일치시킨다.

• He said to me, "Are you happy?" → He asked me if I was happy.

• She said, "Do you love me?" → She asked if I loved her.

(2) 의문사가 있는 의문문의 화법 전환

* 전달동사를 바꾼다. (say, say to → ask, inquire)
* 쉼표와 따옴표를 없애고, 의문사를 사용한다.
  이때, 어순이 「의문사 + 주어 + 동사」인 점을 주의해야 한다. (간접의문문)
* 따옴표 안에 있는 문장의 대명사, 시제, 부사들을 일치시킨다.

• He said to me, "What is your name?" → He asked me what my name was.

• She said, "Where do you live?" → She asked where I lived.

• He said to me, "Who is the girl?" → He asked me who the girl was.

• She said, "Why are you late?" → She asked why I was late.

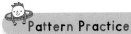

Pattern Practice

다음 문장을 간접화법으로 바꾸세요.

❶ He said to me, "I like you. " → _____

❷ He said to me, "Do you like me?" → _____

❸ He said to me, "Who do you like?" → _____

❹ She said to me, "I love you." → _____

❺ She said to me, "Do you love me?" → _____

 피전달문이 명령문인 경우

* 전달 동사를 바꾼다. (say, say to → order, ask)
* 쉼표와 따옴표를 없애고, 동사를 to부정사로 바꾼다.
* 따옴표 안에 있는 문장의 대명사, 시제, 부사들을 일치시킨다.

• He said to me, "Do it at once?"
  → He ordered me to do it at once.

• She said to me, "Study harder for the final exam."
  → She ordered[asked] me to study harder for the final exam.

• My mom said, "Clean your room."
  → My mom ordered[asked] me to clean my room.

• My boss said to me, "Finish the project by the end of next month."
  → My boss ordered me to finish the project by the end of next month.

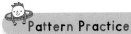

Pattern Practice

다음 문장을 간접화법으로 바꾸세요.

❶ He said to me, "Where does she live?" → _____

❷ He said to me, "Who(m) do you like?" → _____

❸ He said to me, "Finish your homework by 9." → _____

❹ She said to me, "Who is the boy?" → _____

❺ She said to me, "Clean your car." → _____

A 다음 문장을 간접화법으로 바꾸세요.

1 He said, "I am going to read this book today."

→ _____

2 She said to me, "I will study harder."

→ _____

3 Tim said to me, "What date is it?"

→ _____

4 I said to him, "Are you a student?"

→ _____

5 He said to me, "What is your address?"

→ _____

B 다음 간접화법 문장에서 틀린 부분을 찾아서 바르게 고치세요.

1 He said, "I want to play basketball with my friends."

→ He said that he wants to play basketball with his friends.

_____ → _____

2 She said to me, "I will go to your birthday party."

→ She told me that she would come to your birthday party.

_____ → _____

3 The teacher said to me, "When is your birthday?"

→ The teacher asked when was my birthday.

_____ → _____

4 I said to her, "Why are you angry?"

→ I asked her why she is angry.

_____ → _____

5 She said to me, "Do you like rock music?"

→ She asked me if I like rock music.

_____ → _____

228

A 다음 우리말을 영어로 옮기세요.

1 그는 나에게 "너 화났니?"라고 말했다.
　　<u>주어</u>　　　　　　　　　　　<u>동사</u>

　→ _____ (직접화법)

　→ _____ (간접화법)

2 <u>그외국인은</u> 나에게 "나는 김치를 좋아해요."라고 말했다.
　　　<u>주어</u>　　　　　　　　　　　　　　<u>동사</u>

　→ _____ (직접화법)

　→ _____ (간접화법)

3 그녀는 그에게 "우체국이 어디예요?"라고 말했다.
　　<u>주어</u>　　　　　　　　　　<u>동사</u>

　→ _____ (직접화법)

　→ _____ (간접화법)

4 <u>나는</u> 그에게 "당신은 스포츠를 좋아합니까?"라고 말했다.
　<u>주어</u>　　　　　　　　　　　　　　<u>동사</u>

　→ _____ (직접화법)

　→ _____ (간접화법)

B 다음 문장을 영어로 옮기세요.

1 Ann은 나에게 "내가 이 공책 내일 줄게."라고 말했다.

　→ _____ (직접화법)

　→ _____ (간접화법)

2 한 외국인이 나에게 "당신은 한국 사람입니까?"라고 말했다.

　→ _____ (직접화법)

　→ _____ (간접화법)

3 그는 나에게 "당신은 야구를 좋아합니까?"라고 말했다.

　→ _____ (직접화법)

　→ _____ (간접화법)

4 그는 나에게 "그녀는 가장 가까운 지하철역이 어디입니까?"라고 말했다.

　→ _____ (직접화법)

　→ _____ (간접화법)

REVIEW TEST

A 다음 괄호 안에서 알맞은 말을 고르세요.

1 We learned that water steam (rises / rise) up through the air.

2 To play tennis (is / are) interesting.

3 Every student (has / have) his or her own computer.

4 They say curry and rice (is / are) good for our health.

5 I thought that she (is / was) sick.

6 A politician and businessman (has / have) a great power.

7 She said that she (will / would) go to a movie with her friends.

8 I asked her if (she was / was she) angry.

9 The number of the injured (is / are) unknown.

10 We learned that Columbus (discovered / had discovered) America in 1492.

B 다음 문장에서 틀린 부분을 찾아서 바르게 고치세요.

1 To exercise are necessary to be healthy. _____ → _____

2 I thought that Jennifer will come to my birthday party. _____ → _____

3 A number of people has been present at the party. _____ → _____

4 Susan told me that she went to a mountain every Sunday.

   _____ → _____

5 Steve want to be a baseball player. _____ → _____

6 We learned that water froze at zero degree Celsius. _____ → _____

7 Curry and rice are her favorite food. _____ → _____

8 Each of these cell phones are made in Korea. _____ → _____

9 He asked me who she is. _____ → _____

10 She asked me if I have a car. _____ → _____

11 The teacher asked me what was that. _____ → _____

12 The police officer asked me where did I live. _____ → _____

다음 빈칸에 알맞은 말을 넣으세요.

1 모든 방에는 냉장고가 하나씩 있다.

→ Every _____ _____ a refrigerator.

2 차고에 있는 자동차의 수는 3대이다.

→ _____ _____ of cars in the garage _____ three.

3 우리는 달이 지구 주위를 돈다고 배웠다.

→ We learned that the moon _____ _____ the Earth.

4 나는 그녀의 취미가 무엇이냐고 물어 보았다.

→ I asked her _____ _____ _____ _____.

5 많은 선수들이 공을 잡기 위해 달렸다.

→ _____ _____ _____ players ran to catch the ball.

6 시인이자 소설가인 한 사람이 어제 돌아 가셨다.

→ _____ _____ _____ _____ died yesterday.

7 나는 그녀가 미래에 성공할 것이라고 믿었다.

→ I believed that she _____ _____ in the future.

8 그녀는 매일 아침에 사과 하나를 먹는다고 말했다.

→ She said that she _____ _____ _____ every morning.

다음 문장을 영어로 옮기세요.

1 그는 사업가면서 음악가다.

→ _____

2 우리 반의 여학생 수는 20명이다.

→ _____

3 탁자 위에 있는 모든 것은 그녀의 것이다.

→ _____

4 그는 나에게 "그녀는 누구야?"라고 말했다.

→ _____ (직접화법)

→ _____ (간접화법)

5 선생님은 나에게 "너는 음악에 관심 있니?"라고 말했다.

→ _____ (직접화법)

→ _____ (간접화법)

A 인용(quotation)의 표현들

자신의 주장을 객관적으로 뒷받침하기 위해서는 통계 수치, 연구 결과, 보고서 등의 객관적 자료를 인용해서 글을 써야 한다. 특히 iBT토플의 통합형 작문(Integrated Writing)에서는 독해 지문의 내용과 강사의 강의 내용을 인용해서 Writing을 하는 경우가 많다. 이때 다음과 같은 표현들을 사용할 수 있다.

1 According to ~ ~에 따르면
According to the reading passage, children are easily exposed to harmful material on the Internet.

2 As the lecturer said, 강사가 말한 것처럼
As the lecturer said, world poverty is a very serious problem.

3 As mentioned in the reading(lecture), 독해 지문(강의)에서 언급된 것처럼
As mentioned in the lecture, fast food was originally introduced to save time.

4 In the reading(lecture), 독해 지문(강의)에서
In the lecture, the speaker cast doubts on the advantages of the bilingual education advocated in the reading passage.

B 실전 Writing 연습 : 다음 문장을 영어로 옮기세요.

1 화자가 말한 것처럼, 저작권은 창작자의 재산을 보호하기 위해서 사용되어야 한다.
(speaker / copyright / creators / property)
→ _____

2 통계에 따르면, 전 세계 인구의 10% 정도가 하루에 1$ 미만으로 생활한다고 한다.
(statistics / world's population / live on / less than)
→ _____

3 강사가 언급한 것처럼, 지구 온난화 문제는 심각한 문제다.
(lecturer / global warming / serious / issue)
→ _____

CHAPTER

16

전치사

UNIT 31 전치사의 종류 및 용법

UNIT 32 전치사의 목적어와 역할

전치사의 종류 및 용법

A 시간을 나타내는 전치사

 in: 비교적 긴 시간(세기, 년, 계절, 월) 또는 하루의 일부분을 나타내는 시간 앞에 사용된다.

- We are living in <u>the 21st century</u>.   세기
- I was born in <u>1990</u>.   년도
- In <u>summer</u>, a lot of people like to swim in the sea.   계절
- The summer Olympic Games are held in <u>August</u>.   월
- He always gets up early in <u>the morning</u>.   하루의 특정 시간

 on: 요일, 특정한 날, 날짜, 요일의 일부분에 해당되는 시간 앞에 사용된다.

- They go to church on <u>Sunday</u>.   요일
- We will have a big party on <u>Christmas day</u>.   특정일
- She was born on <u>April 10th, 1991</u>.   날짜
- He always gets up late on <u>Sunday mornings</u>.   요일의 일부분에 해당되는 시간

 at: 구체적인 시각이나 시점 앞에 사용된다.

- I will see you at <u>8 o'clock</u> tomorrow.   시각
- I will call you at <u>noon</u>.   시각
- I am going to visit you at <u>lunchtime</u>.   시점

 for / during: for는 기간(수사) 앞에, during은 특정 기간 앞에 사용된다.

- I have studied English for <u>five years</u>.   for + 숫자 기간
- Susan visited Australia during <u>the summer vacation</u>.   during + 특정 기간

Pattern Practice

다음 빈칸에 알맞은 전치사를 넣으세요.

❶ I am going to have a party _____ my birthday.

❷ She will call you _____ 3 o'clock tomorrow.

❸ There were many wars _____ the 20th century.

by / until: by는 '~까지(완료)'를 나타내고 until은 '~까지(계속)'을 나타낸다.

- I have to finish the report by 9:00. 9시 이전에 완료해야 한다.
- Steve had to wait for her until 9:00. 9시까지 계속해서 기다려야 했다.

 in / after: in은 현재를 기준으로 '~ 후에', after는 특정 시점을 기준으로 '~후에'

- Mom, I will be back in 30 minutes. 현재를 기준으로 30분 후에
- Mom, I will be back 30 minutes after lunch. 점심 식사를 기준으로 30분 후에

 ago / before: ago는 현재를 기준으로 '~ 전에', before는 특정 시점을 기준으로 '~전에'

- I met her at a cafe 30 minutes ago. 현재를 기준으로 30분 전에
- I met her at a cafe 30 minutes before lunch. 점심 식사를 기준으로 30분 전에

 그 외에 시간을 나타내는 전치사

- She has been sick since last Friday. ~이후 줄곧, ~이래로
- I tossed and turned all through the night. ~동안 줄곧, ~내내
- I want you to come again at about[around] 2 o'clock. ~쯤에, ~경에
- We are going to go camping over the weekend. ~동안에, ~의 사이에

 next, last, this, that, every, all 등이 시간 앞에 올 경우, 시간의 전치사를 사용하지 않는다.

next year	last month	in next year는 틀린 표현임
this morning	that evening	in this morning은 틀린 표현임
every night	all day	at every night은 틀린 표현임

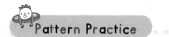 Pattern Practice

다음 빈칸에 알맞은 전치사를 넣으세요.

❶ They have studied English _____ 7 years.

❷ I will call you _____ 10 minutes. (from now)

❸ You have to submit the report _____ Friday.

❹ He had to wait for her _____ 9 o'clock.

❺ She has been sick _____ last Monday.

❻ The weather was quite cold _____ the weekend.

B 장소 · 방향을 나타내는 전치사

 in: 비교적 넓은 장소 또는 건물이나 공간을 나타내는 말 앞에 사용된다.

- She has lived in Korea for 15 years. (나라)
- China is the largest country in Asia. (대륙)
- They live in the house on the hill. (집)
- I put my belongings in the box. (상자)
- He is in hospital now. (병원)

 on: '~의 표면 위'를 나타내는 말 앞에 사용된다.

- The baby spilled milk on the floor. (바닥)
- My girlfriend lives on the third floor of this apartment building. (몇 층)
- I left my cell phone on the table. (탁자 위)
- There are a few pictures on the wall. (벽에)
- He is working on the roof now. (지붕 위에)

 at: 장소의 한 지점, 건물의 목적이 분명한 장소(정거장, 공항, 영화관 등), 또는 단체 행동이 이루어지는 장소(콘서트, 회의, 파티 등)의 말 앞에 사용된다.

- He is standing at the door. (문에)
- I want you to buy some ice cream at the store. (가게에서)
- Let's meet at the subway station before lunchtime. (지하철역에서)
- I will pick you up at the airport tomorrow. (공항에서)
- We met at the theater yesterday. (극장에서)
- He suggested a new business plan at the meeting. (회의에서)
- They had a good time at the party. (파티에서)

 to, toward, for는 '~로의 접근'을, **away from, off, out of**는 '~로부터의 이탈'을 나타낸다.

- He goes to Busan every Sunday. (부산으로)
- The ship sailed toward a small island. (섬을 향해)
- She left for London yesterday. (런던으로)
- Get away from the monkey. (~에서 떨어져라)
- He got off the train and ran toward his mother. (기차에서 내렸다)
- She got out of the car and walked toward me. (차에서 내렸다)

5 above ↔ below, over ↔ under는 '〜위에' ↔ '〜아래에'라는 의미로 사용된다.

- The sun is rising above the horizon. (수평선 위로)
- The sun is sinking below the horizon. (수평선 아래로)
- Seagulls are flying over the sea. (바다 위에)
- A submarine can travel under the sea. (바다 밑에)

 6 in front of: 〜의 앞에 / behind: 〜의 뒤에

- Let us meet in front of the building at noon. (건물 앞에서)
- A boy is standing behind you. (네 뒤에)

 7 along: (강, 도로)를 따라서 / across: (강, 도로)를 가로질러

- He jogs along the river every morning. (강을 따라서)
- A dog is running across the road. (도로를 가로질러)

 8 between: 둘 사이에 / among: 셋 이상의 사이에

- Korea lies between China and Japan. (중국과 일본 사이에)
- The man disappeared among the crowd. (군중 속으로)

 9 그 외 장소를 나타내는 전치사

- Boys and girls are sitting around the fire. (〜 주위에)
- She could see his shoulder muscles beneath his T-shirt. (〜바로 아래에)
- The bus ran through the long tunnel. (〜을 관통해서)
- We walked past the police station. (〜을 지나서)

Pattern Practice

다음 빈칸에 알맞은 전치사를 넣으세요.

❶ I met her _____ his birthday party.

❷ She lives _____ the fourth floor of this building.

❸ They have lived _____ Seoul for 20 years.

❹ There are no secrets _____ you and me. (사이에)

❺ A yacht is running fast _____ the bridge. (아래로)

❻ The mouse finally came _____ _____ the hole to find food. (밖으로)

C 원인 · 이유를 나타내는 전치사

 at, with: 주로 감정의 원인을 나타낸다.

- We were very <u>surprised</u> at the news of the airplane crash. (비행기 추락 사고에 놀라다)
- They were <u>sad</u> at the news.
- I am <u>pleased</u> with the test results. (시험 결과에 만족하다)
- He is <u>satisfied</u> with the sales growth.

 of, from: 원인(주로 질병, 부상 등)을 나타낸다.

- She <u>died</u> of cancer last year. (암으로 사망하다)
- My grandfather <u>died</u> of a heart attack 5 years ago.
- Many people <u>suffered</u> from the floods last June. (홍수로 고생하다)
- He greatly <u>suffered</u> from depression for most of his adult life. (~의 결과다)

 for: 이유를 나타낸다.

- Thank you for <u>helping</u> me. (도와줘서 고맙다)
- I'm sorry for <u>coming</u> late. (늦어서 미안하다)

D 기타 전치사

- Tell me about your trip to China. (~에 대하여)
- He wrote a report on the trends of the IT industry. (~에 대하여, 전문적인 내용)
- In the past, most bridges were made of wood. (~으로 만들어진, 재료의 물리적 변화)
- Wine is made from grapes. (~으로 만들어진, 재료의 화학적 변화)
- Despite the failure, he didn't give up. (~에도 불구하고)
- She traveled throughout Europe by train. (~을 타고)
- He bought flowers for his girlfriend. (~을 위해)

Pattern Practice

다음 빈칸에 알맞은 전치사를 넣으세요.

❶ She wrote the article _____ the Korean economy.

❷ Thank you _____ inviting me.

❸ He died _____ lung cancer two years ago.

A 다음 괄호 안에서 알맞은 말을 고르세요.

1 She was born (in / on) January.

2 He was born (in / on) July 11th, 1991.

3 They always get up late (in / on) Sunday mornings.

4 I will have a party (in / on) my birthday.

5 We will have the project review meeting (on / at) 10 o'clock.

6 They will travel to Australia (for / during) the holiday.

7 You have to finish the homework (by / until) 9 o'clock.

8 I will call you (in / after) 30 minutes.

9 We had lunch 30 minutes (ago / before).

10 Today, many people live (in / at) big cities.

B 다음 보기에서 알맞은 전치사를 골라서 빈칸에 넣으세요.

> 보기: in, on, at, for, of, from, during, before, after, ago, next, off, over, under, along, across, between, among, with, about, by, around, beneath, through, past, behind

1 My sister lives _____ the fourth floor of this apartment.

2 I will see you _____ the movie theater tomorrow.

3 Steve left _____ Italy to study music last year.

4 A boat is sailing _____ the bridge.

5 Many kinds of creatures are living _____ the sea.

6 A cat is sleeping _____ the bed and the table.

7 They are talking _____ the campfire.

8 There is a small village _____ the mountain.

9 I am satisfied _____ the results of the final exam.

10 I will write a report _____ the prospects of the Korean economy.

A 다음 문장을 영어로 옮기세요.

1 나는 오늘 아침에 일찍 일어났다.
　주어　　　　　　　　　　동사

→ _____

2 나는 7월에 태어났다.
　주어　　　　동사

→ _____

3 우리 아버지는 일요일마다 낚시를 가신다.
　　주어　　　　　　　　　동사

→ _____

4 10분 뒤에 내가 너에게 전화할게.
　　　　　　주어　　　동사

→ _____

5 많은 사람들이 서울에 살고 있다.
　　주어　　　　　　동사

→ _____

B 다음 문장을 영어로 옮기세요.

1 나는 매일 아침 강을 따라서 조깅을 한다. (jog)

→ _____

2 한국은 중국과 일본 사이에 위치해 있다. (lie)

→ _____

3 개 한 마리가 거실 바닥에서 잠을 자고 있다.

→ _____

4 나는 매일 두 시간씩 영어를 연습한다. (practice)

→ _____

5 나는 이번 여름방학 동안에 즐거운 시간을 가질 것이다.

→ _____

6 너는 10시까지 계속해서 영어 공부를 해야 한다.

→ _____

7 그 기차는 터널을 통과해서 빠르게 달렸다.

→ _____

UNIT 32 전치사의 목적어와 역할

A 전치사의 목적어

전치사 다음에 오는 말이 전치사의 목적어이며, 전치사의 목적어 자리에는 명사 형태가 온다.

 전치사 목적에 자리에는 명사 형태 즉, 명사(구), 동명사가 올 수 있다.

• Steve bought a magazine at <u>the store</u>.	보통명사가 전치사의 목적어
• I have lived in <u>Seoul</u> for 10 years.	고유명사가 전치사의 목적어
• Why are you waiting for <u>me</u>?	대명사의 목적격이 전치사의 목적어
• Butter is made from <u>cream</u>.	물질명사가 전치사의 목적어
• Exercise is good for your <u>health</u>.	추상명사가 전치사의 목적어
• He gets up late on <u>Sunday mornings</u>.	명사구가 전치사의 목적어
• I met her first at <u>a Christmas party</u>.	
• Susan is afraid of <u>going out</u> alone at night.	동명사가 전치사의 목적어
• They are proud of <u>being</u> honest.	

> **Stop 이건 알아둬~**
>
> 기본적으로 전치사의 목적어 자리에는 명사(구)형태가 오지만, 명사절이 오는 경우도 있다. 전치사 뒤에 명사절이 오는 경우에는 접속사 whether[if]나 관계부사 when등과 함께 사용된다.
>
> · People worried <u>about</u> whether Pope John Paul II could continue traveling.
> (사람들은 교황 요한 바오로 2세가 계속 여행을 할 수 있을지에 대해서 걱정했다.)
> · He is worried <u>about</u> when she will come.
> (그는 그가 언제 올지에 대해서 걱정하고 있다.)

Pattern Practice

다음 문장에서 전치사의 목적어에 밑줄을 그으세요.

① We had a good time at her birthday party.

② This desk is made of wood.

③ We can't live without air and water.

④ Thank you for inviting me.

⑤ I am proud of you.

B 전치사구의 역할

「전치사 + 명사」의 형태를 전치사구라 하며, 전치사구는 형용사, 부사의 역할을 한다.

⭐ 전치사구는 명사를 수식하는 형용사 역할을 한다.

- The cat under the tree is very cute. (전치사구가 명사 the cat을 수식)
- The smartphone on the desk is my father's.
- Steve is a student from Australia.
- Do you know the girl with curly hair over there?
- Look at the bird with beautiful feathers.

⭐ 전치사구는 동사를 수식해 주는 부사 역할을 한다.

- We played basketball for two hours. (전치사구가 동사 played를 수식)
- Susan goes to church on Sundays.
  (장소 전치사구 to church와 시간 전치사구 on Sundays가 동사 goes를 수식한다.)
- They played soccer in the playground yesterday.

> **Stop** 이건 알아둬~
>
> 전치사의 목적어 자리에 동명사가 오는 경우에, 동명사도 목적어를 취할 수 있다.
>
> - **Thank you for inviting me.**
>   (저를 초대해 주셔서 감사합니다.)
>   → 전치사 for의 목적어는 동명사 inviting이고, 동명사 inviting의 목적어는 me이다.
> - **Thank you for helping us.**
>   (우리를 도와주셔서 감사합니다.)
>   → 전치사 for의 목적어는 동명사 helping이고, 동명사 helping의 목적어는 us이다.

 ### Pattern Practice

다음 문장에서 전치사구가 수식하는 단어에 밑줄을 그으세요.

① Steve arrived at the airport yesterday.

② He has a girlfriend from Australia.

③ I know the woman with blond hair.

④ The dog under the table is very cute.

⑤ He played baseball in the playground.

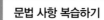

GRAMMAR PRACTICE

문법 사항 복습하기

A 다음 문장에서 전치사의 목적어에 밑줄을 그으세요. (전치사가 두 개인 경우, 각각의 목적어 표시)

1 Susan left for Canada to study economics last month.

2 Living things cannot live without water.

3 This house is built with bricks.

4 She has lived in Seoul for 20 years.

5 I bought some books for you.

6 I will see you at 7 tomorrow morning.

7 I am proud of being honest.

8 She is worried about when her son will come back.

9 It rained for three days without stopping.

10 I fell asleep during the movie.

B 다음 문장에서 전치사구가 수식하는 단어에 밑줄을 긋고, 형용사 역할인지 부사 역할인지 쓰세요.

1 I spoke to her on the phone. _____ 역할

2 The book on the table is very interesting. _____ 역할

3 I met Steve on my way home. _____ 역할

4 I will see you on Saturday morning. _____ 역할

5 Susan has a few friends from America. _____ 역할

6 In Australia, they drive on the left. _____ 역할

7 Look at the boy with blond hair. _____ 역할

8 The meeting took place at the company's main office. _____ 역할

9 The two cats under the bed are brothers. _____ 역할

10 Don't go out in the rain. _____ 역할

Ⓐ 다음 문장을 영어로 옮기세요.

1　우리는 지난밤에 두 시간 동안 텔레비전을 보았다.
　　주어　　　　　　　　　　　　목적어　동사

　　→ _____

2　나는 밤에 나가는 것을 좋아하지 않는다. (go out)
　　주어　　　목적어　　　동사

　　→ _____

3　그녀는 친절한 것을 자랑스러워한다.
　　주어　　　　　　　　　동사

　　→ _____

4　Susan은 월요일 아침마다 일찍 일어난다.
　　　주어　　　　　　　　　　　동사

　　→ _____

5　빵은 밀가루로 만들어진다. (flour)
　　주어　　　　동사

　　→ _____

Ⓑ 다음 문장을 영어로 옮기세요.

1　검은색 깃털을 가진 저 새를 보아라. (feather)

　　→ _____

2　그는 중국 출신의 학생들을 많이 알고 있다.

　　→ _____

3　그들은 어제 두 시간 동안 축구를 했다.

　　→ _____

4　그는 종종 일요일에 낚시를 간다. (go fishing)

　　→ _____

5　나는 가게에서 아이스크림을 조금 샀다.

　　→ _____

6　너는 누구를 기다리고 있는 중이니?

　　→ _____

7　우리는 물과 공기가 없이는 살 수 없다.

　　→ _____

REVIEW TEST

A 다음 문장에서 틀린 부분을 찾아서 바르게 고치세요.

1 He was born in June 20th, 1990.   _____ → _____

2 This table is made from wood.   _____ → _____

3 I didn't have breakfast in this morning.   _____ → _____

4 He hung a picture in the wall.   _____ → _____

5 My son usually gets up late in Sunday morning.   _____ → _____

B 다음 빈칸에 알맞은 단어를 쓰세요.

1 내가 차로 7시에 너희 집 앞으로 너를 데리러 갈게.
  → I will pick you up _____ _____ _____ your house at 7.

2 그녀와 나 사이에는 비밀이 없다.
  → There are no secrets _____ her _____ me.

3 그녀는 지금 공원에 있다.
  → She is _____ _____ _____ now.

4 나는 다음 정거장에서 내릴 것이다.
  → I will _____ _____ at the next stop.

C 다음 문장을 영어로 옮기세요.

1 해가 수평선 위로 떠오르고 있다. (horizon)
  → _____

2 나는 이 보고서를 금요일까지 끝내야 한다.
  → _____

3 파리 한 마리가 천장에 있다.
  → _____

4 그는 폐암으로 작년에 죽었다. (lung cancer)
  → _____

5 작년 여름에 많은 사람들이 홍수로 고생했다. (suffer from)
  → _____

6 실패에도 불구하고 나는 포기하지 않을 것이다. (despite)
  → _____

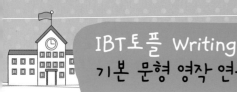
A 자신의 의견(opinion)을 나타내는 표현들 (1)

글을 쓸 때, 일반적으로 자신의 의견을 먼저 언급한 다음에 그 의견에 대한 이유나 부연 설명을
하는 경우가 많다. 자신의 의견이나 견해를 말할 때는 다음과 같은 표현들을 사용할 수 있다.

1 In my opinion, 내 의견으로는

   In my opinion, studying for a test by myself is much better because it is easier for
   me to concentrate.

2 From my point of view, 내 견해로는

   From my point of view, taking one long vacation each year is ideal because it
   gives me enough time for all the fun things I want to do.

3 As far as I'm concerned, 내 생각으로는

   As far as I'm concerned, eating out is the best way to go simply because I'm a
   terrible cook.

B 실전 Writing 연습: 다음 문장을 영어로 옮기세요.

1 내 의견으로는, 도시에서 사는 것이 시골에서 사는 것보다 낫다.

   (opinion / living in a city / country)

   → _____

2 내 견해로는, 그룹으로 공부하는 것이 더 많은 것을 배우는 더 좋은 방법이다.

   (point of view / group / learn)

   → _____

3 내 생각으로는, 매년 한 번의 긴 휴가를 가지는 것이 더 낫다.

   (as far as I am concerned / better / every year)

   → _____

4 내 의견으로는, 운동이 살을 빼는 가장 좋은 방법이다.

   (opinion / exercise / best way / lose weight)

   → _____

CHAPTER
17

특수 구문

UNIT 33 강조

UNIT 34 도치

UNIT 33 강조

A It is ~ that 강조구문

문장 중에서 강조하고자 하는 부분을 It is ~ that 사이에 넣고, 나머지 부분은 that 다음에 순서대로 쓰면 It is ~ that 강조구문이 된다.

 It is ~ that 강조구문으로 문장의 주어, 목적어, 부사(구)를 강조할 수 있다.

(1) I played computer games with her yesterday.

주어 강조 → It was I that played computer games with her yesterday.

목적어 강조 → It was computer games that I played with her yesterday.

부사구 강조 → It was with her that I played computer games yesterday.

부사 강조 → It was yesterday that I played computer games with her.

* It is ~ that 강조구문에서 that은 생략되기도 한다.

* It is ~ that 강조구문에서 is의 시제에 주의해야 한다.
 (과거의 일은 was를 사용)

* 강조구문을 해석할 때는 It is ~ that 사이에 있는 단어가 강조되도록 해석한다.

Writing에 적용하기

It is ~ that 강조구문에서 다음과 같은 경우는 강조할 수 없다.

· I like soccer. It is like that I soccer.
 (X) 동사는 강조할 수 없다.

· He is a student. It is a student that he is. (X) 주격보어는 강조할 수 없다.

· He drives the car carefully. It is carefully that he drives the car.
 (X) 행위의 방식을 나타내는 양태부사는 강조할 수 없다.

· Fortunately, we won the game. It was fortunately that we won the game. (X) 문장 전체를 수식하는 부사는 강조할 수 없다.

Pattern Practice

다음 문장을 It is ~ that 강조구문으로 표현하세요.

> I met Jane at the park yesterday morning.

❶ 주어 강조 → _____

❷ 목적어 강조 → _____

❸ 장소 부사구 강조 → _____

❹ 시간 부사구 강조 → _____

강조하고자 하는 말이 사람이면 that 대신에 who, 사물이면 which, 시간이면 when,
장소이면 where을 쓸 수도 있다.

- It was I <u>who</u> played computer games with her yesterday.　　that 대신 who 사용
- It was him <u>whom</u> I called this morning.　　that 대신 whom 사용
- It was a cell phone <u>which</u> he gave me yesterday.　　that 대신 which 사용
- It was yesterday <u>when</u> I played computer games with her.　　that 대신 when 사용
- It was at the park <u>where</u> I played badminton yesterday.　　that 대신 where 사용

 It is ~ that 강조구문 과 It ~ that 구문을 구분하는 방법

(1) It is ~ that 강조구문은 that 이하 부분에서 강조하는 부분이 빠져 있는 불완전한 문장 형태를 가지고 있다.

- It was I that <u>met Susan at the party last month</u>.　　that 이하에 주어가 빠져 있음
- It was soccer that <u>we played together yesterday</u>.　　that 이하에 목적어가 빠져 있음

(2) It ~ that 구문은, It이 가주어이고, that 이하가 진주어이다.

즉, that 이하 부분이 완전한 문장의 형태를 갖추고 있다.

- It is true that <u>he passed the bar exam</u>.　　that 이하가 완전한 문장 형태, 진주어
- It is important that <u>we (should) do our best in everything</u>.

Pattern Practice

다음 문장에서 강조된 부분을 살려서 해석하세요.

❶ It was at the party where I met the girl.
→ _____

❷ It was in 2002 when we first met.
→ _____

❸ It was Steve who broke the chair.
→ _____

❹ It was her whom I called this morning.
→ _____

❺ It was yesterday when I played soccer with friends.
→ _____

B 다양한 강조 표현들

 일반동사를 강조할 때는 동사 앞에 do를 사용한다.

- I do <u>know</u> her name. (do가 동사 know를 강조)
- She does <u>like</u> to play tennis.
- He did <u>win</u> the game.
- Do <u>be</u> quiet. (명령문의 동사를 do가 강조)

다음 문장의 의미 차이를 비교해 보세요.

- I went to the party. → '파티에 갔었다.'라는 사실을 말하고 있음
- I did go to the party. → 상대방의 의심이 옳지 않음에 대한 반응으로, '정말 갔었다'라는 의미
- He looks sick. → '아파 보인다'라는 상태를 말하고 있음
- He does look sick. → '정말 아파 보인다'라는 걱정의 마음까지 표현

 명사를 강조할 때는 명사 앞에 very를 사용하는데, 이때 very 앞에는 주로 the, this, that, one's 등의 한정하는 말이 온다.

- They met each other on that very <u>day</u>.
  (very가 명사 day를 강조)
- This is the very <u>student</u> we have been looking for.
- You are the very <u>man</u> we want to hire.

 그 외의 강조 표현들

(1) 의문문을 강조: on earth, in the world, at all 등의 어구가 사용되며 '도대체, 조금이라도'의 뜻

- Who on earth broke the window?
- What in the world do you mean?
- Do you believe his words at all?

(2) 부정문을 강조: at all, in the least 등의 어구가 사용되며 '조금도, 아무것도'의 뜻

- I can't understand the lecture at all.
- She is not happy in the least.

Pattern Practice

다음 문장의 강조 부분을 살려서 해석하세요.

① I do like soccer. → _____

② That is the very life I have dreamed of. → _____

③ Who in the world hit you? → _____

④ He is not sad in the least. → _____

⑤ He is the very man we have been looking for. → _____

GRAMMAR PRACTICE

문법 사항 복습하기

A 다음 문장을 **It is ~ that** 강조구문으로 표현하세요.

1 He met Jennifer at the party last weekend.

    a. 주어 강조   → _____

    b. 목적어 강조   → _____

    c. 장소 부사구 강조   → _____

    d. 시간 부사구 강조   → _____

2 We watched the soccer game in my room last night.

    a. 주어 강조   → _____

    b. 목적어 강조   → _____

    c. 장소 부사구 강조   → _____

    d. 시간 부사구 강조   → _____

3 I played the guitar at the park yesterday.

    a. 주어 강조   → _____

    b. 목적어 강조   → _____

    c. 장소 부사구 강조   → _____

    d. 시간 부사구 강조   → _____

B 다음 문장에서 강조된 부분을 살려서 해석하세요.

1 It was a cell phone that Michael broke yesterday.

    → _____

2 I do like apples.

    → _____

3 This is the very baby we have been looking for.

    → _____

4 Who in the world broke the sculpture?

    → _____

5 She didn't sleep in the least.

    → _____

SENTENCE WRITING PRACTICE

배운 내용을 바탕으로
영어 문장 만들기

A 다음 우리말을 영어로 옮기세요.

1 아버지가 어제 나에게 준 것은 바로 스마트폰 이었다. (It is ~ that 강조구문)
　　주어　　　　간·목　　　　　　보어　　동사

　→ _____

2 내가 공원에서 그를 만난 것은 바로 지난밤 이었다. (It is ~ that 강조구문)
　주어　　　　목적어 동사　　　　보어　　동사

　→ _____

3 나는 포도를 정말로 좋아한다. (강조 표현 do 사용)
　주어　목적어　　　동사

　→ _____

4 이것이 내가 찾고 있던 바로 그 책 이다. (강조 표현 very 사용)
　주어　　　　　　　　　　　보어　동사

　→ _____

B 다음 문장을 영어로 옮기세요.

1 그녀는 조금도 놀라지 않았다. (at all)

　→ _____

2 도대체 누가 이 프린터를 망가트린 거야? (in the world)

　→ _____

3 이것이 바로 우리가 살고 싶은 집이다. (very)

　→ _____

4 나는 정말로 어제 그의 생일 파티에 갔었다. (do)

　→ _____

5 어제 그 꽃병을 깨트린 사람은 바로 Steve였다. (It is ~ that)

　→ _____

6 어제 Steve가 깨트린 것은 바로 그 꽃병이었다. (It is ~ that)

　→ _____

7 Steve가 그 꽃병을 깨트린 것은 바로 어제였다. (It is ~ that)

　→ _____

UNIT 34 도치

A 도치문을 사용하는 경우

문장 중에서 일부분을 강조하기 위해 문장 맨 앞으로 보내는 경우나, 생략을 하는 경우에 어순이 바뀌어 「동사 + 주어」의 도치문이 된다.

 (준)부정어가 문장 앞으로 나와서 강조될 때는 어순이 「동사 + 주어」가 된다.

- He did not say a word all day long. (not, a word를 강조하기 위해 문두로 보냄)
  → Not a word <u>did he</u> say all day long.
      동사 주어

  주의: Not a word said he all day long. (✕, 일반동사는 조동사 do를 사용)

- The terrorist showed no mercy. (no mercy를 강조)
  → No mercy did the terrorist show.

- I have never seen such a beautiful bird. (never를 강조)
  → Never have I seen such a beautiful bird.

- I can hardly believe the news. (hardly를 강조)
  → Hardly can I believe the news.

- She did not hear the news until this morning. (not, until this morning을 강조)
  → Not until this morning did she hear the news.

 주격보어가 문장 앞으로 나와서 강조될 때에도 어순이 「동사 + 주어」가 된다.

- Those who are happy have a positive attitude. (happy 강조)
  → Happy <u>are</u> <u>those</u> who have a positive attitude.
      동사 주어

- The poor are blessed in spirit. (blessed 강조)
  → Blessed <u>are</u> <u>the poor</u> in spirit.

- Her surprise was so great that she could not speak for a while. (so great 강조)
  → So great <u>was</u> <u>her surprise</u> that she could not speak for a while.

Pattern Practice

다음 문장에서 밑줄 친 부분을 강조하는 도치문을 만드세요.

❶ He did <u>not</u> <u>eat any food</u> all day long. → _____

❷ I have <u>never</u> seen such a big horse. → _____

❸ I can <u>hardly</u> believe his words. → _____

부사(구)가 문장 앞으로 나와서 강조될 때 역시 어순이 「동사 + 주어」가 된다.

- Fine weather comes after rain. (부사구 강조)
  → After rain <u>comes</u> <u>fine weather</u>.
  　　　　　　　　동사　　　　주어

- A lamp burned on the table. → On the table burned a lamp.

- A baby lay on the bed. → On the bed lay a baby.

 「So[Neither] + 동사 + 주어」 형식의 도치문은, 동사의 시제와 수에 주의해야 한다.

- A: I am[was] hungry. 　　　　　　　　B: So am[was] I.

- A: He is[was] hungry. 　　　　　　　　B: So is[was] she.

- A: I play[played] computer games on Sunday.
  B: So do[did] I.

- A: He goes[went] to the movies on Sunday.
  B: So does[did] she.

- A: I can't[couldn't] swim. 　　　　　　B: Neither can[could] I.

- A: He can't[couldn't] swim. 　　　　　B: Neither can[could] she.

 기타 도치 구문

- There <u>is</u> <u>a book</u>. (there는 유도부사)
  　　　동사　주어

- Here <u>comes</u> <u>the bus</u>.
  　　　동사　　주어

- Were I rich, I could study abroad. (If 생략, 가정법 과거)
  → If I were rich, I could study abroad.

- Had I studied harder, I could have passed the exam. (If 생략, 가정법 과거완료)
  → If I had studied harder, I could have passed the exam.

 Pattern Practice

다음 문장에서 주어와 동사를 찾아서 쓰세요.

❶ On the bed lay a boy. 　　　　　　　주어: _____　동사: _____

❷ There are many pens on the desk. 　주어: _____　동사: _____

❸ Here is your pen. 　　　　　　　　　주어: _____　동사: _____

❹ After rain comes fine weather. 　　　주어: _____　동사: _____

❺ There is a book. 　　　　　　　　　　주어: _____　동사: _____

A 다음 문장에서 밑줄 친 부분을 문장 앞으로 보내서 강조하는 도치문을 만드세요.

1 The robber showed <u>no mercy</u>.

→ _____

2 Those who are <u>unhappy</u> have a negative mind.

→ _____

3 A bird sings <u>in the tree</u>.

→ _____

4 The poor are <u>blessed</u> in spirit.

→ _____

5 <u>If</u> I were you, I would accept his proposal. (If 생략)

→ _____

6 I have <u>never</u> seen such a big elephant.

→ _____

7 He did <u>not</u> know the truth <u>until last month</u>.

→ _____

B 다음 도치문에서 주어는 S, 동사는 V로 표시하세요.

1 Hardly can I believe what he said.

2 Blessed are the people who are humble.

3 So great was his shock that he didn't know what to do.

4 Here comes the train.

5 There are many people in front of City Hall.

6 On the ground lay a soldier.

A 다음 우리말을 영어로 옮기세요. (굵은 글씨 부분 강조)

1 Susan은 하루 종일 **한 마디도 안 했다**.
　　주어　　　　　　목적어　　동사

→ _____ (정치문)

→ _____ (도치문)

2 나는 그렇게 큰 호랑이는 **본 적이 없다**.
　　주어　　　목적어　　　　동사

→ _____ (정치문)

→ _____ (도치문)

3 한 학생이 **바닥에** 누워 있었다.
　　주어　　　　　　동사

→ _____ (정치문)

→ _____ (도치문)

4 그녀는 그 사실을 **오늘 아침까지도 알지 못했다**.
　　주어　　목적어　　　　　　　동사

→ _____ (정치문)

→ _____ (도치문)

B 다음 문장을 영어로 옮기세요.

1 탁자 위에 많은 사과들이 있다.

→ _____

2 저기 첫 기차가 온다.

→ _____

3 A: 나는 피곤하다.
　 B: 나도 그래.

→ _____

→ _____

4 A: 나는 스키 못 타.
　 B: 나도 못 타.

→ _____

→ _____

REVIEW TEST

A 다음 괄호 안에서 알맞은 표현을 고르세요.

1 It was I (who / which) talked to her first at the party.

2 It was at the party (when / where) I met her first.

3 Not a word (she said / did she say) all day long.

4 Hardly (can I / I can) believe what she said.

5 He is angry and so (is / was) she.

B 다음 빈칸에 알맞은 말을 넣으세요.

1 나는 어제 기말고사를 위해 열심히 공부했고 그녀도 그랬다.
→ I studied hard for the final exam and so _____ _____.

2 행복한 건 꿈을 가진 사람들이다.
→ Happy _____ _____ _____ have a dream.

3 내가 그와 함께 테니스를 친 건 바로 어제였다.
→ _____ _____ yesterday _____ I played tennis with him.

4 도대체 누가 거실에 있는 꽃병을 깨드렸느냐?
→ Who _____ _____ broke the vase in the living room?

C 다음 문장을 영어로 옮기세요.

1 나는 축구 하는 것을 정말로 좋아한다. (do)
→ _____

2 이것이 바로 내가 찾고 있던 바로 그 휴대전화이다.
→ _____

3 그는 수영을 못 하고 그녀도 그렇다. (neither)
→ _____

4 나는 그 시험을 위한 공부를 전혀 하지 않았다. (not ~ at all)
→ _____

5 어제 내가 지하철에서 잃어버린 것이 바로 그 책이었다. (It is ~ that)
→ _____

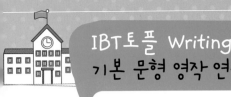

IBT토플 Writing
기본 문형 영작 연습

A **자신의 의견(opinion)을 나타내는 표현들 (2)**

글을 쓸 때, 일반적으로 자신의 의견을 먼저 언급한 다음에 그 의견에 대한 이유나 부연 설명을 하는 경우가 많다. 자신의 의견이나 견해를 말할 때는 다음과 같은 표현들을 사용할 수 있다.

1 I think that ~ 나는 ~라고 생각한다

I think it is better to study in a group so that you can learn more about the topic from other people.

2 I firmly[strongly] believe that ~ 나는 ~라고 굳게 믿는다

I firmly believe that we would never be able to live complete lives without having a partner.

3 I prefer A to B, 나는 B보다 A를 더 선호한다

I prefer eating at home to eating out so I can save money.

4 I would rather A than B ~ 나는 B보다 오히려 A하겠다

I would rather begin working in a small company than work in a big company.

B **실전 Writing 연습: 다음 문장을 영어로 옮기세요.**

1 나는 학생들이 교복을 입도록 강요받아서는 안 된다고 생각한다.

(think / be forced / uniforms)

→ _____

2 나는 손으로 일을 하는 것보다 기계를 사용하는 것을 더 좋아한다.

(prefer / using machines / by hand)

→ _____

3 나는 건강을 유지하는 최고의 방법은 규칙적으로 운동하는 것이라고 확신한다.

(firmly believe / the best way / maintain / regularly / your health)

→ _____

4 나는 졸업한 후에 직업을 갖는 것보다 대학에 들어가겠다.

(would rather / college / job / graduation)

→ _____

Memo

Memo

Memo

Memo

Memo

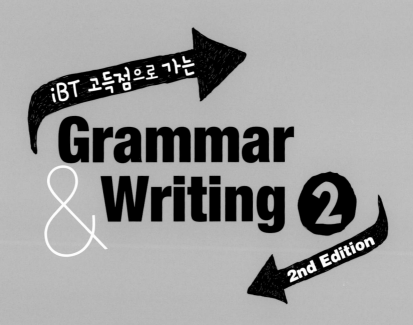

iBT 고득점으로 가는

Grammar & Writing 2
&
2nd Edition

CHAPTER 01

문장의 구조

UNIT 01 자동사와 타동사

A 자동사

예문 해석

1 • 새들이 감미롭게 노래한다.
  • 해는 동쪽에서 뜬다.
  • 날씨가 매우 자주 변한다.
  • 그녀는 행복해 보인다.
  • 그는 나이가 들었다.

2 • 그녀는 소년을 보았다.
    cf. 그녀는 슬퍼 보인다.
  • 그는 나를 비웃고 있다.
    cf. 그는 웃고 있다.
  • 그 고양이는 내 여동생의 것이다.
  • 나는 아침에 버스를 기다린다.
  • 물은 수소와 산소로 이루어져 있다.

Pattern Practice   p. 10

❶ 그는 클래식 음악을 듣고 있는 중이다.
❷ 유리는 쉽게 깨진다.
❸ 나는 혼자서 그 문제를 다루어야만 한다.
❹ 해는 서쪽으로 진다.
❺ 그는 행복해 보인다.

B 타동사

예문 해석

1 • 그는 매일 아침 사과 하나를 먹는다.
  • 그녀는 약속을 어겼다.
  • 그들은 그 회의에 참석했다.
  • Steve는 우리가 캠핑을 가야 한다고 제안했다.

2 • 저와 결혼해 주시겠습니까?
    cf. 그는 19살 때 Jane과 결혼했다.
  • 우리는 선생님과 함께 그 문제를 논의했다.
  • 우리는 30분 후에 서울에 도착할 것이다.
  • 우리는 30분 후에 서울에 도착할 것이다.

C 자동사와 타동사 비교

예문 해석

• 새들이 노래한다.
• 그들은 그 노래를 함께 불렀다.
• 식물들이 이 땅에서는 잘 자란다.
• 지역 농부들이 벼를 재배하고 있다.
• 모든 것이 많이 변했다.
• 그는 그 계획을 바꾸었다.

Pattern Practice   p. 11

❶ 그는 턱수염을 기르고 있다.
❷ 시대가 많이 바뀌었다.
❸ 옥수수는 이 지역에서 잘 자란다.

GRAMMAR PRACTICE   p. 12

A
1 자동사	2 자동사
3 타동사	4 타동사구
5 자동사	6 타동사
7 타동사구	8 타동사구
9 자동사	10 타동사구

해석

A

1 Tim은 오늘 피곤해 보인다.
2 해는 서쪽으로 진다.
3 그들은 일정을 변경했다.
4 이 집은 우리 아버지의 소유다.
5 이 수프는 맛이 좋다.
6 그는 수프를 맛보았다.
7 그들은 어제 뉴욕에 도착했다.
8 Jane은 무례한 것에 대해서 그에게 사과했다.
9 그들은 크게 웃었다.
10 그들은 그를 비웃었다.

B

1 증기는 공기 중에서 위로 올라간다.
2 그는 질문을 하기 위해서 손을 들었다.
3 그녀는 나이가 들었다.
4 그녀는 장미를 기르고 있다.
5 나는 여기서 기다릴 것이다.
6 나는 너를 영원히 기다릴 것이다.
7 Jennifer는 화나 보인다.
8 Jennifer는 그 아기를 돌봤다.
9 나는 전시회의 개막식에 참석했다.
10 그는 공장의 착공식에 참석했다.

SENTENCE WRITING PRACTICE   p. 13

A 1 Steve looked happy yesterday.
  2 Sam looked after the children.
    또는 Sam took care of the children.
  3 The students laughed loudly.
  4 The students laughed at Jennifer.
  5 Times have changed a lot.

B 1 The sun rises in the east.
  2 She raised her hand to ask a question.
  3 Susan attended the meeting.
  4 Judy participated in the festival.
  5 They discussed the causes of environmental pollution yesterday.
  6 He reached Busan two days ago.
  7 Michael is growing a beard.

UNIT 02 문장의 5가지 기본 형식

A 1형식 문장

예문 해석

1 • 나는 일요일마다 교회에 간다.
• 그들은 일찍 출발했다.
• 아기가 잠자고 있다.
• 얼음은 녹아서 물이 된다.
• 탁자 위에 책이 한 권 있다.
• 푸른색 재킷을 입고 있는 작은 소년은 아름답게 노래했다.

2 • 나는 선생님이다.
• 나는 생각한다. 그러므로 나는 존재한다.
• 나는 학교가 끝난 후에 숙제를 한다.
• 그것이면 충분하다.
• 그녀는 돈을 세었다.
• 매 순간이 중요하다.

Pattern Practice
p. 14

❶ 나는 생각한다. 그러므로 나는 존재한다.
❷ 그것이면 충분하다.
❸ 그는 숫자를 세었다.
❹ 매 순간이 중요하다.
❺ 무슨 일을 하세요?(직업이 무엇입니까?)

B 2형식 문장

예문 해석

1 • Micahel은 가수다.
• 나뭇잎은 가을에 단풍이 든다.
• Jennifer는 행복해 보인다.
• 나는 어제 아주 우울했다.

2 • 그녀는 패션 디자이너.
• 너는 오늘 슬퍼 보인다.
• 그것 참 좋겠다.
• 맛있는 냄새가 난다.

C 3형식 문장

예문 해석

1 • Susan은 매일 아침 사과 하나를 먹는다.
• 나는 그녀를 매우 많이 사랑한다.
• 남자 아이들은 컴퓨터 게임 하는 것을 좋아한다.
• 우리는 지구가 둥글다는 것을 배웠다.

2 • 그녀는 아름답다.
• 그녀는 약속을 어겼다.

Pattern Practice
p. 15

❶ 3형식   ❷ 2형식
❸ 1형식   ❹ 3형식

해석

❶ 나는 자전거를 가지고 있다.
❷ Joe는 유명한 피아니스트이다.

❸ 새들이 감미롭게 노래한다.
❹ 소년들은 축구하는 것을 좋아한다.

D 4형식 문장

예문 해석

1 • 나는 그녀에게 [선물을] 주었다.
• 그는 나에게 [꽃을] 보냈다.
• Steve는 그의 아버지에게 [넥타이를] 사 드렸다.
• 선생님이 나에게 [질문을] 하셨다.

2 (1) 그는 나에게 책 몇 권을 주었다.
(2) 그녀는 나에게 재킷을 사 주었다.
(3) 선생님이 나에게 질문을 하셨다.

3 (1) 그녀는 마케팅 전략을 우리에게 설명해 주었다.
(2) 그녀는 시험에 합격한 아이들에게 사탕을 주었다.
(3) 그는 그것을 나에게 주었다.

Pattern Practice
p. 16

❶ Steve sent his girlfriend [flowers].
❷ I told her [the story].
❸ My father bought me [a new smartphone].
❹ He gave her [a flower].

해석

❶ Steve는 자신의 여자친구에게 꽃을 보냈다.
❷ 나는 그녀에게 그 이야기를 해 주었다.
❸ 우리 아버지는 나에게 새 스마트폰을 사 주셨다.
❹ 그는 그녀에게 꽃 한 송이를 주었다.

E 5형식 문장

예문 해석

1 • 우리 엄마는 내가 영어 공부를 하게 했다.
• 우리 부모님은 내가 선생님이 되기를 원하신다.
• 나는 그녀가 자기 방에서 춤추는 것을 보았다.

2 • 우리는 그를 우리 팀의 주장으로 선출했다.
• 그들은 그 소년을 천재라고 부른다.
• 그녀는 나를 행복하게 만들었다.

3 • 나는 네가 꿈을 갖기를 원한다.
• 우리 엄마는 나에게 집을 청소하라고 요청했다.
• 그들은 그가 계약서에 서명하도록 강요했다.

4 • 그녀는 누군가가 자신의 이름을 부르는 것을 들었다.
• 나는 그에게 내 차를 고치게 했다.

5 • 나는 그녀가 대중가요를 부르는 것을 들었다.
• 나는 그에게 내 차를 수리하게 했다.
(직역: 나는 내 차가 그에 의해 고쳐지게 했다.)

Pattern Practice
p. 17

❶ I made her happy.
❷ We called him a fool.
❸ I had my bike repaired by him.
❹ He forced her to sign the document.
❺ I saw her singing in the kitchen.

3

해석

① 나는 그녀를 행복하게 만들었다.
② 우리는 그를 바보라고 부른다.
③ 나는 내 자전거가 그에 의해 수리되게 했다.
④ 그는 그녀가 그 서류에 서명하도록 강요했다.
⑤ 나는 그녀가 부엌에서 노래하는 것을 보았다.

GRAMMAR PRACTICE
p. 18

A
1 1형식	2 4형식
3 5형식	4 2형식
5 2형식	6 4형식
7 5형식	

B
1 OC	2 IO
3 SC	4 OC
5 O	6 DO
7 OC	

C
1 be → to be   2 to sing → sing
3 happily → happy   4 repair → repaired
5 his parents → to his parents
6 me it → it for me
7 us the causes of the accident
  → the causes of the accident to us

해석
A
1 새 한 마리가 나무 위에서 감미롭게 노래하고 있다.
2 그녀는 나에게 어려운 질문을 했다.
3 나는 그에게 내 휴대전화를 수리하게 했다.
4 그 작은 소년이 더욱 지혜로워지고 있다.
5 푸른색 티셔츠를 입고 있는 그 소년은 내 동생이다.
6 나는 어머니날에 우리 엄마에게 꽃을 사 드렸다.
7 그들은 건물이 흔들리는 것을 느꼈다.

B
1 우리 부모님은 나에게 아침에 일찍 일어나라고 부탁하셨다.
2 Susan은 내 생일에 나에게 멋진 선물을 주었다.
3 그는 코미디언이 되었다.
4 나는 너를 행복하게 해 줄게다.
5 Susan은 돌아오겠다는 약속을 어겼다.
6 우리 엄마는 우리에게 피자를 만들어 주셨다.
7 나는 어제 그녀가 무대에서 노래하는 것을 보았다.

C
1 나는 네가 선생님이 되기를 원한다.
2 나는 그 가수가 무대에서 노래하는 것을 들었다.
3 Jennifer는 오늘 매우 행복해 보인다.
4 나는 내 휴대전화가 그에 의해 수리되게 했다.
5 Steve는 나를 자신의 부모에게 소개해 주었다.
6 그녀는 그것을 나를 위해 샀다.
7 그들은 우리에게 그 사고의 원인을 설명해 주었다.

SENTENCE WRITING PRACTICE
p. 19

A
1 Glass breaks easily.
2 He broke the window yesterday.
3 This soup tastes a little salty.
4 Girls like to talk to each other.
5 She gave me a book.

B
1 I bought her a flower on her birthday.
2 Her smile makes me happy.
3 The teacher told the students a sad story.
4 He sent me a long letter.
5 The people elected him the president of this country.
6 Susan bought her friend a cup of coffee at a cafe.
7 I made some cookies for him today.

Chapter REVIEW TEST
p. 20

A
1 belongs to	2 consists of
3 marry	4 arrived in
5 discuss	6 happy
7 of	

B
1 타동사, 4형식	2 타동사, 3형식
3 타동사, 5형식	4 자동사, 1형식
5 타동사, 3형식	6 자동사, 2형식
7 타동사, 5형식	

C
1 repaired → repair
2 to → for
3 happily → happy
4 us the theory of relativity → the theory of relativity to us
5 cleaning → to clean
6 repair → repaired
7 for → to

D
1 felt, shaking	2 her a fool
3 you to finish	4 you a smartphone

E
1 her enter the building	2 ask you a favor
3 me to learn	4 send you a postcard

F
1 I told him the way to the subway station.
2 I think that she is beautiful.
3 A computer consists of many parts.
4 I felt someone touch my hand.
5 We will discuss the matter at the meeting tomorrow.

해석
A
1 이 차는 우리 아빠의 것이다.
2 자동차는 수백 개의 부품으로 이루어져 있다.
3 나는 언젠가 Susan과 결혼할 것이다.
4 그들은 이틀 전에 서울에 도착했다.

5 그 문제를 진지하게 논의해 보는 게 어때요?
6 Steve는 아주 행복해 보였다.
7 낯선 사람이 나에게 역으로 가는 길을 물어보았다.

B 1 그녀는 우리에게 한국사를 가르친다.
2 나는 여자친구를 위해 예쁜 인형 하나를 샀다.
3 나는 젊은이들이 야망을 가지기를 원한다.
4 청바지를 입고 있는 그 소년은 춤을 아주 잘 춘다.
5 학생들은 한국전쟁이 1950년에 일어났다는 것을 배웠다.
6 검은색 티셔츠와 청바지를 입고 있는 사람은 우리 선생님이다.
7 나는 그가 영어를 더 열심히 공부하게 만들었다.

C 1 나는 그에게 내 컴퓨터를 수리하게 했다.
2 Jennifer는 아빠 생일에 아빠에게 꽃을 사 드렸다.
3 나는 그녀를 행복하게 만들었다.
4 그는 우리에게 상대성이론을 설명해 주었다.
5 나는 여동생에게 내 방을 청소해 달라고 부탁했다.
6 그녀는 나에게 지붕을 고치게 했다.
7 그는 나에게 멋진 선물을 보냈다.

IBT토플 Writing 기본 문형 영작 연습
p. 22

B 1 I agree with the idea that watching TV can be beneficial.
2 I disagree[do not agree] that learning a foreign language at an early age is always helpful.
3 I disagree with the idea that TV is the idiot box.
4 I disagree that job preparation is the only reason people attend college.

해석
A 찬성/반대(pros and cons)의 의견을 나타내는 표현들
1 나는 학생들이 교복을 입어야 한다는 것에 동의한다.
2 나는 학생들이 교복을 입어야 한다는 것에 동의하지 않는다.
3 나는 학생들에게 교복을 입히려는 우리 학교의 계획에 찬성한다.
4 나는 학생들에게 교복을 입히려는 우리 학교의 계획에 반대한다.

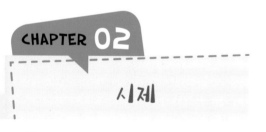

CHAPTER 02

시제

UNIT 03 단순 시제와 진행 시제

A 단순 시제

예문 해석
1 • 제주도는 남한에서 가장 큰 섬이다.

• 그는 건강을 유지하기 위해서 매일 헬스클럽에 간다.
• 모든 살아 있는 생명체는 언젠가 죽는다.

2 • 내 여동생은 13년 전에 결혼했다.
• 그녀는 매일 아침 운동을 하곤 했다.
• 독일은 1990년에 통일했다.

3 • 그녀는 그 사고를 그녀의 사장에게 보고할 것이다.
• Jennifer: 내일 무슨 계획 있어?
  David: 응, 내일 내 프로젝트를 준비할 거야.
• Mary: 저 닭을 언제 요리할 거니?
  Ann: 막 그것을 요리하려던 참이야.

Pattern Practice
p. 24

❶ retired   ❷ expands
❸ started

해석
❶ 우리 아버지는 3일 전에 그 회사에서 정년 퇴임하셨다.
❷ Steve는 우주는 여전히 팽창한다고 말했다.
❸ 우리 역사 선생님은 히틀러가 제2차 세계대전을 일으켰다고 말씀하신다.

B 진행 시제

예문 해석
1 • Jessica는 지금 자격증 시험을 보고 있는 중이다.
• 선생님은 학생들의 숙제를 검사하는 중이었다.
• 나는 내일 2시에 잠자고 있는 중일 것이다.

2 • Ann은 매우 좋은 스마트폰을 가지고 있다.
• 나는 John이 정직한 사람이라고 생각한다.
• 이 푸딩은 맛이 좋다.
• 당신이 뭐라고 말하든 나는 의사다.
• 나는 파티를 여는 것을 매우 좋아한다.

Pattern Practice
p. 25

❶ is smelling → smells
❷ 옳은 문장
❸ is liking → likes
❹ am feeling → feel
❺ is tasting → tastes

해석
❶ 이 생선은 냄새가 좋지 않다.
❷ 조용히 해! 나는 그 문제에 대해서 생각 중이야.
❸ 그녀는 매년 겨울마다 스키 타러 가는 것을 좋아한다.
❹ 나는 그 슬픈 소식을 들어서 기분이 나쁘다.
❺ 딸기 아이스크림은 맛이 좋다.

GRAMMAR PRACTICE
p. 26

A 1 held   2 leaves
3 used to   4 smells
5 thinks   6 helps
7 eat   8 comes

B 1 spent
2 are going to come 또는 will come
3 make(s)

    4 will be working
    5 was taking
    6 practices

C 1 moves   2 broke
    3 will do   4 owns
    5 resembles   6 loves

해석
A
1 Jennifer는 남아공이 2010년에 월드컵을 개최했다고 말했다.
2 그녀는 오늘 오후에 런던으로 떠난다.
3 나는 무시당한 것에 대해 불평하곤 했다.
4 저 개한테서 지독한 냄새가 난다.
5 그녀는 내가 매우 관대한 사람이라고 생각한다.
6 하늘은 스스로 돕는 자를 돕는다.
7 너무 많이 먹으면 몸무게가 늘 것이다.
8 내 딸이 집에 오면 나는 그녀와 이야기를 나눌 것이다.

B
1 그 학생들은 어제 과제물에 많은 돈을 썼다.
2 내 사촌들은 오늘 밤에 우리 집으로 올 것이다.
3 Tom이 2 더하기 3은 5라고 말했다.
4 그녀의 친구는 그녀가 전화할 쯤에 일하고 있는 중일 것이다.
5 나는 네가 전화했을 때 샤워를 하고 있는 중이었다.
6 Jane은 몸매를 유지하기 위해 매일 요가를 한다.

C
1 만약 그가 옆집으로 이사오면 나는 광분할 것이다.
2 그 작가의 컴퓨터가 어제 갑자기 고장 났다.
3 Mary는 내일 낮에 숙제를 할 것이다.
4 그녀는 많은 재산을 소유하고 있다.
5 그는 자신의 할아버지를 닮았다.
6 우리 아빠는 주말마다 캠핑 가는 것을 정말 좋아하신다.

SENTENCE WRITING PRACTICE
p. 27

A 1 We left our hometown 20 years ago.
    2 He exercised every day during fall.
    3 If he lends me the laptop, I will be very happy.
    4 David borrowed some books from the library.
    5 I learned that water boils at 100 degrees centigrade.

B 1 Our house stands on a hill.
    2 If it rains tomorrow, I will stay at my home.
    3 John resembles his father.
    4 Steve takes medicine every day.
    5 I heard that the Vietnam War ended in 1975.
    6 She was about to leave for America.
    7 My dad will retire when he is 60 years old.

UNIT 04 완료 시제

A 현재완료

예문 해석
1 • 나는 우리 반 숙제를 끝냈다.
  • 그 일꾼은 앞문을 지금 막 칠했다.
  • 내 부인과 그녀의 여동생은 친구들을 만나기 위해 부산으로 갔다.
  • Antonio는 그가 제일 좋아하는 앨범을 잃어버렸다.

2 • 그녀는 일본에 세 번 가 본 적이 있다.
  • 그녀의 이름을 들어 본 적이 있니?
  • 나는 어릴 때부터 그 사실을 알고 있었다.
  • 나는 이 회사에서 11년 동안 일하고 있다.

Pattern Practice
p. 28

❶ 결과   ❷ 경험
❸ 결과   ❹ 완료

해석
❶ 그는 여행하는 동안 가방을 잃어버렸다.
❷ 나는 내 인생 동안 이곳의 이름을 들어 본 적이 없다.
❸ 그녀는 예술을 공부하기 위해 프랑스로 갔다.
❹ Tom은 그의 임무를 지금 막 끝냈다.

B 과거완료

예문 해석
1 • 그녀가 들어왔을 때 나는 방 청소를 끝내 놓고 있었다.
  • 그녀는 그 당시에 막 그녀의 숙제를 끝냈다.
  • 우리 아버지는 출장을 가셨기 때문에 회의에 참석할 수 없었다.
  • 변호사가 어디론가 가버려서 의뢰인이 기다려야 했다.

2 • David는 한국에 가기 전에 한 번 브라질에 가 본 적이 있었다.
  • 나는 2008년까지는 중국을 방문한 적이 전혀 없었다.
  • Jane은 10년 동안 Steve를 사랑했었다.
  • 그녀는 Jennifer가 클럽에 가입하기 5년 전부터 Jennifer를 알고 있었다.

Pattern Practice
p. 29

❶ 완료   ❷ 경험
❸ 결과   ❹ 경험

해석
❶ 아버지가 내 방에 들어오셨을 때 나는 숙제를 끝내 놓고 있었다.
❷ 그녀는 사업차 중동에 두 번 갔다.
❸ 아버지는 자신이 제일 좋아하는 앨범을 버렸다.
❹ 나는 그를 2010년 전에는 본 적이 전혀 없었다.

GRAMMAR PRACTICE
p. 30

A 1 passed   2 had fallen
    3 did you finish   4 has been
    5 gave up

B 1 had been   2 have, painted
    3 had ironed   4 have, stayed
    5 had known

C 1 had finished   2 had moved
    3 went   4 have known
    5 had undergone

해석
A
1 나는 지난주에 자격증 시험에 합격했다.
2 그녀는 엄마가 들어왔을 때 잠이 들어 있었다.
3 네 방 청소를 언제 끝냈니?
4 Ann은 2005년 이후로 그리스에 세 번 갔었다.
5 그 판매원은 그 나쁜 소식을 듣고서 그의 직업을 포기했다.

C
1 그녀는 아버지가 그녀에게 전화했을 때 일을 끝내 놓고 있었다.
2 그 가족은 뉴욕에 정착하기 전에 여러 도시로 이사했었다.
3 근로자들이 지난달에 파업했다.
4 그들은 아이였을 때부터 서로 알고 지내 왔다.
5 Judy는 여러 번 성형수술을 했다고 고백했다.

SENTENCE WRITING PRACTICE   p. 31

A 1 I have lost my bike.
    2 He has lived here for 10 years.
    3 Michael had never seen the movie until then.
    4 When did you first start the job?
    5 We have stayed in this hotel since last week.

B 1 I didn't know that his sister had come from America.
    2 Susan repaired her car last week.
    3 I have read the instructions, but I can't understand them.
    4 I have seen a wolf in that forest.
    5 Tim had served in the military for 10 years.
    6 Tim has served in the military for 10 years.
    7 Mary had never used the Internet until then.

Chapter REVIEW TEST   p. 32

A 1 had bought   2 passed away
    3 ever   4 goes
    5 is   6 have
    7 remind   8 doesn't taste
    9 is   10 discovered

B 1 is loving → loves
    2 has been → was
    3 Have → Did, visited → visit
    4 is → was
    5 does → has, have → had
    6 has stealed → has stolen
    7 Are → Do, believing → believe

8 has written → wrote
9 had been → was
10 tell → told, bought → had bought

C 1 he comes   2 she will come
    3 has finished   4 Have you seen
    5 has been

D 1 have lived in, since
    2 she visited, I was having
    3 it rains, won't climb
    4 said that America declared

E 1 Steve was about to start the meeting.
    2 If she gives a presentation, I will listen carefully.
    3 Mary was working when her mother called her.
    4 I have never read his novel.

해석
A 1 Michael은 시장에서 산 자전거를 잃어버렸다.
    2 그녀의 아버지는 며칠 전에 돌아가셨다.
    3 스키를 타 본 적이 있니? 정말 멋진 스포츠야.
    4 엄마는 일주일에 세 번 조깅을 하러 가신다.
    5 흡연은 건강에 전혀 좋지 않다.
    6 그 아이들은 각자 자신만의 색이 화려한 모자를 가지고 있다.
    7 너를 보면 네 아버지가 떠오른다.
    8 네가 산 바나나는 맛이 없다.
    9 Ann은 미국이 한국에서 멀다고 말했다.
    10 역사 선생님이 콜럼버스가 미국을 1492년에 발견했다고 말씀하셨다.

B 1 Steve는 매년 해외로 여행하는 것을 좋아한다.
    2 아리스토텔레스는 그리스 철학자였다.
    3 런던에 있었을 때 여러 곳을 가 봤니?
    4 그는 태어나서부터 줄곧 작은 시골집에서 살았다.
    5 Steve는 얼마나 오랫동안 수염을 길렀니?
    6 그 도둑은 비싼 다이아몬드를 많이 훔쳤다.
    7 너는 신을 믿니?
    8 누가 희곡 '로미오와 줄리엣'을 썼니?
    9 링컨이 1861년부터 1865년까지 미국의 대통령이었다.
    10 나는 어제 엄마를 만나서 과자를 약간 샀다고 말씀드렸다.

IBT토플 Writing 기본 문형 영작 연습   p. 34

B 1 The lecturer insists that Internet-based learning doesn't provide chances to develop social skills.
    2 The reading passage indicates that zoos are useful for several reasons.
    3 The lecturer explained the negative aspects of early education in learning a foreign language.

해석
A 근거 제시문에 자주 쓰이는 동사 표현들
    1 독해지문은 지구상에 많은 멸종 위기의 종이 있으며 이들은 보호되어야 한다는 것을 나타낸다.
    2 독해지문에서 저자는 환경 보호의 중요성을 강조한다.

3 강사는 환경 보호가 선택의 문제가 아니라 필수의 문제라고
주장한다.
4 강사는 조기 교육의 부작용을 지적한다.

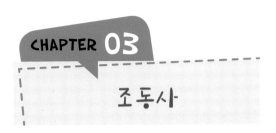

CHAPTER 03
조동사

UNIT 05 조동사의 용법

A can / could

예문 해석
1 • 그녀는 영어와 중국어 둘 다 아주 잘 말할 수 있다.
 • 그녀는 머지않아 영어 말하기를 잘할 수 있을 것이다.
 • 내가 너의 영한사전을 빌릴 수 있을까?
 • 어린이들도 암에 걸릴 수 있다.
 • 그 이야기가 사실일까?
 • 그 소문은 사실일 리가 없다.
 • 그 기계는 10시까지 수리될 수 있다.

2 • 나는 열 살 때 피아노를 꽤 잘 칠 수 있었다.
 • 제가 당신의 휴대전화를 사용해도 될까요?

3 • 그 영화를 보면서, 나는 울지 않을 수 없다.
 • 자동차를 운전하는 데는 아무리 주의를 해도 지나치지 않다.
 • 제 숙제를 도와주실 수 있으세요?

Pattern Practice   p. 36
❶ 그 소식은 거짓일 리가 없다.
❷ 그가 말한 것은 사실 일 수도 있다.
❸ 그 시트콤을 보면서, 나는 웃지 않을 수 없다.
❹ 당신의 컴퓨터를 좀 사용할 수 있을까요?

B may / might

예문 해석
1 • Jennifer는 아마 집에 있을 것이다.
 • 그 소식은 아마 사실이 아닐 것이다.
 • 그녀는 아마 자기 방에서 바이올린을 연주하고 있을 것이다.
 • 그 기계는 금요일까지 수리될 수 있을지 모른다.
 • 들어가도 될까요?

2 • 그는 학교가 끝난 후 수영을 갈지도 모른다고 말했다.
 • 일기예보에서 눈이 올지도 모른다고 했다.
 • 그 소식은 사실일지도 모른다.
 • 시험 결과에 약간의 과실이 있을 수도 있다.

3 • 그녀가 화를 내는 것은 당연하다.
 • 너는 채소를 더 많이 먹는 것이 좋겠다.
 • 신의 은총이 있기를 기원합니다.

 • 그녀가 어디를 간다 해도 나는 그녀를 따라갈 것이다.
 • 그는 시험에 합격하기 위해 열심히 공부한다.

Pattern Practice   p. 37
❶ Susan은 아마 사무실에 있을지도 모른다.
❷ 너의 꿈이 이루어지기를 기원한다.
❸ 너는 건강을 위해 적게 먹는 것이 좋겠다.
❹ 당신의 컴퓨터를 사용해도 될까요?
❺ 너의 어머니가 화내는 것은 당연하다.

C must / have to

예문 해석
1 • 너는 이달 말까지 그 프로젝트를 끝내야만 한다.
 • 나는 연필을 몇 자루 사야 한다.
 • 그녀는 매달 치과에 가야만 한다.
 • 학생들은 담배를 피우면 안 된다.
 • 나는 내일 학교에 갈 필요가 없다.
 • 그는 코트를 입을 필요가 없다. 밖에 날씨가 따뜻하다.
 • 그들은 하루 종일 걸었다. 그들은 틀림없이 무척 피곤할 것이다.
 • Steve는 틀림없이 자기 방에서 공부하고 있는 중일 것이다.
 • 그 프로젝트는 다음 달까지 반드시 끝나야만 한다.

2 • 나는 지난 일요일에 출근해야 했다.
 • 나는 어제 숙제를 끝내야만 했다.
 • 나는 내년에 대학입학시험을 보아야 할 것이다.
 • 그는 내년에 중국에 가야 할 것이다.

Pattern Practice   p. 38
❶ 그녀는 내일 학교에 갈 필요가 없다.
❷ Michael은 작년에 하루에 5시간 이상을 공부해야만 했다.
❸ 그녀는 내년에 런던으로 가야만 할 것이다.
❹ 그 프로젝트는 올해 말까지 완료되어야만 한다.

D will / would

예문 해석
1 • 나는 이제부터 열심히 공부할 것이다.
 • 나는 살을 빼기 위해서 매일 운동을 할 것이다.
 • 이 창문은 잘 열리지 않는다.
 • 나는 조언을 해 주었지만 그녀는 받아들이려 하지 않는다.

2 • 초인종이 울리네. Jennifer일 거야.
 • 전화를 건 사람은 Steve일 거야.
 • 그는 20분 후에 여기에 올 것이다.
 • 그녀는 내년이면 스무 살이 될 것이다.

3 • 그녀는 친구들을 만나면 몇 시간씩 이야기를 하곤 한다.
 • 저녁을 먹은 후, 우리는 산책을 하곤 했다.
 • 예상치 않은 일들이 발생하곤 한다.
 • 과자 좀 더 먹을래?

4 • 나는 시원한 것을 먹고 싶다.
 • 나는 아프리카를 여행하고 싶다.
 • 나는 항복을 하느니 차라리 죽겠다.
 • 나는 택시를 타느니 차라리 걷겠다.
 • 문을 좀 닫아 주시겠습니까?
 • TV를 켜도 되겠습니까?

p. 39

Pattern Practice
❶ 그 차는 시동이 잘 걸리지 않는다.
❷ 그녀는 30분 후면 도착할 것이다.
❸ 나는 거짓말을 하느니 차라리 죽겠다.

E shall / should

예문 해석
1 • 나는 다음 달에 그녀를 만날 것이다.
 • 우리 춤출까요?
 • 너에게 휴대전화를 줄 것이다.
 • 벌금은 현금으로 지불되어야 한다.

2 • 모든 방문객은 안내 데스크에 등록을 해야 한다.
 • 그는 1960년에 태어났으니까 지금 나이가 마흔이 넘을 것이다.

3 • 나는 그가 치과에 갈 것을 권했다.
 • 그녀가 하루 종일 우는 것이 이상하다.
 • 그들이 열심히 일해야 하는 것은 필수적이다.

F ought to

예문 해석
• 너는 영어를 열심히 공부해야 한다.
• 그녀는 하루 종일 걸었기 때문에 피곤할 것이다.
• 너는 욕을 해서는 안 된다.

Pattern Practice
p. 40
❶ 아이들은 부모님께 순종해야 한다.
❷ 그녀는 2000년에 태어났으니까 지금은 십대일 것이다.

G need / dare

예문 해석
1 • 그는 기다릴 필요가 있다.
 • 그는 기다릴 필요가 있다.
 • 그는 기다릴 필요가 없다.
 • 그는 기다릴 필요가 없다.

2 • 그는 감히 불평을 못한다.
 • 그는 감히 불평을 못한다.

H had better

예문 해석
1 • 너는 집에 일찍 가는 것이 낫겠다.
 • 너는 집에 일찍 가지 않는 것이 낫겠다.
 • 너는 그 돈을 곧 갚는 것이 좋을 것이다.

Pattern Practice
p. 41
❶ 감히 그가 그것을 할 수 있을까?
❷ 우리는 서두를 필요가 없다.
❸ 난 이제 가 보는 게 낫겠어.

GRAMMAR PRACTICE
p. 42

A 1 Shall 2 Would
   3 May 4 dare
   5 cannot 6 must
   7 won't

B 1 should
   2 will / should / ought to
   3 May / Can
   4 will / should / must / have to
   5 would
   6 must
   7 Would / Could

C 1 will can → will be able to
   2 may as well → may well
   3 is → be
   4 has to → had to
   5 needs → need 또는 needs to

해석
A
1 우리 수영하러 갈까?
2 시청 가는 길을 좀 알려 주시겠습니까?
3 신의 은총이 함께 하기를 기원합니다!
4 네가 감히 어떻게 나한테 그렇게 말을 해?
5 그 소식은 사실일 리가 없다.
6 Michael은 하루 종일 걸었다. 그는 틀림없이 피곤할 것이다.
7 그 앞문은 잘 열리지 않는다.

B
1 학생들이 열심히 공부해야 하는 것은 필수적인 일이다.
2 Susan은 한 시간 전에 집을 떠났다. 그녀는 곧 여기에 올 것이다.
3 나가서 친구들과 함께 놀아도 되나요?
4 나는 무슨 일이 있어도 그녀와 결혼할 것이다.(결혼해야만 한다.)
5 학생이었을 때, 나는 점심 식사 후 캠퍼스를 걷곤 했었다.
6 어린이들의 담배 구입을 허용해서는 안 된다.
7 바람이 찹니다. 문을 좀 닫아 주시겠습니까?

C
1 그녀는 내년에 기타를 잘 칠 수 있을 것이다.
2 Jane은 꽃병을 깨뜨렸다. 그녀의 엄마가 화를 내는 것은 당연하다.
3 나는 그 축제가 연기되어야 한다고 제안한다.
4 작년에 그는 일요일마다 근무해야 했다.
5 그녀는 기다릴 필요가 있다.

SENTENCE WRITING PRACTICE
p. 43

A 1 Can[May] I use your cell phone?
   2 He may be in the library.
   3 I have to[should] buy a book.
   4 I will practice English 2 hours a day.
   5 You had better not eat that food.

B
1. I cannot help laughing at the sight.
2. My mom may well get angry.
3. The project must be finished by next week.
4. You will have to go there.
5. I would rather walk than take a bus.
6. I would like to eat something new.
7. I dare not go there.

 ## UNIT 06 조동사 + have p.p.

A may + have p.p. / must + have p.p. / cannot + have p.p.

예문 해석
1 • 그녀는 아마 아플 것이다.
• 그녀는 아마 아팠을 것이다.
• Jennifer는 지금 영어를 공부하고 있을 것이다.
• Jennifer는 어제 영어를 공부하고 있었을 것이다.

2 • 그녀는 아픈 것이 틀림없다.
• 그녀는 아팠던 것이 틀림없다.
• 그는 지금 집에 있는 것이 틀림없다.
• 그는 어제 집에 있었던 것이 틀림없다.

3 • 그녀는 아플 리가 없다.
• 그녀는 아팠을 리가 없다.
• 그는 아팠을 리가 없다.
• 그는 어제 공부를 했었을 리가 없다.

Pattern Practice
p. 44
❶ 그녀는 아마 슬펐을 것이다.
❷ 그녀는 슬펐던 것이 틀림없다.
❸ 그녀는 슬펐을 리가 없다.

B should + have p.p.

예문 해석
1 • 너는 피곤해 보인다. 지금 잠을 자야 한다.
• 너는 우산을 가져왔어야만 했다.
• 나는 더 열심히 공부해야 한다.
• 나는 더 열심히 공부했어야 했다.
• 그는 고등학교를 마쳤어야 했다.
• 나는 차를 그렇게 빨리 운전하지 말았어야 했다.
• 그녀는 그렇게 비싼 자동차를 사지 말았어야 했다.

C 가정법 과거형 문장의 귀결절 시제

예문 해석
• 만약 내가 더 열심히 공부를 했었더라면, 나는 시험에 합격할 수 있었을 텐데.
• 만약 네가 나를 도와줬었다면, 나는 사업에 성공할 수 있었을 텐데.
• 만약 내가 그녀의 전화번호를 알았다면, 나는 그녀에게 전화했었을 텐데.

• 만약 네가 나에게 더 일찍 전화를 했더라면, 나는 너를 도와줬을 텐데.
• 만약 내가 더 많은 노력을 했더라면, 나는 시험에서 더 나은 점수를 받았을 텐데.
• 만약 내가 시험에 합격하기를 원했다면, 나는 더 열심히 공부했어야 했다.

Pattern Practice
p. 45
❶ 나는 그 파티에 갔어야 했다.
❷ 너는 좀 더 주의했어야 했다.
❸ 만약 내가 그녀의 주소를 알았더라면, 나는 그녀에게 편지를 썼을 텐데.
❹ 만약 내가 더 열심히 공부했더라면, 나는 시험에 합격할 수 있었을 텐데.

GRAMMAR PRACTICE
p. 46

A
1 be	2 have been
3 be	4 have been
5 act	6 have acted
7 be	8 have been
9 have written	10 have passed

B
1. may be → may have been
2. may have been → may be
3. should have done → should do
4. should do → should have done
5. must have been → must be
6. must be → must have been
7. shouldn't eat → shouldn't have eaten
8. should go → should have gone
9. might leave → might have left
10. might leave → might have left

해석
A
1 Michael은 아마 지금 아플 것이다.
2 Michael은 아마 어제 아팠을 것이다.
3 그는 지금 배가 고플 리가 없다.
4 그는 어젯밤에 배가 고팠었을 리가 없다.
5 우리는 지금 행동을 해야만 한다.
6 우리는 이틀 전에 행동을 했어야만 했다.
7 Jennifer는 지금 화가 난 것이 틀림없다.
8 Jennifer는 어제 화가 났던 것이 틀림없다.
9 만약 내가 그녀의 주소를 알았다면, 나는 그녀에게 편지를 썼을 텐데.
10 만약 그가 더 많은 노력을 했었다면, 그는 시험에 합격할 수 있었을 텐데.

B
1 Steve는 아마 어제 행복했을 것이다.
2 Steve는 아마 지금 행복할 것이다.
3 우리는 오늘 최선을 다해야 한다.
4 우리는 그때 최선을 다했어야만 했다.
5 그녀는 지금 행복한 것이 틀림없다.
6 그녀는 어제 행복했던 것이 틀림없다.

7 나는 아프다. 어젯밤 파티에서 초콜릿을 너무 많이 먹지 말았어야
  했다.
8 너는 지난밤에 일찍 잠을 잤어야 했다.
9 나는 지난밤 사무실에 휴대전화를 놓고 왔는지도 모른다.
10 너는 지난밤 지하철에 우산을 놓고 왔는지도 모른다.

SENTENCE WRITING PRACTICE

p. 47

A 1 He may have been sick last night.
  2 He must have been sick last night.
  3 He cannot have been sick last night.
  4 I should have brought the book.
  5 I should have studied harder.

B 1 You might have left the umbrella in the store
    yesterday.
  2 She may have gone home early yesterday.
  3 I should have taken the job then.
  4 I should have finished the work earlier.
  5 She must have studied hard yesterday.
  6 She must have gone to bed late last night.
  7 He cannot have been angry yesterday.

Chapter REVIEW TEST

p. 48

A 1 laughing   2 as well
  3 must   4 Would
  5 go   6 ought not to
  7 had better not

B 1 could
  2 might / would / could / had to
  3 might / could   4 had to
  5 would   6 should

C 1 may be → may have been
  2 cannot be → cannot have been
  3 must be → must have been
  4 have to → will have to
  5 will like to → would like to
  6 goes → (should) go
  7 ought to not → ought not to

D 1 had better finish   2 should be
  3 would have helped   4 should have taken

E 1 must have been pretty
  2 would rather, than
  3 can't help crying
  4 shouldn't have parked

F 1 Your mom may well get angry.
  2 I will be able to swim quite well before long.
  3 I studied hard so that I might pass the exam.
  4 She may be playing the piano in her room.
  5 I would rather die than surrender.

해석

A 1 나는 그 광대를 보면서 웃지 않을 수가 없다.
  2 너는 적게 먹고 운동을 더 많이 하는 것이 좋겠다.
  3 그들은 두 시간 동안 축구를 했다. 그들은 틀림없이 피곤할
    것이다.
  4 문을 좀 닫아 주시겠습니까?
  5 나는 그녀가 생일파티에 갈 것을 권한다.
  6 우리는 거짓말을 하면 안 된다.
  7 너는 시험에 빠지지 않는 게 좋을 거야.

B 1 나는 초등학생이었을 때 수영을 꽤 잘할 수 있었다.
  2 그녀는 친구들과 함께 쇼핑을 갈지도 모른다고[갈 거라고 / 갈
    수 있다고 / 가야 한다고] 말했다.
  3 그녀는 시험에 합격하기 위해서 매우 열심히 공부했다.
  4 그녀는 작년에 하루에 다섯 시간씩 공부해야 했다.
  5 나는 지하철을 타느니 차라리 걷겠다.
  6 나는 그녀가 그를 만나야 한다고 제안했다.

C 1 그는 어제 거기에 있었는지도 모른다.
  2 그는 어제 거기에 있었을 리가 없다.
  3 그는 어제 거기에 있었던 것이 틀림없다.
  4 나는 내년에 캐나다에 가야 할 것이다.
  5 나는 무언가를 먹고 싶다.
  6 나는 그가 병원에 가 볼 것을 권했다.
  7 부모들은 자녀를 학대해서는 안 된다.

IBT토플 Writing 기본 문형 영작 연습

p. 50

B 1 In conclusion, having pets can teach children a
    sense of responsibility.
  2 In conclusion, I believe a small town is a much
    better place to live.
  3 As a result of the overcrowding, Seoul is very
    polluted.

해석

A 결론 단락(conclusion)의 시작에 많이 쓰이는 표현들 (1)
  1 결론적으로, 대학들은 등록금을 인상하지 말고 경영 효율을
    향상시키기 위해 더 많은 노력을 해야만 한다.
  2 그러므로 규칙적으로 운동하는 것이 매우 중요하다.
  3 결과적으로, 기업의 나쁜 명성이 그 기업 제품 판매에
    부정적인 영향을 미친다.
  4 이러한 이유들 때문에, 흡연은 공공장소에서 허용되어서는 안
    된다.

CHAPTER 04

부정사

 UNIT 07 부정사의 용법

A 명사적 용법

예문 해석

1 • 영어로 타이핑하는 것은 그리 쉽지 않다.
• 가끔 여행을 하는 것은 기분전환에 도움이 된다.
• 운전해서 그를 집에 데려다 주는 것은 성가시다.

2 • 나는 김연아처럼 피겨 스케이터가 되고 싶다.
• 그녀는 건강 문제 때문에 직장을 그만두기로 결정했다.
• Kevin은 2014년 월드컵에 자원봉사자로 참가하기를 원한다.
• 나는 그 분야에서 성공한 사람이 되기를 희망한다.

3 • 그녀는 회사의 CEO를 만날 예정이다.
• 내 직업은 모든 불만 사항을 응대하는 것이다.
• Steve는 가능한 한 빨리 Mary가 그에게 전화하기를 원한다.

4 • 나는 언제 그녀에게 사실을 얘기해야 할지 모르겠다.
• 문제를 푸는 방법을 알려 주세요.
• 그녀에게 무엇을 해 줘야 할지 전혀 모르겠다.
• 그녀는 휴가 때 어디로 가야 할지 알고 있다.

B 형용사적 용법

예문 해석

1 • 해야 할 일들이 쌓여 있다.
• 그 프로젝트를 작업할 시간이 필요하다.
• 적이 숨을 곳은 없다.

2 • 그 이사회는 다음 주 월요일에 개최될 예정이다.
• 그 가족은 다시는 고향으로 돌아갈 수 없는 운명이었다.
• 미래에 성공하려면 열심히 일해야 한다.
• 전쟁 포로는 즉시 석방되어야 한다.
• 제인은 학교에 제시간에 도착할 수 있었다.

Pattern Practice
p. 53

1 ❶ 보어   ❷ 주어
  ❸ 보어

2 ❶ 너는 데이트할 여자친구가 있니?
  ❷ 그 학생은 오늘 저녁에 연설을 할 예정이다.
  ❸ 우리는 점검할 목록이 필요하다.

해석

1 ❶ 그녀는 그가 큰돈을 벌 것이라고 기대했지만 그렇지 못했다.
  ❷ 무대 위에서 그들이 춤추는 것을 보는 것은 재미있다.
  ❸ 선생님은 그녀가 교실 밖으로 나가는 것을 허락하지 않았다.

C 부사적 용법

예문 해석

1 (1) • Jessica는 엄마를 감동시키기 위해서 열심히 공부했다.
    • 그는 경찰로부터 멀리 도망치려고 차를 가져갔다.
  (2) • 엄마는 내가 승진한 것을 알고서 기뻐하셨다.
    • 여러분 모두와 함께 여기 있어서 영광입니다.
  (3) • Steve는 자라서 ESL 선생님이 되었다.
    • 그의 친구는 열심히 공부했으나 시험에서 결국 낙제했다.
  (4) • 그의 아버지는 아들이 매우 버릇없이 행동하는 것을 보고 화가 나신 게 틀림없다.
    • 그렇게 행동하다니 그 도둑은 분명히 제정신이 아니다.
  (5) • 나의 가장 친한 친구는 사실 상대하기가 꽤 힘들다.
    • 그 여자는 가르치기가 어렵다.

2 (1) • 나는 너무 피곤해서 더 이상 일을 할 수가 없다.
    • Tim은 너무 아파서 회의에 참석할 수 없었다.
  (2) • Susan은 이 상황을 극복할 만큼 충분히 강하다.
    • Bill Gates는 원하는 것은 무엇이든 살 수 있을 만큼 충분히 부유하다.

3 • 솔직히 말하면, 나는 사장님께 보고서를 제출하지 않았다.
• 우리 사장님은, 말하자면, 일벌레이다.
• 설상가상으로 우유를 여자친구의 원피스에 쏟았다.
• David는 영어는 물론이요, 독일어도 할 줄 안다.
• 이상한 이야기지만, 그녀는 모국어로 쓸 줄 모른다.
• 사실대로 말하면, 네게 말하지 않고 그녀를 만나고 있었다.

Pattern Practice
p. 55

1 ❶ 그녀의 어머님께서 돌아가셨다는 얘기를 듣게 되어서
  ❷ 결국 경기에서 졌다

2 ❶ so tough, can't
  ❷ generous enough to
  ❸ so old, couldn't

3 ❶ 내 아내는, 말하자면, 만물박사이다.
  ❷ 여기서 움직이는 것은 말할 것도 없고 보는 것도 어렵다.
  ❸ 설상가상으로 나는 프로젝트를 마감일까지 끝내지 못했다.

해석

1 ❶ 그녀의 어머니가 돌아가셨다는 얘기를 듣게 되어서 마음이 아프다.
  ❷ 그는 열심히 연습했지만 결국 경기에서 졌다.

2 ❶ Ann은 너무 과격해서 남자친구가 안 생긴다.
  ❷ Tim은 매우 너그러워서 누구든지 용서할 수 있다.
  ❸ 우리 선생님은 너무 늙으셔서 그 상자를 들어올릴 수 없었다.

GRAMMAR PRACTICE
p. 56

A 1 not to wear   2 to play
  3 to play with   4 what
  5 To be frank with you   6 not to mention
  7 It

B 1 형용사적 용법   2 명사적 용법
  3 명사적 용법   4 형용사적 용법
  5 부사적 용법

C 1 to write → to write with
2 to not carry → not to carry
3 how operate → how to operate
4 Save → To save
5 is be held → is to be held

해석
A
1 해가 비칠 때 선글라스를 쓰지 않는 것은 위험한가?
2 지금 숙제를 시작한 이유는 주말 동안에 놀기 위해서다.
3 나는 같이 놀 친구를 갖길 원한다.
4 정전일 때 무엇을 해야 할지를 알고 있어?
5 솔직히 말하면, 나는 아직 일자리를 얻지 못했어.
6 그의 차는 말할 것도 없고 그의 오토바이도 정말 멋지다.
7 물 없이는 생존하기가 불가능하다.

B
1 그 아이는 이번 주말에 기부자를 만날 예정이다.
2 그들이 그녀에게 그 남자를 만나지 말라고 설득하는 것은 불가능하다.
3 나는 이 보고서를 내 의뢰인에게 제출하길 원한다.
4 지금 당장 해야 할 일이 있니?
5 사실대로 말하면, 그녀는 웅변대회에서 대상을 받았다.

C
1 Susan, 쓸 펜을 찾았어?
2 Ann은 그 프로젝트를 실행하지 않기로 결정했다.
3 너는 이 자판기를 작동시키는 법을 아니?
4 많은 돈을 아끼는 것은 내 인생의 주요한 목표다.
5 그 정상회담은 다음 주 화요일에 한국의 서울에서 열릴 예정이다.

SENTENCE WRITING PRACTICE
p. 57

A 1 We went to a market to prepare for our trip.
2 It is cheaper to buy pork than to buy beef.
3 My customer wanted me to remember his phone number.
4 I need a person to work with.
5 Fall is the best season to hike.

B 1 To make matters worse, she got in a car accident.
2 My plan is to open a grocery store after two years.
3 My colleague decided to go on a diet from tomorrow.
4 Steve likes to watch soccer games.
5 He made a good suggestion, but Mary refused to do it.
6 I want North Korea to follow international law.
7 Michael worked hard to get a promotion.

UNIT 08 부정사의 동사적 성질

A 부정사의 시제

예문 해석
1 • Tim은 많은 친구가 있는 것 같다.
• 당신의 국가가 당신이 가난한 사람들을 도와주기 위해 자원하기를 기대한다.
• 내 부인은 내가 나의 근무일을 줄이기를 원한다.

2 • 공항에 있는 아이는 예전에 여러 번 외국에 가 본 적이 있는 것 같다.
• 너는 살이 좀 빠진 것 같다.
• Jane은 예전에 유럽을 여행했던 것 같았다.

Pattern Practice
p. 58-59
1 ❶ 현재　　　　　❷ 과거
❸ 미래　　　　　❹ 과거
❺ 과거　　　　　❻ 대과거

2 ❶ 이곳은 최근에 개발된 것 같다.
❷ 나는 오페라 극장에서 좋은 좌석을 제공받으면 좋겠다.
❸ 이 아파트는 리모델링을 한 것 같다.

해석
1 ❶ John은 그 결과에 만족하는 것으로 보인다.
❷ 그녀는 힘든 시간을 보낸 것처럼 보였다.
❸ 나는 너랑 그 문제에 대해 상의하고 싶어.
❹ 그 회사는 새로운 스마트폰을 소개했던 것 같다.
❺ 네 남동생은 부주의했던 것 같다.
❻ 그녀는 그 문제를 이해했던 것 같았다.

B 부정사의 의미상의 주어

예문 해석
1 • 그녀는 그 회사와 계약을 파기하기로 결정했다.
• 나는 여러분 모두 여러분의 일에 만족하도록 만들고 싶습니다.
• David는 로스앤젤레스에 있는 누나를 방문하기를 희망한다.
• 그는 팀을 위한 좋은 계획이 있는 것 같다.

2 • 나는 내 동료가 그 프로젝트에 대해서 만족하기를 원한다.
• 그들은 우리 엄마에게 차를 옮길 것을 부탁했다.
• 그녀는 내가 그에게 이 중요한 문서를 전달해 줄 것으로 기대하고 있다.
• Kevin은 Jessica가 친구들과 여행을 가도록 허락해 주었다.

3 (1) • 그녀가 그렇게 행동한 것은 무례했다.
• 그녀가 그 사람을 다시 만난 것은 어리석은 행동이었다.
• 그녀가 장애인을 돕다니 친절하구나.
• 그녀가 모든 쿠키를 먹은 것은 이기적이다.
(2) • 경주용 차는 네가 운전하기엔 너무 위험하다.
• 내가 결정 내리기는 어렵다.
• 선생님이 그 문제를 푸는 건 불가능하다.
• 나에게 있어 그의 연설을 듣는 것은 지루하다.

Pattern Practice
p. 60
1 ❶ I was too happy to realize how serious the situation was.

13

❷ The monk was never to leave the temple again.
❸ The movie star didn't want to give an autograph to his fan.
❹ My mom asked me to clean the living room.

2 ❶ of me → for me　　❷ for me → me
❸ for you → of you　　❹ him → of him

해석
1 ❶ 나는 너무 기쁜 나머지 그 상황이 얼마나 심각한지 알아차리지 못했다.
❷ 그 수도승은 다시는 절을 떠나지 못할 운명이었다.
❸ 그 영화배우는 팬에게 사인해 주는 걸 좋아하지 않았다.
❹ 엄마는 나에게 거실을 청소할 것을 요청하셨다.

2 ❶ 나는 너무 시끄러워서 그 문제에 대해서 생각할 수 없었다.
❷ 그녀는 나에게 연필 자국을 지우라고 말했다.
❸ 네가 그렇게 한 것은 잘못된 것이다.
❹ 그가 여자친구를 혼자 놔둔 것은 어리석은 행동이었다.

GRAMMAR PRACTICE
p. 61

A 1 of 　　　　　　　2 for
3 of 　　　　　　　4 to have been stolen
5 It

B 1 he knows 　　　　2 to have stopped
3 to have written 　4 he will win
5 to come

C 1 to have repaired → to have been repaired
2 for you → you
3 to have been read → to have read
4 of you → for you
5 to have remodeled → to have been remodeled

해석
A
1 그가 프로젝트에 자원한 것은 친절한 행동이었다.
2 내가 영어로 유창하게 말하는 것은 어려운 일이다.
3 네가 주차장에서 야구를 한 것은 부주의한 짓이었다.
4 내 자전거는 도난당한 것 같다.
5 한밤중까지 일하는 것은 우울한 일이다.

B
1 그는 그녀의 이름이 무엇인지 아는 것 같다.
2 그가 도박을 그만둔 것 같이 보인다.
3 그가 문법에 관한 책을 여러 권 썼다고 한다.
4 사람들은 그가 경기에서 이길 것이라 기대한다.
5 Ann은 토요일에 파티에 오겠다고 약속했다.

C
1 네 컴퓨터는 수리를 받은 것 같다.
2 나는 네가 미래에 너의 분야에서 성공하기를 기대한다.
3 Jennifer는 그 책을 읽은 척했다.
4 네가 사장님을 싫어하는 것은 당연한 일이다.
5 그 건물은 최근에 리모델링을 한 것처럼 보인다.

A 1 It is hard to believe that you lifted it by yourself.
2 Mary seems to have been abroad several times.
3 It is kind of her to help the poor.
4 It is rude to cut in line.
5 I want the student to win the English contest.

B 1 The boy asked me to stand back.
2 It's not easy to run a business.
3 I've always wanted President Obama to visit our country.
4 The doctor advised me to stop smoking as soon as possible.
5 He told Steve to stop complaining about her.
6 The police stopped my car to find the criminal.
7 I allowed the student to submit his assignment next week.

Chapter REVIEW TEST
p. 63

A 1 To work 　　　　2 my
3 to have had 　　4 for him
5 safe enough 　　6 to be offered

B 1 It, to save 　　　2 to gather water
3 to throw 　　　　4 so, that, couldn't
5 difficult to climb

C 1 greet → to greet 　　2 when → that
3 for → of 　　　　　　4 That → It
5 to elect → to be elected

해석
A 1 내 나라를 위해서 일하는 것은 나에게 큰 영광이다.
2 제가 창문을 열어도 괜찮겠습니까?
3 그 남자는 방금 전에 사고를 당했던 것 같다.
4 그가 그 충돌에서 살아남는 것은 불가능하다.
5 그 비행기는 충분히 안전한 것 같지 않다.
6 나는 직업이 없다. 나에게 일자리가 곧 주어졌으면 좋겠는데.

B 1 그들은 매니저를 맞이할 준비를 하고 있다.
2 내 남동생은 어제 너무 더러워서 모든 사람들이 그를 피했다.
3 나에게 있어 외국어를 배우는 것은 재미있다.
4 영어 선생님이 되고자 한다면 영어에 정통하는 것은 필수적이다.
5 Michael은 클럽 회원들에 의해 회장으로 선출되기를 희망한다.

IBT토플 Writing 기본 문형 영작 연습
p. 64

B 1 Consequently, we fall in love with someone of a similar social background.
2 Thus, the government should make more effort to improve the working conditions of female workers.

3 Therefore, TV can be beneficial in terms of improving our lives.

해석

A 결론 단락(conclusion)의 시작에 많이 쓰이는 표현들 (2)
1 따라서, 한 사람의 근로 능력은 근무 시간이 아닌 결과로 판단되어야 한다.
2 그러므로, 적게 먹는 것이 항상 살을 빼는 결과를 가져오지 않는다는 것이 확실하다.
3 따라서, 우리는 연구에서 일관되지 않은 결과가 나올 수도 있다는 것을 명심해야 한다.
4 결과적으로, 학생들이 패션에 대해 다른 학생들을 괴롭힐 가능성이 적다.

CHAPTER 05

동명사

UNIT 09 동명사의 용법

A 명사적 용법

예문 해석

1 • 내 동료들과 일하는 것은 정말 나를 들뜨게 한다.
• 다른 사람들을 존중하는 것은 사업할 때 정말 중요하다.
• 책을 쓰는 것은 쉬운 작업이 아니다.
• 다른 사람의 약점을 이용하는 것은 공정하지 않다.

2 • 조용히 좀 있어 주시면 안 될까요?
• Michael은 잃어버렸던 자료를 모으는 일을 끝냈다.
• 그 정치가는 기자의 질문에 답하는 것을 회피하려 했다.
• 나는 생물학 공부를 포기할 수 없다.

3 • 내 일은 모든 연필 자국을 지우는 것이다.
• Ann의 취미는 주말마다 암벽 등반을 하는 것이다.
• 그녀의 문제는 쇼핑하는 데 너무 많은 돈을 쓴다는 것이다.
• 그 팀의 프로젝트는 새로운 태블릿 PC를 개발하는 것이다.

B 관용적 용법

예문 해석

1 • 엎질러진 우유에 대고 울어봤자 소용없다.
• 세일을 할 때 살 가치가 있다.
• 당신과 함께 일하는 것이 좋다.

2 • 나는 당신과 다시 일하는 것을 고대한다.
• Mary는 찬물로 샤워하는 것에 익숙하다.
• 내 딸은 내 지시에 복종하는 것을 반대했다.
• 나는 그 수다스러운 학생을 가르치는 데 어려움이 있었다.

p. 67

Pattern Practice

1 ❶ 목적어　　　　❷ 주어
   ❸ 주어　　　　　❹ 보어

2 ❶ is used to eating
   ❷ It's no use earning
   ❸ look forward to running
   ❹ object to following

해석

1 ❶ 그녀는 다른 사람들을 도와주는 것을 좋아한다.
   ❷ 일에 대해 불평하는 것은 상황을 더 좋게 만들지 않을 것이다.
   ❸ 엎질러진 우유에 대고 울어봤자 소용없다.
   ❹ 그녀의 계획은 아침 7시에 일어나는 것이다.

2 ❶ Michael은 매운 음식을 먹는 데 익숙하다.
   ❷ 필요한 것보다 더 많은 돈을 벌어봤자 소용없다.
   ❸ 나는 나만의 사업을 운영하기를 고대하고 있다.
   ❹ 나는 그의 명령을 따르는 것을 반대한다.

GRAMMAR PRACTICE

p. 68

A 1 Eating　　　　2 repairing
   3 seeing　　　　4 saying
   5 going　　　　　6 regretting
   7 finishing

B 1 동명사　　　　2 동명사
   3 현재분사　　　4 동명사
   5 현재분사　　　6 동명사
   7 현재분사

C 1 to cry → crying
   2 worth take → worth taking
   3 eat → eating
   4 Help → Helping
   5 drive → driving
   6 work → working
   7 shake → shaking

해석

A
1 아침 식사를 하는 것은 건강을 유지하는 가장 좋은 방법 중의 하나이다.
2 아버지는 차 수리에 어려움을 겪었다.
3 교수님께서 당신을 곧 만날 것을 기대하고 계신다.
4 그는 아무에게도 작별 인사를 하지 않고 외국으로 갔다.
5 나는 그가 내 허락 없이 거기에 가는 것을 반대한다.
6 시험을 본 후 후회해 봤자 소용없다.
7 Antonio는 어려운 과제를 끝낸 것을 자랑스러워한다.

B
1 우리는 그 프로젝트를 끝내는 데 성공했다.
2 그녀의 취미는 중국 음식을 요리하는 것이다.
3 내 여동생은 뒷마당에서 수영하고 있다.
4 여기서는 금연입니다. 흡연실로 가 주세요.
5 그 가족은 불타는 집에서 탈출했다.
6 Susan의 문제는 말을 너무 많이 한다는 것이다.
7 요즘 나는 골동품을 모으고 있다.

C

1 엎질러진 우유에 대고 울어봤자 소용없다.
2 그건 고려할 만한 가치가 있다.
3 걱정하지 마. 나는 기름진 음식을 먹는 데 익숙해.
4 다른 사람들을 돕는 것은 내가 살아가는 이유이다.
5 David의 취미는 경주용 차를 운전하는 것이다.
6 당신과 함께 일하는 것이 좋다.
7 그의 버릇은 다리를 떠는 것이다.

SENTENCE WRITING PRACTICE

p. 69

A 1 Living in Japan requires a lot of money.
2 My sister's job is taking care of the elderly.
3 Designing cars is the most important work in our company.
4 Using computers at work is essential.
5 Dancing for 3 hours is not good for your knees.

B 1 Thanks for telling me that he is healthy.
2 I am proud of my daughter being honest.
3 We left without bringing the umbrella.
4 Studying grammar is essential for foreigners who learn English.
5 I feel like taking a nap.

UNIT 10 동명사의 동사적 성질, 동명사 vs 부정사

A 동명사의 시제

해석

1 • 그들은 전에 방문한 적이 전혀 없는 마을을 방문한 것을 즐겼다.
 • 그 소년은 꾸지람을 듣는 것에 대해 부끄러워한다.
 • 우리는 그가 해외에서 공부를 계속 해야 한다고 주장했다.

2 • 나는 내 친구의 돈을 훔친 것에 대해 두려워했다.
 • 그 용의자는 지갑을 훔친 것에 대해 부인했다.
 • 그 고객은 점원한테서 무례하게 대접받은 것에 대해 불평했다.

B 동명사의 의미상의 주어

예문 해석

1 • 그들은 오래된 턴테이블 수리를 끝냈다.
 • Michael은 팔이 부러지는 바람에 테니스 강습 받는 것을 중단했다.
 • 내가 강의를 하는 동안에 집중해 줘서 고맙다.

2 • 우리는 그에게 우리와 함께 해외에 가자고 졸랐다.
 • 제가 에어컨을 꺼도 괜찮겠습니까?
 • 사장님은 내가 일을 느리게 하는 것을 싫어하신다.

Pattern Practice

p. 71

1 ❶ 현재 ❷ 과거
 ❸ insisted 보다 이후의 시제

2 ❶ 과거 ❷ 대과거
 ❸ 대과거

3 ❶ I was afraid of being punished by my teacher.
 ❷ She was ashamed of his being arrested.
 ❸ Do you mind my smoking here?

해석

1 ❶ 나는 내 딸이 현명한 것이 자랑스럽다.
 ❷ 나는 어렸을 때 키가 작은 것에 대해 부끄러워했다.
 ❸ 내 친구는 내가 발표를 해야 한다고 주장했다.

2 ❶ 그녀는 학생들 앞에서 벌을 받은 것에 대해 부끄러워한다.
 ❷ 결승전까지 가지 못해서 미안합니다.
 ❸ 근로자들은 월급을 늦게 받은 것에 대해 불평했다.

3 ❶ 나는 선생님에게 벌을 받는 것을 두려워했다.
 ❷ 그녀는 그가 체포된 것에 대해 부끄러워했다.
 ❸ 제가 여기서 담배를 피워도 괜찮겠습니까?

C 목적어로서의 동명사와 부정사

예문 해석

1 • 당신과 함께 이 프로젝트를 일해서 즐거웠다.
 • 나는 잔뜩 쌓인 서류 옮기는 일을 끝냈다.
 • Jennifer는 결국 그 문제를 푸는 것을 포기했다.
 • 그 개는 트럭에 치이는 것을 피하려고 했다.
 • 그 증인은 법정에서 거짓말한 것을 부인했다.

2 • David는 직장을 그만두기로 결정했다.
 • 그 한국인 선수가 그 경기를 이길 것으로 예상되고 있다.
 • 그녀는 백만장자와 결혼하기를 희망한다.
 • 경찰이 마을을 순찰하기로 계획했다.
 • Jessica는 사장에게 저항하기를 거부했다.

Pattern Practice

p. 72

❶ having stolen ❷ to hold
❸ being ❹ to win
❺ persuading

해석

❶ 그 도둑은 돈을 훔친 것에 대해 부인했다.
❷ 그녀는 오늘 밤에 회의를 열 계획이다.
❸ 그는 트럭에 부딪히는 것을 피하려고 했다.
❹ Kevin은 이번에 복권에 당첨될 것을 기대한다.
❺ 여러 번 시도 후, Antonio는 상대방을 설득하는 것을 포기했다.

3 (1) • 내 남자친구는 개와 함께 수영하는 것을 좋아한다.
 • 관객들이 그 연극의 결말을 보면서 울기 시작했다.
 (2) • 그녀는 몸이 약해져서 운동을 멈추었다.
 • 그녀는 체육관에서 운동하기 위해 멈춰 섰다.
 (3) • 나는 당신의 책상에 보고서를 놓은 것을 기억한다.
 • 그녀는 남자친구에게 선물을 보낼 것을 기억했다.
 (4) • 그 소녀는 선생님한테서 벌을 받은 것을 결코 잊지 못할 것이다.
 • 그 소녀는 간식을 가져와야 할 것을 잊어버렸다.
 (5) • Ann은 그 무거운 상자를 옮겨 보려고 했다.
 • 나는 최대한 열심히 공부하려고 노력했다.

Pattern Practice

❶ 그녀는 엄마에게 전화하는 것을 잊어버렸다.
❷ 아기는 강아지를 보자 울음을 멈추었다.
❸ 나는 20년 전에 이 길을 따라 자전거를 탔던 기억이 난다.
❹ 그 운전자는 휴게소에서 휴식을 취하기 위해 멈추었다.

GRAMMAR PRACTICE

A 1 cleaning 　　　　2 this
　 3 coming 　　　　　4 having played
　 5 having received

B 1 my [me] being
　 2 their ancestors ruled
　 3 having been punished
　 4 my daughter had gone
　 5 winning

C 1 fish → fishing
　 2 to eat → eating
　 3 passing → to pass
　 4 telling → to tell
　 5 to defeat → having defeated

해석
A
1 나는 아직 내 방 청소를 끝내지 못했다.
2 나는 이것이 사실이라고 확신한다.
3 그녀는 그가 금요일 밤 파티에 오는 것에 대해 신경 쓰지 않는다.
4 한국인들은 박지성이 맨체스터 유나이티드에서 경기를 했던 것을 자랑스럽게 여긴다.
5 그 정치가는 대표이사에서 뇌물을 받은 것에 대해 부인했다.

B
1 엄마는 내가 작가인 것을 자랑스러워한다.
2 몽골 사람들은 그들의 조상이 아시아 대부분을 통치했던 것에 대해 자랑스러워한다.
3 그녀는 친구들 앞에서 벌 받은 것을 부끄러워한다.
4 나는 내 딸이 세수하지 않고 학교에 가서 부끄러웠다.
5 우리는 대상을 탈 것이라고 확신한다.

C
1 나는 어렸을 때 스키가 아니라 낚시를 즐겼다.
2 의사가 Tim에게 패스트푸드를 그만 먹으라고 충고했다.
3 그는 오랫동안 공부했다. 그는 시험에 통과하려고 노력했으나 실패했다.
4 그 용의자는 경찰에게 자신의 이름을 밝히기를 거부했다.
5 한국인들은 2002년 월드컵에서 한국 축구팀이 이탈리아를 이긴 것을 자랑스러워한다.

SENTENCE WRITING PRACTICE

A 1 He complained about the train being late.
　 2 I hate being treated like a child.
　 3 She remembered to book a room at the ski resort.
　 4 They hope to rescue her today.
　 5 Steve refused to vote in the election.

B 1 We didn't expect her to arrive that quickly.
　 2 I regret not having studied harder.
　 3 We can't put off booking any more.
　 4 The thief admitted having stolen the money.
　 5 I am sorry for having missed your presentation.
　 6 David is ashamed of having said what he did.
　 7 She was surprised at his coming here.

Chapter REVIEW TEST

A 1 moving 　　　　2 to reject
　 3 buying 　　　　4 participating
　 5 handling 　　　 6 to receive

B 1 동명사 　　　　 2 현재분사
　 3 현재분사 　　　 4 동명사
　 5 동명사

C 1 draw → drawing
　 2 being → to be
　 3 to go → to going
　 4 communicate → communicating
　 5 delivering → to deliver
　 6 to have → to having
　 7 to do → doing
　 8 to complain → complaining
　 9 staying → to stay, leaving → leave
　 10 Don't → Not

D 1 her coming to the party this Saturday.
　 2 having been annoyed by the clerk.
　 3 she received a gold medal.
　 4 you are poor.
　 5 her not having arrived on time.

E 1 I don't know the reason why the teacher stopped teaching.
　 2 My girlfriend enjoys skiing every winter.
　 3 I have a hope of Korea becoming a powerful nation. 또는 My hope is of Korea becoming a powerful nation. 또는 My hope is that Korea will become a powerful nation.
　 4 It's no use speaking French here.
　 5 I don't remember meeting you here.

해석
A 1 저를 위해서 그 상자를 좀 옮겨 주시겠습니까?
　 2 우리는 그의 요청을 거절하기로 결정했다.
　 3 이 스마트폰은 살 만한 가치가 있다.
　 4 나는 지난주에 그런 흥미진진한 행사에 참가했던 기억이 난다.
　 5 걱정하지 마. 그는 위험한 상황을 처리하는 데 익숙해.
　 6 나는 친구한테서 CD 받기를 기대하고 있다.

CHAPTER 06

분사

B 1 나의 꿈은 나만의 사업체를 운영하는 것이다.
2 내가 집에 도착했을 때 그녀는 회의에 참석하려고 떠나는 중이었다.
3 나는 누군가가 길거리에서 총을 들고 다니는 것을 봤다.
4 죄송하지만 당신과 함께 일하는 것에 관심이 없습니다.
5 할아버지께서는 지팡이가 필요하시다.

C 1 Jane의 관심사는 컴퓨터 그래픽을 그리는 것이다.
2 Tim은 사진사가 되길 원한다.
3 내 친구는 축구 경기를 보려고 영국으로 가는 것에 반대했다.
4 나는 항상 사람들과 의사소통하는 데 어려움을 겪는다.
5 오늘 밤에 이 서류를 의뢰인에게 전달하는 것을 잊지 마라.
6 당신과 좋은 관계를 갖기를 기대하고 있습니다.
7 Mary는 이기적인 동료 때문에 일을 그만두었다.
8 이제는 그 일에 대해 불평해 봤자 소용없다.
9 있을래 아니면 갈래?
10 오늘 일하지 않는 것은 사장님을 화나게 할지도 모른다.

D 1 나는 그녀가 이번 토요일 파티에 오리라 확신한다.
2 그는 점원 때문에 짜증이 났다며 투덜거렸다.
3 그녀의 아버지는 딸이 금메달을 딴 것에 대해 자랑스러워한다.
4 가난하다고 부끄러워하지 마라.
5 Michael은 그녀가 제시간에 오지 않은 것에 대해 불평했다.

IBT토플 Writing 기본 문형 영작 연습
p. 78

B 1 In addition, excessive dieting for a long time can speed up the aging process.
2 Moreover, children can think more about themselves while keeping a diary.
3 Besides, excessive development can destroy environment.

해석
A 부가 설명(addition)에 주로 사용되는 표현들
1 호주에서의 생활 방식 외에도 그곳에서의 삶의 질 또한 사람들을 호주로 이민 오게 만드는 중요한 요소로 간주된다.
2 그 외에도, 우리는 시간이 지나면서 애완동물에 더 애착을 갖게 될 것 같다.
3 더욱이, 미신을 믿는 사람이 아무도 없다.
4 더군다나, 자연 재해는 사람들이 갖고 있는 모든 것을 잃게 만들 수도 있다.

A 분사의 개념과 종류

예문 해석
1 • 이 커피 머신이 제대로 작동하지 않고 있다.
  • 물에 빠진 사람은 지푸라기라도 잡는다.
  • 한국은 개발도상국들에게 추격당하고 있다.
  • 그 남자는 손을 흔들며 거기에 서 있었다.

2 • 나는 어제 내 PC를 고쳤다.
  • 그녀는 그녀가 본 것에 놀랐다.
  • 부러진 다리에 특별히 신경 써라.
  • Antonio는 적대적인 군인들에게 포위되었다.

B 분사의 기능

예문 해석
1 (1) • 짖는 개는 잘 물지 않는다.
      • 이 게임은 내가 지금까지 본 중에서 제일 흥미로운 게임 중의 하나이다.
  (2) • 구석에 놓인 상자는 나 혼자서 운반하기에는 너무 무겁다.
      • 그 판매업자는 영어로 쓰인 책을 여러 권 샀다.

2 (1) • 그 아이는 집에 울면서 왔다.
      • 어떤 낯선 사람이 휘파람을 불며 서 있었다.
  (2) • 그녀는 뭔가가 그녀의 다리 위로 기어오르는 것을 느꼈다.
      • 우리는 우리 차를 빨간색을 칠하게 했다.

Pattern Practice
p. 81

❶ boring	❷ bored
❸ bored	❹ open
❺ opening	❻ waiting
❼ broken	❽ writing
❾ repaired	❿ to be satisfied

해석
❶ 그 영화는 정말 지루했다.
❷ 우리는 정말 영화 때문에 지루했다.
❸ 그 영화는 우리를 지루하게 만들었다.
❹ 그녀는 그녀의 지갑이 열려 있는 것을 발견했다.
❺ 나는 누군가가 문을 여는 것을 들었다.
❻ 나는 당신을 두 시간 동안이나 기다렸어!
❼ 당신은 깨진 창문을 배상해야 한다.
❽ 나는 선생님이 종이에 메모하는 것을 봤다.
❾ Allen은 라디오를 고쳤니?
❿ 그녀는 결과에 대해 만족하지 않아 보였다.

GRAMMAR PRACTICE
p. 82

A 1 hosting 　　　　　　2 undeveloped
　　3 interested 　　　　4 escapeded
　　5 lecturing 　　　　　6 heading
　　7 unsolved

B 1 locked 　　　　　　2 calling
　　3 embarrassing 　　　4 cheating
　　5 covered

C 1 danced → dancing 　2 run → running
　　3 repainting → repainted 4 played → playing
　　5 scratching → scratched

해석
A
1 쇼를 주최하는 여자가 무엇을 말해야 할지를 잊었다.
2 마이크로소프트와 같은 기업들은 후진국에 더욱 많이 투자해야 한다.
3 그 투자자는 그 프로젝트에 관심이 꽤 있었다.
4 경찰은 마침내 탈옥수를 잡았다.
5 저기서 과학을 강의하는 남자를 아니?
6 나는 우리가 어디로 향하고 있는지 전혀 알 수 없었다.
7 그 중요한 사건은 미해결된 채 남아 있었다.

C
1 Steve는 Mary가 파티에서 춤추는 것을 봤다.
2 그녀의 볼 아래로 흐르는 눈물이 나를 슬프게 했다.
3 그 소유주는 그의 건물을 다시 칠하게 했다.
4 그는 3시간 동안 스마트폰 게임을 하고 있었다.
5 그 긁힌 차는 꽤 비싼 차다.

SENTENCE WRITING PRACTICE
p. 83

A 1 Look at those beautiful fallen leaves.
　　2 Do you mind smoking in the smoking room?
　　3 We hope the whole world will be united as one.
　　4 She bought several books written in Spanish.
　　5 I saw some buildings painted in red.

B 1 The book written by Jane is very strange.
　　2 Have you heard of a place called Gimpo?
　　3 I bought an expensive used car.
　　4 The man standing on the chair is Michael.
　　5 The girl swimming in the pool is my cousin.

UNIT 12 분사구문

A 분사구문을 만드는 규칙

예문 해석
1 • 강을 따라 걸어가면서 여러 십대들이 태블릿 PC를 사용하는 것을 봤다.

2 • 강을 따라 걸어가면서 여러 십대들이 태블릿 PC를 사용하는

것을 봤다.

Pattern Practice
p. 85

1 ❶ Turning to the right
　❷ Seeing her
　❸ Listening to the music
　❹ Having spent her childhood in the country

2 ❶ you go straight down this street
　❷ she slept all day long
　❸ he was tired
　❹ she didn't know what to do
　❺ this sports car has a powerful engine

해석
1 ❶ 오른쪽으로 돌면 GT사를 찾을 것이다.
　❷ 그녀를 봤을 때 나는 그녀에게로 달려가서 포옹을 했다.
　❸ 음악을 들으면서 나는 숙제를 했다.
　❹ 그녀가 어린 시절을 시골에서 보냈기 때문에 그녀는 돌아가고 싶어 한다.

2 ❶ 이 길로 곧장 가면 식료품 가게를 찾을 것이다.
　❷ 하루 종일 잤는데도 불구하고 그는 여전히 피곤함을 느낀다.
　❸ 피곤해서 그는 또 일찍 잠자러 갔다.
　❹ 무엇을 해야 할지 몰라서 그녀는 거기에 가만히 서 있었다.
　❺ 강한 엔진이 있어서 이 스포츠카는 시속 300km까지 속력을 낼 수 있다.

B 주의해야 할 분사 구문

예문 해석
1 • 고양이가 길거리에 앉아 있어서 나는 내 차를 왼쪽으로 돌렸다.
　• 보트가 강을 따라 떠가면서 우리는 아름다운 광경을 지켜봤다.
　• 그 팀이 경기를 이겨서 우리는 그날 밤에 파티를 열었다.

Pattern Practice
p. 86

1 ❶ There being many pencils
　❷ The weather being fine
　❸ Having worked hard at the company

2 ❶ 엄밀히 말하자면, 검은 드레스를 입은 여자는 아주 예쁘지는 않다.
　❷ 그녀의 기분으로 판단하건대, 우리는 조용히 있어야 한다.
　❸ 상황을 고려하면, 내 생각에는 가만히 지켜보고 있는 것이 최선인 것 같다.

해석
1 ❶ 연필이 많이 있어서 하나 가져도 된다.
　❷ 날씨가 좋았기 때문에 우리는 해변으로 갔다.
　❸ 그녀가 회사에서 열심히 일했기 때문에 그녀는 마침내 승진했다.

예문 해석
2 • 일반적으로 말하자면, Tom Cruise는 잘생겼다.
　• 솔직히 말하자면, 나는 그의 사무실을 방문하고 싶지 않았다.
　• 그의 외모를 보고 판단하면, 그는 부랑자처럼 보인다.
　• 그녀의 상황을 고려하면, 우리는 그녀를 놔줘야 한다.

3 • Jennifer는 항상 팔짱을 낀 채로 설명한다.
　• 나는 그녀가 뺨에 눈물을 흘리며 우는 것을 봤다.
　• 다리를 꼬고 앉지 마라.

4 • 높이 위에서 봤을 때 그 섬은 작게 보인다.
  • 부유한 집에서 태어나서 그는 배고픔을 잘 몰랐다.

1 ❶ David was surprised at the news
  ❷ Being hit by a baseball
  ❸ The flight being canceled
  ❹ Because the boy was left alone in the dark room
  ❺ The store closed

2 ❶ 우리는 불을 켜놓은 채로 집을 나갔다.
  ❷ John은 음식을 먹을 때 항상 입에 음식을 넣은 채로 말한다.
  ❸ 과도한 업무로 스트레스를 받아서 Max는 병이 났다.

해석
1 ❶ 그 소식에 놀라서 David는 아무것도 할 수 없었다.
  ❷ Mary가 야구공에 맞아서 어지러움을 느꼈다.
  ❸ 비행기가 취소되었을 때 모든 승객들이 그것에 대해 불평했다.
  ❹ 혼자 어두운 방에 남겨져서 그 소년은 극심한 공포를 느꼈다.
  ❺ 가게가 문을 닫아서 우리는 또 다른 곳으로 가야 했다.

A 1 Not knowing
  2 Seen
  3 Generally speaking
  4 It being
  5 Considering
  6 Having finished
  7 Living
  8 Having admitted
  9 arriving

B 1 Being poor
  2 Coming into the room
  3 As I don't know her phone number
  4 As the little boy was left alone
  5 As I had finished all my homework

C 1 Seeing → Seen
  2 Judge → Judging
  3 No → Not
  4 turning → turned

해석
A
1 무엇을 해야 할지 몰라서 좌절했다.
2 달에서 봤을 때 지구는 아름다운 파란 행성이다.
3 일반적으로 말하자면, 문법은 어려운 것으로 간주된다.
4 내일 날씨가 좋으면, 등산을 갈 것이다.
5 그의 나이를 고려하면, 그는 일을 잘하고 있다.
6 숙제를 모두 끝내서 나는 이제 자유롭게 무엇이든 할 수 있다.
7 시골에서 살았기 때문에 그는 도시 생활에 대해서 잘 몰랐다.
8 그 사실을 인정할지라도 여전히 나는 그것에 대해 불편하다.
9 Jeremy가 공항에 도착하여 나는 그를 다시 만나는 것에 대해 흥분했다.

B
1 비록 그녀는 가난하지만 그녀의 인생에 대해서는 행복해한다.
2 그녀가 방 안으로 들어오면서 코트를 벗었다.
3 그녀의 전화번호를 몰라서 그녀에게 전화를 할 수 없다.
4 혼자 남겨진 그 꼬마 아이는 방 안에 있는 모든 것들을 어지르기 시작했다.
5 모든 숙제를 다 끝내서 나는 수영장에 갔다.

C
1 길 건너편에서 보면 우리 집은 예쁘게 보인다.
2 그의 행동으로 판단하건대, 그는 거짓말을 하고 있다.
3 돈이 하나도 없어서 Michael은 하루 종일 집에 있어야 했다.
4 내 남동생은 항상 라디오를 켜놓은 채로 잠을 잔다.

A 1 Frankly speaking, I don't like him that much.
  2 Considering her ability, she should be in a better position.
  3 Having finished breakfast, we went to buy some ski equipment.
  4 Generally speaking, it's difficult to get up early.
  5 Smiling brightly, the child took a picture.

B 1 She has been sitting with her legs crossed for two hours.
  2 Tim fell asleep with his TV turned on.
  3 Considering her age, she looks quite old.
  4 Strictly speaking, the answer you gave on the test is wrong.
  5 Jane sang a song while dancing.
  6 David did his work while having breakfast.
  7 Judging from his appearance, he has probably been awake all night.

A 1 wrecked
  2 surprising
  3 remodeled
  4 Tired
  5 Walking

B 1 여러 레슨을 동시에 받는 것은 효율적이지 못하다.
  2 날씨가 허락한다면 Sam과 나는 하이킹을 갈 것이다.
  3 사업에서 두 번 실패했기 때문에 그는 야망을 잃었다.
  4 무엇을 해야 할지를 몰라서 그녀는 조용히 있었다.
  5 파스타 만드는 방법을 알기 때문에 나는 여러 식료품을 사러 시장에 갔다.

C 1 Being happy with the result, she bought us a drink.
  2 Being young, he is a very talented person.
  3 Arriving here in time, she will be able to give the lecture to them.
  4 Not having come to school yesterday, John has to come today.
  5 Coming to the office, Ann took her laptop computer out.

D 1 As we didn't know where to go, we stayed at the hotel for another day.
  2 If you go into the cave, you will be in great danger.

3 If we arrive at the theater on time, we will be able to see the movie.
4 Because the dog shivered in the cold, Jack lit up the lamp.
5 If it is fine tomorrow, we will go to Jeju-do.

B 1 The woman driving the sports car is a world champion rally driver.
2 Having slept all day long, I feel much better.
3 Considering the economic situation of our country, we should spend less money.
4 She listened to what I said impolitely with her arms folded.
5 Judging from John's look, he must have something to worry about.

해석
A 1 섬 근처에 난파된 배가 떠다니고 있다.
2 그 소식은 우리 모두를 놀라게 했다.
3 우리 부회장님은 사무실을 다시 리모델링 하도록 했다.
4 일 때문에 피곤해서 그는 근무시간을 줄였다.
5 길을 걷고 있었을 때 나는 내 개가 고양이를 쫓는 것을 봤다.

C 1 그녀는 그 결과에 기뻐서 우리에게 술 한잔을 사줬다.
2 비록 그는 어리지만 매우 재능이 있다.
3 만약 그녀가 여기에 제시간에 도착하면 그녀는 그들에게 강의를 해 줄 수 있을 것이다.
4 John이 어제 학교에 오지 않았기 때문에 오늘은 와야 한다.
5 Ann이 사무실에 도착하자 노트북 컴퓨터를 꺼냈다.

D 1 어디를 가야 할지 몰라서 우리는 하루 더 호텔에 머물렀다.
2 굴 안으로 들어가면 엄청난 위험에 빠질 것이다.
3 제시간에 극장에 도착하면 영화를 볼 수 있을 것이다.
4 개가 추위에 떨고 있어서 Jack은 램프에 불을 붙였다.
5 내일 날씨가 좋으면 우리는 제주도에 갈 것이다.

IBT토플 Writing 기본 문형 영작 연습
p. 92

B 1 In short, living in a small town is much safer, and people are friendlier.
2 In summary, a child is learning a sense of trust in people during childhood.
3 In short, smokers also have their personal rights to reduce stress through smoking.

해석
A 요약 단락(summary) 시작에 많이 쓰이는 표현들
1 2개 국어 교육의 이점에 대해 요약하면, 강연자는 그것이 학생들의 학업 발달에 도움이 되지 않는다고 말한다.
2 사형제도에 대해 간단히 말하면, 화자는 극형의 필요성을 의심한다.
3 저작권에 대해 요약하면, 우리는 창작자들이 더 많은 것을 창작할 수 있도록 창작자의 저작물을 보호해야 한다.

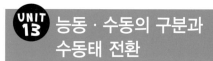

CHAPTER 07
수동태

UNIT 13 능동·수동의 구분과 수동태 전환

A 능동태와 수동태 구분

예문 해석
1 • 그녀는 택시 타는 것을 반대했다.
  • 내 친구는 과시하기 위해 자신의 새 스포츠카를 운전했다.
  • GL 기업이 아시아에서 가장 큰 건물을 지을 것이다.

2 • 그 미사일은 육군에 의해 성공적으로 발사되었다.
  • 그 결과는 위원회에서 매우 심각한 문제로 간주되고 있다.
  • 그 우편물은 우리 고객에게 전달되었다.

Pattern Practice
p. 94
❶ 우리 아빠는 이 차를 2년 동안 운전했다.
❷ Ann은 그녀의 동료가 말한 것을 듣고서 불쾌했다.
❸ 그의 옷이 햇빛에 말랐다.
❹ 그녀는 디지털카메라를 버렸다.
❺ 이 프로젝트는 내일까지 끝마쳐져야 한다.

B 수동태를 만드는 규칙

예문 해석
1 • 작업자들이 KR 빌딩을 페인트칠했다. (능동태)
  • KR 빌딩은 작업자들에 의해 페인트칠되었다. (수동태)

Pattern Practice
p. 95
❶ The door was shut by Ann.
❷ The files were copied by Mary.
❸ The dog was locked in the room by Grace.
❹ The pedestrian was hit by a car.
❺ The expensive car was driven by my mom.
❻ All the junk was thrown away by Liz.
❼ The cello was played at the concert by Jim
❽ The kitchen was tidied up by Wendy.

해석
❶ Ann이 문을 닫았다.
  → 문이 Ann에 의해 닫혔다.
❷ Mary가 파일들을 복사했다.
  → 파일들이 Mary에 의해 복사되었다.
❸ 그녀는 개를 방 안에 가두었다.
  → 개가 그녀의 의해 방 안에 갇혔다.
❹ 자동차가 보행자를 쳤다.
  → 보행자가 자동차에 치였다.
❺ 우리 엄마는 비싼 차를 운전했다.
  → 비싼 차가 엄마에 의해 운전되었다.

❻ Liz는 모든 잡동사니를 버렸다.
→ 모든 잡동사니는 Liz에 의해 버려졌다.
❼ Jim은 음악회에서 첼로를 연주했다.
→ 첼로는 음악회에서 Jim에 의해 연주되었다.
❽ Wendy는 부엌을 청소했다.
→ 부엌은 Wendy에 의해 청소되었다.

C 3형식(S+V+O)의 수동태

예문 해석
1 • 그 감독이 액션 영화를 촬영했다.
→ 액션 영화가 그 감독에 의해 촬영되었다.
• 한국인이 최초의 금속활자를 만들었다.
→ 최초의 금속활자는 한국인에 의해 만들어졌다.
• 침입자들이 도서관에 있는 모든 귀중한 책들을 불태웠다.
→ 도서관에 있는 모든 귀중한 책들이 침입자들에 의해
불태워졌다.

2 (1)(2)
• 사람들은 그녀가 상을 받을 자격이 있다고 말한다.
→ 그녀가 상을 받을 자격이 있다고들 말한다.
• 사람들은 그 회사가 예쁜 휴대전화를 생산한다고 말한다.
→ 그 회사가 예쁜 휴대전화를 생산한다고들 말한다.
• 사람들은 온실효과가 지구에 위험하다고 말한다.
→ 온실효과가 지구에 위험하다고들 말한다.

Pattern Practice   p. 97

1 ❶ A nice portable table PC was bought by my
father.
❷ The light was turned off by Susan.
❸ Some computer applications were downloaded
by John.

2 ❶ is said that John is a noble person
❷ is thought not to be telling the truth
❸ is believed to be related to death in Korea

해석
1 ❶ 아버지는 고급 휴대용 태블릿 PC을 샀다.
→ 고급 휴대용 태블릿 PC가 아버지에 의해 구매되었다.
❷ Susan이 불을 껐다.
→ 불이 Susan에 의해 꺼졌다.
❸ John은 컴퓨터 애플리케이션을 다운받았다.
→ 컴퓨터 애플리케이션이 John에 의해 다운받아졌다.

2 ❶ 사람들은 John이 고귀한 사람이라고 말한다.
→ John은 고귀한 사람이라고들 말한다.
❷ 모든 사람들은 그 용의자가 진실을 말하고 있지 않다고
생각한다.
→ 그 용의자는 진실을 말하고 있지 않다고 모든 사람들에
의해 생각되어졌다.
❸ 한국에서는 사람들이 숫자 '4'가 죽음과 연관이 있다고 믿는다.
→ 한국에서는 숫자 '4'가 죽음과 연관이 있다고 믿어진다.

D 4형식(S+V+IO+DO)의 수동태

예문 해석
1 • 그들은 그녀에게 대상을 수여했다.
→ 그녀는 (그들에 의해) 대상을 받았다.

• 우리 부모님은 나에게 좋은 산악 자전거를 주셨다.
→ 나는 우리 부모님에게서 좋은 산악 자전거를 받았다.
• Steve는 아이들에게 맛있는 점심을 약속했다.
→ 아이들은 Steve에게서 맛있는 점심을 약속받았다.

2 • 그들은 그녀에게 대상을 수여했다.
→ 대상은 (그들에 의해) 그녀에게 수여되었다.
• 우리 부모님은 나에게 좋은 산악 자전거를 주셨다.
→ 좋은 산악 자전거가 부모님에 의해 나에게 주어졌다.
• Steve는 아이들에게 맛있는 점심을 약속했다.
→ 맛있는 점심이 Steve에 의해 아이들에게 제공되기로
약속되었다.

3 (1) • 아빠는 나에게 나무 장난감 자동차를 만들어 주셨다.
→ 나무 장난감 자동차는 나를 위해 아빠에 의해
만들어졌다.
(2) • Melissa는 John의 부유함을 부러워한다.
→ John은 그의 부유함 때문에 Melissa에게서 부러움을
받는다.

Pattern Practice   p. 99

1 ❶ I was given a nice smartphone by my wife.
❷ Susan was paid $3,000 for her work by our
boss.
❸ I was given a parcel by the mailman.

2 ❶ A documentary was shown to the students by
Mr. Jones.
❷ Some cookies were made for her daughter by
Grace.
❸ Some nasty questions were asked of me by Jane.

3 ❶ A diamond was bought for her by her husband.
❷ A cute postcard was made for the teacher by his
student.
❸ We were saved a lot of time by using public
transport.

해석
1 ❶ 내 아내는 나에게 고급 스마트폰을 줬다.
→ 나는 내 아내에게서 고급 스마트폰을 받았다.
❷ 우리 사장님은 Susan에게 공로에 대한 대가로 3,000달러를
주셨다.
→ Susan은 사장님에게서 공로에 대한 대가로 3,000달러를
받았다.
❸ 집배원이 나에게 소포를 줬다.
→ 나는 집배원에게서 소포를 받았다.

2 ❶ Jones 선생님은 학생들에게 다큐멘터리를 보여주셨다.
→ 다큐멘터리가 Jones 선생님에 의해 학생들에게 보여졌다.
❷ Grace는 딸에게 쿠키를 만들어 주었다.
→ 쿠키를 Grace가 딸에게 만들어 주었다.
❸ Jane은 나에게 몇 가지 불쾌한 질문들을 했다.
→ 몇 가지 불쾌한 질문들을 Jane이 나에게 했다.

3 ❶ 다이아몬드 반지가 그녀를 위해 남편에 의해 구입되었다.
❷ 귀여운 엽서가 선생님을 위해 학생에 의해 만들어졌다.
❸ 우리는 대중교통을 이용한 덕분에 많은 시간을 아꼈다.

E 5형식(S+V+O+OC)의 수동태

예문 해석

1 (1) • 그들은 그를 겁쟁이로 간주했다.
   → 그는 그들한테서 겁쟁이로 간주되었다.
   • 그녀는 학생들을 행복하게 했다.
   → 학생들은 그녀에 의해 행복하게 되었다.

(2) • Jennifer는 Tim에게 돈을 기부하라고 설득했다.
   → Tim은 Jennifer에게서 돈을 기부하라고 설득당했다.
   • 희람은 Jennifer가 아기와 함께 길을 건너는 것을 봤다.
   → Jennifer가 아기와 함께 길을 건너는 것이 희람에 의해 목격되었다.

Pattern Practice
p. 100

❶ She is expected to finish the work successfully by Steve.

❷ A thief was seen breaking into his neighbor's house by Harry.

❸ The audience were made embarrassed by him.

❹ The suspect was found dead by the police.

해석

❶ Steve는 그녀가 그 일을 성공적으로 끝낼 것이라 기대한다.
   → 그녀는 그 일을 성공적으로 끝내리라고 Steve의 기대를 받는다.

❷ Harry는 도둑이 이웃집에 침입하는 것을 봤다.
   → 도둑이 이웃집에 침입하는 것이 Harry에 의해 목격되었다.

❸ 그는 청중을 당황하게 했다.
   → 청중이 그로 인해 당황했다.

❹ 경찰은 용의자가 사망한 것을 발견했다.
   → 용의자가 사망한 것이 경찰에 의해 발견되었다.

예문 해석

2 (1) • Alice는 Robert에게 설거지를 하라고 시켰다.
   → Robert은 Alice에 의해서 설거지를 하게 되었다.
   • 경찰은 택시 운전사에게 차를 멈추도록 했다.
   → 택시 운전사는 경찰에 의해 차를 멈추게 되었다.
   • Debbie는 웨이터가 Phillip의 차를 옮기도록 했다.
   → 그 웨이터는 Debbie에 의해 Phillip의 차를 옮기게 허락되었다.

Pattern Practice
p. 101

❶ The children were not allowed to go out in the rain by Sherri.

❷ She was made to clean the room by the instructor.

❸ The boy was made to howl like a monkey by the ghost.

❹ A truck was seen to pass by by Antonio.

해석

❶ Sherrie는 아이들이 비 오는 밖에 나가지 못하게끔 했다.
   → 아이들은 Sherrie로 인해 비 오는 밖에 못나가게 되었다.

❷ 그 교관은 그녀에게 방을 치우도록 시켰다.
   → 그녀는 그 교관에 의해 방을 치우게 되었다.

❸ 그 유령은 아이에게 원숭이처럼 소리를 지르게 만들었다.
   → 아이는 그 유령에 의해 원숭이처럼 소리를 지르게 되었다.

❹ Antonio는 트럭이 지나가는 것을 봤다.
   → 트럭이 지나가는 것이 Antonio에 의해 목격되었다.

A

1 It is said that the tropics are full of all kinds of creatures.

2 Susan was allowed to sing her favorite song by the judges.

3 Some money was given to the poor girl without hesitation by Joe.

4 The little kid threw the snowball.

5 The good news was delivered to Matthew by Rhonda.

6 Some groceries were ordered on the Internet by my mom.

B

1 was seen	2 was irritated
3 promised	4 is said
5 is called	

해석

A

1 사람들은 열대지방이 온갖 종류의 동물로 가득하다고 말한다.
   → 열대지방은 온갖 종류의 동물들로 가득하다고들 한다.

2 심판관들은 Susan에게 그녀가 제일 좋아하는 노래를 부를 수 있도록 허락했다.
   → Susan은 심판관들에게서 그녀가 제일 좋아하는 노래를 부를 수 있도록 허락받았다.

3 Joe는 가난한 소녀에게 주저하지 않고 약간의 돈을 줬다.
   → 약간의 돈을 가난한 소녀에게 주저하지 않고 Joe가 주었다.

4 그 눈덩이는 작은 아이에 의해서 던져졌다.
   → 어린아이가 눈덩이를 던졌다.

5 Rhonda는 Matthew에게 좋은 소식을 전달했다.
   → 좋은 소식이 Rhonda에 의해 Matthew에게 전달되었다.

6 우리 엄마는 식료품을 인터넷으로 주문했다.
   → 식료품이 우리 엄마에 의해서 인터넷으로 주문되었다.

A

1 That painting was painted by Picasso.

2 Instant food is not liked by old people.

3 This building was built by Steve's company.

4 I was invited to my ex-girlfriend's wedding ceremony.

5 Everybody was frightened by the sound of the waterfall.

B

1 He was advised not to eat fatty foods anymore.

2 The capsule was separated from the spaceship.

3 The astronauts are required to be fluent in English and Russian.

4 I was drawn by an unknown force.

5 Jennifer was asked to do the laundry by Charles.

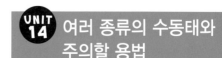

UNIT 14 여러 종류의 수동태와 주의할 용법

23

A 의문문의 수동태

예문 해석

1 • Juan이 저 야구공을 던졌니?
  → 저 야구공이 Juan에 의해 던져지게 되었니?
  • Jennifer가 모든 직원들을 관리합니까?
  → 모든 직원들이 Jennifer의 관리를 받습니까?

2 • Jamie가 언제 저 야구공을 던졌니?
  → 언제 저 야구공이 Jamie에 의해 던져지게 되었니?
  • Mary가 오래된 칫솔을 어디에 버렸어?
  → 오래된 칫솔이 Mary에 의해 어디에 버려졌어?

3 • 누가 세계의 첫 번째 자동차를 발명했니?
  → 누구에 의해 세계의 첫 번째 자동차가 발명되었니?

Pattern Practice   p. 105

1 ❶ Was dinner cooked by your sister?
  ❷ Are all those books carried by her?
  ❸ Were the files checked by Shane?
  ❹ Was this song written by Jessica?

2 ❶ Where was that coat bought by you?
  ❷ What is this plant called?
  ❸ Who(m) was the ball thrown by in the parking lot? 또는 By whom was the ball thrown in the parking lot?
  ❹ Why was the meeting canceled by Martina?

해석

1 ❶ 네 여동생이 저녁을 요리했어?
  → 저녁을 네 여동생이 요리했어?
  ❷ 그녀가 저 책들을 모두 운반해?
  → 저 책들을 모두 그녀가 운반해?
  ❸ Shane이 그 파일들을 검사했어?
  → 그 파일들을 Shane이 검사했어?
  ❹ Jessica가 이 노래를 작곡했어?
  → 이 노래가 Jessica에 의해 작곡되었어?

2 ❶ 너 그 코트 어디서 샀어?
  → 그 코트 어디서 산 거야?
  ❷ 이 식물을 뭐라고 불러?
  → 이 식물은 뭐라고 불러?
  ❸ 누가 주차장에 공을 던졌어?
  → 공이 누구에 의해 주차장에 던져졌어?
  ❹ 왜 Martina가 회의를 취소했어?
  → 왜 회의가 Martina에 의해 취소되었어?

B 명령문의 수동태

예문 해석

1 • 네 시험을 가능한 한 빨리 끝내라!
  → 네 시험이 가능한 한 빨리 끝내지도록 해라!
  • 사람들 앞에서 배신자를 처형하라.
  → 배신자가 사람들 앞에서 처형이 되도록 해라.
  • 언덕 정상에 거대한 성을 지어라.
  → 거대한 성이 언덕 정상에 지어지도록 해라.

2 **(1)** • 지금 그 일을 하지 마라.
  → 그 일이 지금 되지 않게 해라.
  (2) • 지금 그 일을 하지 마라.
  → 그 일이 지금 되지 않게 해라.

Pattern Practice   p. 106

❶ let the mistake be forgotten.
❷ that screen not be touched.
❸ Let the piano be played in front of your family.

해석

❶ 그 실수를 잊지 마라.
  → 그 실수가 잊혀지지 않게 하라.
❷ 그 화면을 건드리지 마라.
  → 그 화면이 건드려지지 않게 하라.
❸ 가족들 앞에서 피아노를 연주해라.
  → 피아노가 가족들 앞에서 연주되게 하라.

C 기타 다양한 수동태

예문 해석

1 • 엄마가 집을 청소하고 계신다.
  → 집이 엄마에 의해 청소되고 있다.
  • Jane의 남동생이 이메일을 쓰려고 가족 공용 컴퓨터를 사용하고 있다.
  → 가족 공용 컴퓨터가 Jane의 남동생에 의해 이메일을 쓰기 위해 사용되고 있다.
  • 도둑이 경찰차를 운전하고 있다.
  → 경찰차가 도둑에 의해 운전되고 있다.

2 • Max는 예전에 이 장소를 두세 번 방문한 적이 있다.
  → 이 장소는 예전에 Max에 의해 두세 번 방문된 적이 있다.
  • Michael이 그 일을 했다.
  → 그 일은 Michael에 의해 되었다.
  • 내 비서가 그 일을 끝낼 것이다.
  → 그 일이 내 비서에 의해 끝나게 될 것이다.

3 • 그는 너보다 이 상황을 더 잘 다룰 수 있다.
  → 이 상황은 너보다 그에 의해 더 잘 다뤄질 수 있다.
  • 선생님이 그를 병원으로 데려가야 한다.
  → 그는 선생님에 의해 병원으로 데려가 줘야 한다.
  • Ken은 화요일까지 그 프로젝트를 끝내야 한다.
  → 그 프로젝트는 화요일까지 Ken에 의해 끝마쳐져야 한다.

4 • 할머니께서 우리를 돌보셨다.
  → 우리는 할머니께서 돌봐 주셨다.
  • 그 못된 남자아이들이 불쌍한 소녀를 비웃었다.
  → 불쌍한 소녀가 못된 남자아이들에게 비웃음을 받았다.
  • 그 회사는 통보 없이 중요한 회의를 연기했다.
  → 중요한 회의가 그 회사에 의해 통보 없이 연기되었다.

5 • 모두가 그의 등장에 놀랐다.
  • 과일들이 요거트로 덮여 있다.
  • David는 경제학을 전공하는 데 흥미가 있다.
  • 그 한국인 팝 스타는 전 세계적으로 많은 사람들에게 알려져 있다.
  • Mary는 그 결과에 기뻐한다.
  • 그 방은 담배 연기로 가득하다.

Pattern Practice   p. 108

❶ Jane's homework was being done by my brother.
❷ The enemy's headquarters are being watched by the soldiers.

❸ The project has just been finished by Ann.
❹ Somebody's feelings can be hurt by you.
❺ The boy was looked at by a stranger.
❻ Some sugar had to be bought by her.

해석
❶ 내 동생은 Jane의 숙제를 하고 있었다.
 → Jane의 숙제는 내 동생에 의해 되고 있었다.
❷ 군인들이 적의 본부를 주시하고 있다.
 → 적의 본부가 군인들에 의해 주시되고 있다.
❸ Ann은 그 프로젝트를 지금 막 끝냈다.
 → 그 프로젝트가 Ann에 의해 지금 막 끝났다.
❹ 당신은 다른 사람의 감정을 아프게 할 수 있다.
 → 다른 사람의 감정이 당신에 의해 아프게 될 수 있다.
❺ 낯선 사람이 그 아이를 주시했다.
 → 그 아이는 낯선 사람에 의해 주시당했다.
❻ 그녀는 설탕을 사야 했다.
 → 설탕은 그녀가 사야 했다.

GRAMMAR PRACTICE
p. 109

A 1 When was that person seen by you?
 2 My car has been repaired by mechanics recently.
 3 The newspapers from the rack over there can't be taken (by us).
 4 The technical support team is being called by my husband.
 5 Lots of prisoners of war have been released by the enemy.
 6 The report has to be submitted before the deadline.
 7 The work should have been finished by Mary by now.

B 1 Let the picture not be touched by anyone.
 또는 Don't let the picture be touched by anyone.
 2 By whom was the telephone invented?
 또는 whom was the telephone invented by?
 3 Were the children punished in a proper manner?
 4 Let it be done without hesitation.
 5 When was the new car shown on TV?
 6 Cindy is interested in majoring English literature.

해석
A
1 너는 언제 그 사람을 봤니?
 → 그 사람을 언제 봤니?
2 정비공들이 최근에 내 차를 수리했다.
 → 내 차가 최근에 정비공들에 의해 수리되었다.
3 우리는 저 선반에 있는 신문을 가져갈 수 없다.
 → 저 선반에 있는 신문은 가져갈 수 없다.
4 내 남편은 기술지원팀을 부르고 있다.
 → 기술지원팀이 내 남편에 의해 호출받고 있다.

5 적이 전쟁 포로들을 많이 석방했다.
 → 많은 전쟁 포로들이 적에 의해 석방되었다.
6 그들은 마감일 전에 보고서를 제출해야 한다.
 → 보고서는 마감일 전에 제출되어야 한다.
7 Mary는 지금쯤 그 일을 끝냈어야 한다.
 → 그 일은 Mary에 의해 지금쯤 끝났어야 한다.

B
1 아무도 그 그림을 건드리지 못하도록 해라.
2 누구에 의해 전화기가 발명되었니?
3 아이들이 적절한 방법으로 벌을 받았습니까?
4 주저 없이 그 일이 실행되도록 해라.
5 그 신차가 언제 TV에 나왔어?
6 Cindy는 영문학을 전공하는 데 관심이 있다.

SENTENCE WRITING PRACTICE
p. 110

A 1 When was the car manufactured?
 2 Let the monument be built by John's construction firm.
 3 What was the table made of?
 4 The case should have been solved by Ann.
 5 This delicious-looking lunch has been cooked by my girlfriend.

B 1 Why was the file deleted?
 2 Has your car been parked here?
 3 If it rains all night, the event will be canceled tomorrow.
 4 Your computer has just been connected to the Internet.
 5 My friend's house has been purchased by someone.
 6 Lots of students have been bothered by your smartphone.
 7 My notes have been stolen several times.

Chapter REVIEW TEST
p. 111

A 1 was bought   2 resemble
 3 belongs   4 has been raised
 5 the car was parked

B 1 leave → to leave   2 to 삭제
 3 to → for   4 be → to be
 5 Who → By whom

C 1 Who was Korea introduced to Europe by?
 2 The lost files have been recovered by David.
 3 The soccer player was tackled by another player.
 4 Lots of customers were ignored by the company.
 5 It is said that the politician received some bribes.
 또는 The politician is said to have received some bribes.

B 1 숙박객들이 호텔에서 떠나게 되었다.

2 나는 아내에게서 이 책을 받았다.

3 내 재킷 몇 가지는 엄마에 의해 구입되었다.

4 그녀는 다루기 힘든 사람이라고들 말한다.

5 누구에 의해서 미국이 발견되었나?

B 1 It is often said that men are more visually oriented than women.

2 There is an argument concerning whether it is wise for children to learn a foreign language at an early age.

3 It is often said that in today's world we are living in an information age.

해석

A 일반적 사실(general facts)을 언급하는 표현들

1 흔히 가족 간의 의사소통이 텔레비전에 의해 손상되었다고들 한다.

2 사회에서 남자가 여자보다 흔히 더 활동적이라고 할 수도 있다.

3 흡연을 공공장소에서 허용해야 하는지 금해야 하는지에 대한 논란이 있다.

4 인간 복제 허용 여부에 대한 논란이 있어 왔다.

CHAPTER 08

가정법

UNIT 15 가정법 과거

A 가정법 과거

예문 해석

1 • 만약 내가 새라면, 나는 너에게 날아갈 수 있을 텐데.

• 만약 내가 충분한 돈이 있다면, 나는 보트를 살 수 있을 텐데.

Pattern Practice p. 114

1 had, could travel   2 weren't, would buy

3 knew, would tell   4 watched, would have

5 knew, wouldn't go

예문 해석

2 • 나는 부자가 아니기 때문에 요트를 살 수 없다.

→ 만약 내가 부자라면, 요트를 살 수 있을 텐데.

• 그는 열심히 공부하지 않기 때문에 시험에 합격할 수 없다.

→ 만약 그가 열심히 공부한다면, 시험에 합격할 수 있을 텐데.

• 나는 마술사가 아니기 때문에, 돌멩이를 금으로 바꿀 수 없다.

→ 만약 내가 마술사라면, 돌멩이를 금으로 바꿀 수 있을 텐데.

• 나는 숫자에 약하기 때문에 수학에서 만점을 받을 수 없다.

→ 만약 내가 숫자에 강하다면, 수학에서 만점을 받을 수 있을 텐데.

• 그는 영어 말하기를 잘하지 못하기 때문에, 우리는 그를 채용하지 않을 것이다.

→ 만약 그가 영어 말하기를 잘한다면, 우리는 그를 채용할 텐데.

• 그녀는 컴퓨터 사용법을 모르기 때문에, 채용되지 않을 수도 있다.

→ 만약 그녀가 컴퓨터 사용법을 안다면, 채용될 수도 있을 텐데.

Pattern Practice p. 115

❶ If he had a car, he would be happy.

❷ If I were a millionaire, I could[would] have an airplane.

❸ If I were not so sick, I could play soccer.

❹ If Michael were not sick, he could go on a picnic.

❺ If I were tall, I could play basketball very well.

해석

❶ 그는 차가 없기 때문에, 행복하지 않다.

→ 만약 그가 차를 가지고 있다면, 그는 행복할 텐데.

❷ 나는 백만장자가 아니기 때문에, 비행기가 없다.

→ 만약 내가 백만장자라면, 비행기를 소유하고 있을 텐데.

❸ 나는 많이 아프기 때문에, 축구를 할 수 없다.

→ 만약 내가 많이 아프지 않다면, 축구를 할 수 있을 텐데.

❹ Michael이 아프기 때문에, 그는 소풍을 갈 수 없다.

→ 만약 Michael이 아프지 않다면, 그는 소풍을 갈 수 있을 텐데.

❺ 나는 키가 크지 않기 때문에, 나는 농구를 잘할 수 없다.

→ 만약 내가 키가 크다면, 나는 농구를 잘할 수 있을 텐데.

B I wish + 가정법 과거(과거동사) / as if + 가정법 과거(과거동사)

예문 해석

1 • 나는 (현재) 부자이면 좋겠다.

= 나는 (현재) 부자가 아니라 유감이다.

• 나는 (현재) 키가 컸으면 좋겠다.

• 나는 (현재) 어른이면 좋겠다.

• 나는 (현재) 스포츠카가 있으면 좋겠다.

= 나는 (현재) 스포츠카가 없어서 유감이다.

• 나는 (현재) 영어 말하기를 더 잘할 수 있으면 좋겠다.

• 나는 (현재) 큰 집에 살면 좋겠다.

2 • 그는 마치 (현재) 자기가 유명한 가수인 것처럼 말한다.

= 사실 그는 (현재) 유명한 가수가 아니다.

• 그녀는 마치 (현재) 자기가 의사인 것처럼 다른 사람에게 말한다.

• Jennifer는 마치 (현재) 모든 것이 괜찮은 것처럼 말한다.

• 그는 마치 (현재) 자기기 모든 것을 알고 있는 것처럼 행동한다.

= 사실 그는 (현재) 모든 것을 알고 있는 것은 아니다.

• Tom은 마치 (현재) 자기가 그 사고에 대해서 모든 것을 알고 있는 것처럼 말한다.

• 그녀는 마치 (현재) 그 강의를 이해하는 것처럼 고개를 끄덕인다.

Pattern Practice

❶ were ❷ could
❸ had ❹ as if, were

C 가정법 과거 대용 표현

예문 해석

1 • 물이 없다면 생물은 생존할 수 없다.
 • 네가 나를 도와준다면, 나는 그 일을 더 일찍 끝낼 수 있을 텐데.
 • 그녀는 영어 말하기를 잘 못한다. 그렇지 않으면 (만약 영어 말하기를 잘한다면) 나는 그녀를 고용할 텐데.

2 • 그가 영어 말하는 것을 들어보면, 당신은 그를 미국인이라고 생각할 것이다.
 • 나는 그녀와 결혼한다면 행복할 텐데.
 • 그가 그 제안을 거절한다면 더 나을 텐데.

3 • 부자 나라에 살았다면, 그는 더 성공적인 사업가가 되었을 것이다.
 • 혼자 남겨진다면, 그녀는 큰 소리로 울 것이다.

4 • 정직한 사람이라면 거짓말을 하지 않을 것이다.

Pattern Practice

❶ it were not for air, we couldn't breathe
❷ I would be happy, I saw her again

해석

❶ 공기가 없다면, 우리는 숨을 쉴 수 없을 것이다.
❷ 만약 그녀를 다시 본다면, 나는 행복할 텐데.

GRAMMAR PRACTICE

A 1 were, could buy 2 were not, could go
 3 knew 4 were
 5 as if, were 6 as if, knew
 7 didn't live, could keep

B 1 I had my own computer
 2 I knew many people
 3 didn't live so far away, would visit you often
 4 didn't rain, could play soccer outside
 5 as if he were an actor
 6 were [was] not too expensive, would buy it

해석
B

1 나는 내 컴퓨터가 없다. (그리고 하나 가지고 싶다.)
 → 나는 내 컴퓨터가 있으면 좋겠다.
2 나는 많은 사람을 모른다. (그리고 외롭다.)
 → 나는 많은 사람을 알고 있으면 좋겠다.
3 네가 매우 멀리 살기 때문에 우리는 너를 자주 방문하지 않는다.
 → 만약 네가 멀리 살지 않는다면, 우리는 너를 자주 방문할 텐데.
4 비가 온다. 그래서 우리는 밖에서 축구를 할 수 없다.
 → 만약 비가 오지 않으면 우리는 밖에서 축구를 할 수 있을 텐데.
5 그는 사람들에게 자기가 배우라고 말한다. 하지만 사실 그는 배우가 아니다.
 → 그는 마치 (현재) 자기가 배우인 것처럼 말한다.

---

6 그 장난감은 너무 비싸다. 그래서 나는 그것을 사지 않을 것이다.
 → 만약 그 장난감이 너무 비싸지 않다면 나는 그것을 살 텐데.

SENTENCE WRITING PRACTICE

A 1 I wish I could win the lottery.
 2 She acts as if she were a famous singer.
 3 If I were you, I would go to his birthday party.
 4 I wish I were slim.
 5 She talks as if she were my mom.

B 1 If I were you, I wouldn't believe him.
 2 If I were a magician, I could change a swan into a beauty.
 3 If I knew Jane's address, I would write to her.
 4 If I were the principal of our school, I would abolish strict rules.
 5 I wish I were a famous singer.
 6 He talks as if he knew the secret.

UNIT 16 가정법 과거완료

A 가정법 과거완료

예문 해석

1 • 만약 내가 부자였더라면, 나는 그 집을 살 수 있었을 텐데.
 • 만약 내가 많은 돈을 가졌더라면, 나는 그 집을 살 수 있었을 텐데.

Pattern Practice

❶ had studied, could have succeeded
❷ hadn't driven, could have passed
❸ had paid, wouldn't have burnt
❹ had known, would have given
❺ had had, could have bought

예문 해석

2 • 그는 열심히 공부하지 않았기 때문에 그는 시험에 합격할 수 없었다.
 → 만약 그가 열심히 공부했더라면, 그는 시험에 합격할 수 있었을 텐데.
 • Susan이 그때 아팠기 때문에, 그녀는 그 회의에 참석하지 않았다.
 → 만약 Susan이 그때 아프지 않았더라면, 그녀는 그 회의에 참석했을 텐데.
 • 어제 비가 왔기 때문에, 우리는 캠핑을 갈 수 없었다.
 → 만약 어제 비가 오지 않았더라면, 우리는 캠핑을 갈 수 있었을 텐데.
 • 그녀가 주의하지 않았기 때문에, 그녀는 영어에서 만점을 받을 수 없었다.
 → 만약 그녀가 주의했더라면, 그녀는 영어에서 만점을 받을 수 있었을 텐데.

p. 121

Pattern Practice

❶ If he had known her phone number, he could have called her.

❷ If I had been rich then, I could have bought the house.

❸ If it had been sunny yesterday, we would have gone on a picnic.

❹ If Jane hadn't worked late, she could have come to the birthday party.

❺ If I had worked part-time after school, I could have earned extra money.

❻ If I had had time, I could have taken a trip.

해석

❶ 그는 그녀의 전화번호를 몰랐기 때문에 그녀에게 전화할 수가 없었다.
→ 만약 그가 그녀의 전화번호를 알았더라면, 그녀에게 전화 할 수 있었을 텐데.

❷ 나는 그때 부자가 아니었기 때문에, 그 집을 살 수 없었다.
→ 만약 내가 그때 부자였다면, 그 집을 살 수 있었을 텐데.

❸ 어제 날씨가 화창하지 않았기 때문에, 우리는 소풍을 가지 않았다.
→ 만약 어제 날씨가 화창했더라면, 우리는 소풍을 갔을 텐데.

❹ Jane은 늦게 일했기 때문에 어제 생일파티에 올 수 없었다.
→ 만약 Jane이 늦게 일하지 않았더라면, 그녀는 어제 생일파티에 올 수 있었을 텐데.

❺ 나는 학교가 끝난 후에 아르바이트를 하지 않았기 때문에 여윗돈을 벌 수 없었다.
→ 만약 내가 학교가 끝난 후에 아르바이트를 했었더라면, 나는 여윗돈을 벌 수 있었을 텐데.

❻ 나는 시간이 없어서 여행을 못갔다.
→ 내가 시간이 있었다면, 여행을 갈 수 있었을 텐데.

B I wish + 가정법 과거완료(had+p.p.) / as if + 가정법 과거완료(had+p.p.)

예문 해석

1 ● 나는 그때 부자였더라면 좋았을 걸.
= 내가 그때 부자가 아니었기에 유감이다.
● 내가 강했더라면 좋았을 걸.
● 나는 고등학교를 졸업한 후에 대학에 갔더라면 좋았을걸.
= 나는 고등학교를 졸업 후에 대학에 가지 않아서 유감이다.
● 내가 그 비밀을 말하지 말았어야 했는데.
= 나는 비밀을 이야기한 것이 유감이다.

2 ● 그는 마치 (과거에) 자기가 유명한 가수였던 것처럼 말한다.
= 사실, 그는 유명한 가수가 아니었다.
● 그녀는 마치 (과거에) 자기가 선생님이었던 것처럼 말한다.
= 사실, 그녀는 선생님이 아니었다.
● 그는 마치 (과거에) 자기가 그 사고의 원인을 알고 있었던 것처럼 행동한다.
= 사실, 그는 그 사고의 원인을 몰랐다.

Pattern Practice

p. 122

❶ hadn't eaten
❷ had studied
❸ had been
❹ as if, had been
❺ as if, had been

C 가정법 과거완료 대용 표현

예문 해석

1 ● 너의 도움이 없었다면, 나는 사업에 실패했었을 것이다.
● 네가 도와줬다면, 나는 그 일을 성공적으로 끝낼 수 있었는데.
● 그때 그녀는 매우 바빴다. 그렇지 않았다면, (만약 바쁘지 않았다면) 그녀는 거기에 갈 수 있었을 텐데.

2 ● 그를 보았다면, 너는 그를 거지라고 생각했을 것이다.
● 그녀가 그 제안(청혼)을 받아들이지 않았더라면 더 좋았을 텐데.

3 ● 그 프로젝트를 성공적으로 끝냈었다면, 그는 승진될 수도 있었을 텐데.
● 부유한 나라에 태어났었더라면, 그는 위대한 사람이 되었을지도 모르는데.

4 ● 진정한 친구였다면 그 약속을 지켰을 텐데.
● 지혜로운 사람이었다면 다르게 행동했었을 텐데.

Pattern Practice

p. 123

❶ If it had not been for the money, we would have failed in business.

❷ It would have been better if he had taken the job.

해석

❶ 그 돈이 아니었다면 우리는 사업에 실패했었을 것이다.
→ 만약 그 돈이 아니었더라면, 우리는 사업에 실패했었을 것이다.

❷ 그가 그 일을 맡았었다면 더 나았을 텐데.
→ 만약 그가 그 일을 맡았었다면, 그는 더 나았을 텐데.

GRAMMAR PRACTICE

p. 124

A 1 were, could buy
2 as if, had been
3 hadn't been, could have gone
4 had been
5 had taken, could have made
6 had known, could have helped

B 1 had lent me the money, could have bought the car
2 hadn't been sick, could have eaten something
3 she had seen the movie
4 had seen him
5 had studied hard, could have passed the exam
6 I had learned to play the guitar when I was young
7 had gone to the party, could have met her

해석
B

1 Tom이 나에게 돈을 빌려 주지 않았기 때문에 나는 차를 살 수 없었다.
→ Tom이 나에게 돈을 빌려 줬더라면, 나는 차를 살 수 있었을 텐데.

2 너는 아팠기 때문에 아무것도 먹지 않았다.
→ 네가 아프지 않았더라면, 뭔가를 먹었을 텐데.

3 Jennifer는 그 영화를 본 것처럼 말한다. 하지만 사실 Jennifer는 영화를 보지 않았다.
  → Jennifer는 마치 그 영화를 본 것처럼 말한다.

4 그를 보았다면, 당신은 그를 신사라고 생각했었을 것이다.

5 나는 열심히 공부하지 않았기 때문에 시험에 합격하지 못했다.
  → 내가 열심히 공부했다면, 시험에 합격했을 텐데.

6 당신이 젊었을 때, 기타 치는 법을 배우지 않았다. 이제 당신은 이것을 후회하며 이렇게 말할 것이다: 기타 치는 법을 배웠더라면 좋았을걸.

7 나는 생일파티에 가지 않았기 때문에 나는 그녀를 만날 수 없었다.
  → 내가 생일파티에 갔더라면, 그녀를 만날 수 있었을 텐데.

SENTENCE WRITING PRACTICE
p. 125

A 1 If I had known your email address, I would have contacted you.
2 She acts as if she had been a famous singer.
3 I wish I had studied harder when I was a student.
4 If I had had enough money, I could have bought the mansion.
5 She talks as if she had been my mom.

B 1 If she had been more careful, the accident would not have happened.
2 He talks as if he had known the secret.
3 If I hadn't eaten food at night, I wouldn't have been so fat.
4 If it had snowed yesterday, we would have gone skiing.
5 I wish I had studied more for the exam.
6 If he had read the email, he wouldn't have made such a big mistake.

Chapter REVIEW TEST
p. 126

A 1 had been   2 came
3 had gone   4 were
5 lived   6 had studied.
7 Were

B 1 had gone   2 had painted
3 had missed   4 had been
5 were   6 pressed
7 were

C 1 is → were
2 didn't eat → hadn't eaten
3 am → were
4 With → Without
5 leave → had left
6 snowed → had snowed

D 1 If he had exercised, he would have been healthy.
2 If she were not sick, she could attend the farewell party.

3 If I were you, I would forgive him.
4 If I hadn't failed in the test, I would have been happy then.
5 If he were wearing his glasses, he could see the board.
6 If I were not fat, I could run fast.

E 1 If I were tall, I could play volleyball well.
2 I wish I were tall.
3 He talks as if he were a famous actor.
4 If I had known her phone number, I would have called her.
5 I wish I had known her phone number.
6 He talks as if he had been a famous actor.

해석

A 1 그는 젊었을 때 마치 가수였던 것처럼 말한다.
2 나는 네가 오늘 밤 내 생일파티에 왔으면 좋겠다.
3 나는 어제 그녀를 만날 수 없었다. 그녀와 함께 콘서트에 갔더라면 좋았을 걸.
4 만약 내가 유명한 가수라면, 행복할 텐데.
5 우리 집은 크지 않다. 큰 집에서 살면 좋을 텐데.
6 만약 내가 더 열심히 공부했었다면, 취직할 수 있었을 텐데.
7 내가 만약 너라면, 나는 그 일자리를 잡을 것이다.

B 1 만약 내가 생일파티에 갔더라면, 나는 그녀를 만날 수 있었을 텐데.
2 만약 그가 더 주의를 했었다면, 그 사고는 발생하지 않았을 텐데.
3 당신은 어제 그 문을 빨간색으로 칠을 했다. 당신은 칠한 것이 좋아 보이지 않는다. 당신은 이렇게 말할 것이다: 그 문을 녹색으로 칠했더라면 좋았을 걸.
4 만약 그가 어제 기차를 놓쳤었더라면, 그는 인터뷰에 늦었을 것이다.
5 내가 그 당시에 대학생이었다면 좋았을 걸.
6 만약 내가 너라면, 나는 그 기회를 잡았을 텐데.
7 만약 내가 저 빨간 버튼을 누르면, 무슨 일이 일어날까?
8 만약 내가 부자라면, 나는 멋진 자동차를 살 텐데.

C 1 그는 마치 자기가 우리 형인 것처럼 말한다.
2 Steve는 마치 하루 종일 아무것도 먹지 않았던 것처럼 피자를 먹었다.
3 만약 내가 너라면, 나는 그의 사과를 받아들일 텐데.
4 너의 도움이 없었다면, 나는 숙제를 하지 못했을 텐데.
5 만약 우리가 더 일찍 떠났었다면, 우리는 기차를 탈 수 있었을 텐데.
6 만약 어제 눈이 왔다면 우리는 스키를 타러 갔을 텐데.

D 1 그는 운동을 하지 않기 때문에, 건강하지 않다.
  → 만약 그가 운동을 했더라면, 건강했을 텐데.
2 그녀는 아프기 때문에, 송별회에 참석할 수 없다.
  → 만약 그녀가 아프지 않다면, 송별회에 참석할 수 있을 텐데.
3 나는 네가 아니기 때문에, 그를 용서하지 않을 것이다.
  → 만약 내가 너라면, 그를 용서할 텐데.
4 나는 시험에 떨어지기 때문에, 그때 기분이 안 좋았다.
  → 만약 내가 시험에 떨어지지 않았더라면, 그때 기분이 좋았을 텐데.

29

5 그는 안경을 쓰고 있지 않기 때문에 칠판을 볼 수가 없다.
  → 만약 그가 안경을 쓰고 있다면, 칠판을 볼 수 있을 텐데.
6 나는 뚱뚱하기 때문에 빨리 달릴 수 없다.
  → 만약 내가 뚱뚱하지 않다면, 빨리 달릴 수 있을 텐데.

IBT토플 Writing 기본 문형 영작 연습   p. 128

B 1 For example, some children suffer from second-hand smoking.
  2 Let's take the insurance for a car accident, for example.
  3 Let's suppose you have cancer, for example.

해석

A 예시(example)를 나타내는 표현들
  1 예를 들어, 일부 다큐멘터리가 학교에서 사용된다.
  2 혼잡한 교차로에서의 교통 신호를 예로 들어 보자.
  3 예를 들어, 당신이 골프에 관심이 있다고 가정해 보자.
  4 역경을 통해서 배우는 한 가지 예는 책임감이다.

CHAPTER 09

접속사

UNIT 17 등위접속사와 상관접속사

A 등위접속사

예문 해석
1 • 우리는 카메라 두 대와 약간의 돈을 가져왔다.
  • 교수가 강의하고 청중은 필기를 했다.
  • 너는 어디로 가야 할지 그리고 그곳에 어떻게 가야 할지를 알고 있니?
  • 그는 그 자료를 복구하려고 최선을 다했지만 실패했다.
  • 나는 그녀를 별로 좋아하지는 않지만 그녀가 일을 잘한다는 것은 인정한다.
  • 경찰이 범인을 잡았지만 그는 다시 탈출했다.

2 • 너는 물이나 탄산음료를 마시고 싶니?
  • 어제 나한테 전화한 사람이 너야, 아니면 Jennifer야?
  • 만약 당신이 우주에 있다면, 아래로 지구를 보거나 달을 봐라.
  • 그는 지쳐서 어젯밤에 일찍 잤다.
  • 이번 가을은 꽤 따뜻해서 낙엽을 볼 수 없었다.
  • 나는 그날 밤에 너무 졸려서 커피 한 잔을 마셨다.

Pattern Practice   p. 130
❶ but   ❷ and
❸ or   ❹ so

해석
❶ Mary는 인내심이 있는 사람인데 오늘은 아니다.
❷ 도둑이 집 안에 침입해서 모든 가전제품들을 훔쳤다.
❸ 휴대전화 게임과 컴퓨터 게임 중에서 뭐가 더 좋니?
❹ 자동차의 휘발유가 떨어지고 있어서 우리는 주유소로 갔다.

B 상관접속사

예문 해석
1 (1) • 너뿐만 아니라 나도 그 순간에는 무기력했다.
       • 아버지는 봄뿐만 아니라 다른 계절에도 등산을 즐기신다.
  (2) • 이 국립공원은 사람을 위한 것이 아니라 야생 동식물을 보존하기 위한 것이다.
  (3) • 너와 나 둘 중의 한 명은 사람들을 위해 희생해야 한다.
       • 우리가 고대 동굴에서 발견한 칼은 요리용이나 무기 둘 중의 하나로 사용되었다.
  (4) • 테러리스트와 인질 둘 다 그 폭발에서 살아남지 못했다.
       • 나는 컴퓨터 게임과 비디오 게임 둘 다 하지 않는다.
  (5) • 그의 컴퓨터와 내 컴퓨터 둘 다 어젯밤에 해킹당했다.
       • David는 세단과 트럭 둘 다 운전을 할 수 있다.

Pattern Practice   p. 131
❶ Tim과 Steve 둘 다 그 위대한 일을 하지 않았다.
❷ 너나 그녀 둘 중의 하나가 그 일을 완성해야 한다.
❸ 네가 어젯밤에 본 그 여자는 탐정이 아니라 기자다.

예문 해석
2 (1) • 경찰과 용의자 둘 다 쫓고 쫓기는 것에 지쳤다.
       • 너와 나 둘 다 쇼의 진행자가 될 것이다.
  (2) • 이 책과 저 책 둘 중에 한 권은 구매되어야 한다.
       • 의회와 왕 양쪽 다 백성들에게 관심이 없다.
       • 학생들이 아니라 선생님이 아프셨다.
       • 너뿐만 아니라 나도 그 소식을 들어서 기쁘다.

Pattern Practice   p. 132
1 ❶ am   ❷ were
  ❸ were   ❹ are
  ❺ were

2 ❶ 나는 영어를 가르치거나 프로 골퍼가 될 것이다.
  ❷ 내가 이야기를 나누고 싶은 사람은 네가 아니라 Susan이다.
  ❸ Max뿐만 아니라 John도 운전 면허 시험에 합격했다.

해석
1 ❶ 그녀와 나 둘 중의 한 명은 경기에서 이길 것이다.
  ❷ 책이 아니라 연필이 없어졌다.
  ❸ 고양이뿐만 아니라 쥐들도 트럭에 치였다.
  ❹ Jane과 Judy 둘 다 그의 누나(여동생)들이다.
  ❺ 쇼 진행자뿐만 아니라 초대 손님들도 당황했다.

GRAMMAR PRACTICE

p. 133

A 1 swimming   2 nor
    3 a star   4 was
    5 are

B 1 but   2 Not only, but also
    3 Both, and   4 not, but
    5 Either, or

C 1 are → is   2 are → is
    3 or → but
    4 Either → Neither

해석

A

1 나는 등산뿐만 아니라 수영도 하고 싶다.
2 엄마와 아빠 둘 다 나를 데리러 오시지 않았다.
3 태양은 행성이 아니라 별이다.
4 너뿐만 아니라 나도 이상한 이야기를 듣는 것에 싫증이 났다.
5 한국과 중국 두 나라는 세계에서 강력한 국가가 되고 있다.

C

1 Tim과 Susan 둘 중의 한 명은 큰일 났다.
2 관광단뿐만 아니라 Jennifer도 에펠탑을 방문하고 있다.
3 나는 컴퓨터 게임을 하고 싶지만 그녀는 인터넷을 하고 싶어 한다.
4 햄버거와 감자튀김 둘 다 건강에 좋지 않다.

SENTENCE WRITING PRACTICE

p. 134

A 1 Either you or I must pass the test.
    2 The person who likes her is not Steve but John.
    3 I like playing tennis not only with Mary but also with Jane.
    4 My father will sell his car not on Monday but on Tuesday.
    5 Both you and I couldn't solve the problem.

B 1 Tim saw either your older sister or your younger sister at the theater yesterday.
    2 My wife really had no time to cook dinner, but she did it anyway.
    3 You can have either my love or my money.
    4 She has not only been to Rome but also to Napoli.
    5 He tried to work hard but the library closed early.

UNIT 18 종속접속사

A 명사절을 이끄는 종속접속사

예문 해석

1 **(1)** • 그가 그 일을 끝냈다는 것은 분명하다.

• Mary는 그 사건과는 아무런 관련이 없다고 말했다.
    • 사실은 Jane이 지난주에 여기에 없었다는 것이다.
(2) • 그가 했든지 안 했든지 나의 관심사가 아니다.
    • 그가 올지 안 올지 모르겠다.
    • 중요한 부분은 Ann이 그의 제안을 수락할지 안 할지다.

2 • 죄수가 어떻게 탈출했는지가 나에게 중요하다.
    • 나는 그가 파티에 언제 올지를 알고 싶다.
    • 주요한 핵심은 무엇을 내가 지금 해야 하는지이다.

Pattern Practice

p. 135

❶ whether 또는 if   ❷ when
❸ that

B 부사절을 이끄는 종속접속사

예문 해석

1 **(1)** • 트럭이 도착하면 우리는 상자를 트럭에 싣기 시작할 것이다.
    • 사장님이 만족할 때까지 계속 열심히 일해라.
    • 그녀는 침대에 눕자마자 잠이 들었다.
    • 그녀가 돌아오기 전에 아이디어를 생각해 낼 수 있게 도와줄래요?
(2) • 누구라도 선을 넘는다면, 경찰이 그 사람을 체포할 것이다.
    • 그녀가 나에게 용서를 구하지 않으면, 나는 그녀를 만나지 않을 것이다.

Pattern Practice

p. 136

❶ she called my name
    부사절 – (when she called my name)
❷ Jane comes back
    부사절 – (If Jane comes back)
❸ my sister will come home tonight
    부사절 없음

해석

❶ 그녀가 나를 불렀을 때 나는 그 보고서를 제출하려던 참이었다.
❷ Jane이 돌아온다면 그는 집에 갈 것이다.
❸ 나는 내 동생이 오늘 밤 언제 집에 올지 모르겠다.

2 **(1)** • 나는 사진작가가 되고 싶기 때문에 나는 밤낮으로 공부한다.
    • 너는 내가 하는 말을 이해하지 못하니까 내일 다시 와라.
    • 운전사가 피곤해서 휴식을 취하려고 차를 세웠다.
(2) • 비록 그녀는 영어 선생님이지만 수학을 꽤 잘 가르친다.
    • 비록 네가 공학을 전공할지라도 영어를 공부해야 한다.
    • 비록 내가 위험에 빠지더라도 나는 여전히 너를 사랑한다.

Pattern Practice

p. 137

❶ Because
    부사절 – <u>Because he was left alone</u>
❷ Although
    부사절 – <u>Although Steve did his best</u>
❸ In spite of
    부사구 – <u>In spite of the fact</u>
❹ Since
    부사절 – <u>Since he was sick</u>
❺ Even if
    부사절 – <u>Even if Jessica was late</u>

해석

❶ 그는 혼자 남았기 때문에 식사를 건너뛰었다.

❷ 비록 Steve는 최선을 다했지만 대회에서 떨어졌다.

❸ 그에게 불리한 증거가 있다는 사실에도 불구하고 그는 그것을 했다는 것을 부인했다.

❹ 그는 아파서 회의에 참석할 수 없었다.

❺ Jessica는 지각했지만, 아무도 알아채지 못했다.

GRAMMAR PRACTICE

p. 138

A 1 either   2 am
    3 even though   4 Even though
    5 comes

B 1 doesn't love   2 While, was watching
    3 until, arrives   4 As soon as
    5 before, closes

C 1 Unless → If 또는 isn't → is
    2 when → although
    3 While → When
    4 will be → is
    5 will need → needs

해석

A

1 그녀는 인형과 강아지 둘 다 선물로 원하지 않았다.

2 그들이 아니라 내가 그 결과에 책임을 지게 될 것이다.

3 Michael은 열심히 공부했지만 시험에 실패했다.

4 비록 그것이 소용없을 거라는 것을 알았지만 나는 최선을 다했다.

5 그녀가 오늘 밤에 돌아오면 우리는 근사한 저녁 식사를 할 것이다.

C

1 책을 주의 깊게 쓰지 않으면 잘 팔리지 않을 것이다.

2 비록 그녀는 열심히 공부했지만 시험은 꽤 어려웠다.

3 그곳에 도착하면 전화해 줘.

4 30분 안에 돈을 찾지 못하면, 그 주인은 당신에게 매우 실망할 것이다.

5 그는 내가 필요할 때만 전화를 한다.

SENTENCE WRITING PRACTICE

p. 139

A 1 Although I have not won a competition before, I'm confident about this one.
    2 Because I was really tired, my wife drove the car instead of me.
    3 Because David has a nice car, he always drives carefully.
    4 My grandfather told me that he had fought in the war.
    5 Nobody has told me when Jennifer will come.

B 1 Do you know what he will do?
    2 Whether Michael succeeds in business or not, I will still love him.
    3 The problem is that he doesn't stay in his position.

    4 I began to like drinking tea as I got older.
    5 Jane is proud, not of Tim's studying hard, but his being kind.
    6 Your homework should be finished before I come back.
    7 Let's talk unless you're busy right now.

Chapter REVIEW TEST

p. 140

A 1 Not only   2 even though
    3 that   4 but
    5 Because of

B 1 Do you know who that lady is?
    2 I want to know why he is always late.
    3 She forgot where she had put the remote control.
    4 My brother remembers what he should do in that situation.
    5 What do you think this means?

C 1 until → since
    2 will save → save
    3 will be → am
    4 If → Whether 또는 or not 삭제
    5 was it → it was

D 1 Susan not only drives well but also carefully.
    2 I have to go to Seoul by bus or train.
    3 If I don't report this before midnight, my name will be on the list.
    4 Although he won the lottery, he wasn't happy.
    5 Although I have lived in this country all my life, it is the first time I have been to the southern provinces.
    6 My father tried to succeed in business, but all his efforts were in vain.
    7 As it was too dark, we couldn't move forward.
    8 If you turn right at the next block, you will find the store.
    9 If you listen to music too loudly, you will have hearing problems in the future.
   10 She came into the room while I was watching TV.

해석

A 1 Antonio뿐만 아니라 나도 그 회의에 참석을 못할 것이다.

2 그는 두통이 있는데도 불구하고 소설을 계속 썼다.

3 그 어린 소년은 지구가 태양 주위를 돈다는 것을 배웠다.

4 약간의 불편함이 있지만 나는 이 작은 마을이 정말 좋다.

5 비가 와서 나는 집에 있어야 했다.

B 1 저 여자가 누구인지 아니?

2 나는 그가 왜 항상 늦는지 알고 싶다.

3 그녀는 리모컨을 어디에 두었는지 잊어버렸다.

4 내 동생은 이러한 상황에서 무엇을 해야 하는지를 기억하고 있다.

5 이것이 무엇을 의미하는 것 같니?

1 나는 두 살 때부터 이 집에서 살아왔다.
2 Mary는 1,000달러를 저축하면 런던을 방문할 것이다.
3 내가 교통 체증에 걸리면 너에게 전화할게.
4 Steve가 일을 끝내든 말든 나는 선생님께 내 그림을 제출할 것이다.
5 엄마는 그것이 무엇이었는지 알아차리지 못하셨다.

IBT토플 Writing 기본 문형 영작 연습
p. 142

B 1 Unlike full-time workers, part-timers can have the benefits of flexible working times.
2 Studying literature develops a sense of art; on the other hand, studying mathematics usually develops logical thinking.
3 On the other hand, people with large families often find it cheaper to eat at home.

해석

A 대조(contrast)의 표현들
1 우리 가족은 저녁 시간에 함께 이야기하고 게임을 하면서 지내곤 했습니다. 그러나 지금 우리는 함께 시간을 내기보다는 이메일 답장을 하거나 인터넷 검색을 합니다.
2 게임을 하는 것은 대부분의 사람들에게 부정적인 영향을 준다고 한다. 그러나 다른 한편으로는 게임이 일부 성인들에게는 스트레스를 해소하는 한 방법이 될 수 있다.
3 경험에서 얻은 지식과는 달리 책에서 얻은 지식은 실행하지 않으면 쉽게 잊게 될 단순한 이론들이다.
4 어떤 국가에서는 사람들이 인사로 서로 포옹을 하는 반면에 다른 나라에서는 악수를 한다.

CHAPTER 10

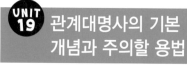

관계사

UNIT 19 관계대명사의 기본 개념과 주의할 용법

A 관계대명사의 기본 개념과 주의할 용법

예문 해석
1 • 그 스태프는 끔찍한 실수를 한 배우에게 소리쳤다.
 • 경찰은 비행기에 있는 인질을 구출하려고 했다.
 • 우리는 천재인 Michael에게 기부할 의향이 있다.
2 • 그녀는 Steve가 좋아하지 않는 그 여자이다.
 • 나는 네가 말한 그 사람을 모른다.
 • 그는 우리가 그에게 소개한 매니저를 좋아한다.

3 • 그녀는 아버지가 명예훈장을 받은 그 학생이다.
 • Mary는 머리카락이 하얀 경비원을 안다.
 • 그의 여동생은 아버지가 회사의 CEO인 Tim을 사랑한다.

Pattern Practice
p. 145
❶ who   ❷ who
❸ who

해석
❶ 나는 마당에서 놀고 있는 아이들을 안다.
❷ 나의 엄마는 그 건물에서 나오고 있었던 어린 소년을 안다.
❸ 그 프로젝트와 관련된 나의 아이디어를 훔친 사람은 바로 John이었다.

B 관계대명사 which/whose[of which]

예문 해석
1 • 일주일 전에 고친 프린터가 또 고장 났다.
 • 나는 내 차 뒤에 주차되어 있던 차를 긁었다.
 • 흰색으로 칠해진 벽에 많은 낙서가 있다.
2 • 이 도구가 시장에서 네가 산 도구니?
 • 이것이 내가 최근에 쓴 책이다.
 • 이 아파트들이 내가 지은 아파트들이다.
3 • 이 차는 품질이 세계에서 최고인 차다.
 • 그녀는 의자가 가죽으로 씌워진 좋은 자전거를 가지고 있다.
 • 이것은 표면이 위대한 선수들의 사인이 가득한 공이다.

C 관계대명사 that

예문 해석
1 • 그녀는 해외에서 2년 동안 공부한 선생님이다.
 • Jennifer가 길 끝에 있는 건물을 구입했다.
 • 내가 쓰고 있는 안경은 한국에서 만들어졌다.
 • 내가 어제 TV에서 본 재즈 음악가는 인상적이었다.
 • 벤치에 앉아 있는 사람을 아니?
2 (1) • 나는 강을 따라 걷고 있는 그 남자와 애완동물을 안다.
 • 광야에 있던 그 농부와 그의 트럭이 사라졌다.
 (2) • 집이 있는 사람이라면 누가 또 집을 사겠는가?
 (3) • Antonio는 그 자료를 복구하는 데 바로 적합한 사람이다.
 • 내 부모님은 나를 영원히 사랑해 줄 유일한 사람들이다.
 • 내 아내가 그 산을 등반한 첫 번째 여성이다.
 • 저 차는 내 인생에서 본 것 중에 가장 비싼 차이다.

D 관계대명사 what

예문 해석
1 • 어제 감독이 지시한 것은 분명 잘못되었다.
 • 그가 지난주에 너에게 한 짓을 기억하니?
 • 이것이 내가 말하고자 했던 것이다.
2 • 그는 소위, 천재다.
 • 더욱 좋은 일은, Mary가 부상에서 회복했다는 것이다.
 • 더욱 나쁜 일은, 존의 집이 불타버렸다는 것이다.
 • 독서와 마음의 관계는 음식과 몸의 관계와 같다.

Pattern Practice

p. 147

1 ❶ which　　　　❷ which

2 ❶ who → that　　❷ Who who → Who that
　❸ who → that　　❹ That → What
　❺ What → That
　❻ what is better → what is worse

해석

1 ❶ 내가 지난주에 구입한 책을 줘.
　❷ 주차금지 구역에 주차된 차들은 견인될 것이다.

2 ❶ 차고 안에 있던 운전사와 그의 개는 화재 중에 사망했다.
　❷ 그의 주장을 옹호하는 자는 사형선고를 받게 될 것이!
　❸ 그녀가 그 문제를 다룰 수 있는 바로 그 사람이다.
　❹ 그가 어제 한 것은 정말 놀라웠다.
　❺ Jane이 정직하다는 것은 분명 사실이다.
　❻ 나는 지갑을 잃어버렸는데, 설상가상으로 누군가가 내 차를 훔쳤다!

E 복합관계대명사(-ever)

예문 해석

1 • 누구든지 가난한 자를 돕는 자는 축복을 받을 것이다.
　• 누구든지 사실을 말하면 용서를 받을 것이다.
　• 네가 좋아하는 사람 누구에게든 그것을 줘라.

2 • 네가 가지고 싶은 어느 것이든 골라도 된다.
　• 그가 어느 쪽을 사용하든 아무것도 화면에 나타나지 않을 것이다.
　• 어느 쪽을 가져가든지 난 전혀 상관 안 한다.

3 • 무엇을 하든, 빨리 해라.
　• 내가 무엇을 하든 그녀는 그것에 대해 신경을 쓰지 않는 것 같다.
　• 결과가 무엇이든지 나는 너희 모두를 믿을 것이다.

Pattern Practice

p. 148

❶ 그들이 원하지 않는 것은 무엇이든지 네가 가져도 좋아.
❷ 어느 쪽을 선택하든지 너는 실망할 것이다.
❸ 우리 집에 오는 사람은 누구든지 환영이다.

F 관계대명사의 생략

예문 해석

1 • 나는 한 남자를 쫓고 있는 경찰관을 봤다.
　• 건물에서 실려 나간 여자는 내 친구였다.
　• 그녀는 다른 사람과 대화하고 있는 사람을 가리켰다.

2 (1) • 내가 지난달에 채용한 사람과 대화를 해 봤니?
　• 그녀는 내가 만든 조각상과 비슷한 것을 만들었다.
　• 그가 그녀에게 준 꽃이 정말 아름다웠다.
　(2) • 우리가 얘기했던 아이는 다른 학교로 전학을 갔다.
　• 나는 네가 같이 논 그 치어리더가 싫다.
　• 이것이 내가 찾고 있었던 책이다.

Pattern Practice

p. 149

❶ 생략 불가능　　❷ 생략 가능
❷ 생략 가능　　　❹ 생략 불가능

해석

❶ 우리가 찾고 있는 책은 표지가 회색이다.
❷ 그녀는 내가 신뢰하지 않는 사람이다.
❸ 내가 본 사람이 나에게 오늘 돌아오라고 말했다.
❹ 네가 보고 있는 스마트폰은 내 것이다.

GRAMMAR PRACTICE

p. 150

A　1 which　　　　2 who
　　3 What　　　　4 which
　　5 that

B　1 which　　　　2 who
　　3 who　　　　4 who
　　5 that

C　1 that → which　　2 which → whom
　　3 whose → that　　4 aren't → isn't
　　5 whom → who

해석

A

1 나는 인터넷에서 리뷰를 읽은 역사 박물관에 갔다.
2 항상 수업 중에 집중하지 않는 학생이 여러 명 있다.
3 방금 네가 말한 것은 충격적이었다.
4 나는 우리가 찾고 있었던 잃어버린 기록을 발견했다.
5 해변에 있던 여자와 그녀의 자전거가 사라졌다.

C

1 그가 앉아 있는 벤치는 방금 칠한 것이다.
2 Jane은 네가 의지할 수 있는 여자이다.
3 그녀는 한국의 첫 우주인으로 선정된 바로 그 사람이다.
4 탁자에 있는 빵은 내 것이 아니다.
5 그녀는 쉽게 포기하는 사람들을 좋아하지 않는다.

SENTENCE WRITING PRACTICE

p. 151

A　1 I have seen the woman who is driving that car before.
　　2 She is the woman who gave me a cup of coffee.
　　3 The computer which erased all my data is an expensive one.
　　4 I know a person whose brother works at the WHO.
　　5 We are witnessing strange phenomena these days which are difficult to explain.

B　1 Tim is the student who can solve math problems the fastest.
　　2 The air conditioner which is on the wall needs to be cleaned.
　　3 We gave a tip to the guide who guided us.
　　4 Where are the keys which were in my pocket?
　　5 I admire people who have lots of patience.

UNIT 20 관계부사의 기본 개념과 주의할 용법

A 관계부사 when/where/why/how

예문 해석

1 **(1)** • 이곳이 내가 어렸을 때 살던 집이다.
   • 이곳이 도둑들이 숨었던 창고니?
   • 하늘이 파랗고 공기는 상쾌한 곳이 있다.
   (2) • 오늘이 내가 그에게 보고를 해야 하는 날이다.
   • 2020년은 나만의 사업을 시작하게 될 연도이다.
   • 9시는 대부분의 뉴스 프로그램이 시작하는 시간이다.

2 **(1)** • 나는 그녀가 왜 그 사실들을 언급했는지 모르겠다.
   • 그녀는 왜 시험을 포기했는지 나에게 얘기해야 할 것이다.
   • 이것들이 Steve가 그 프로젝트에 참여한 이유들이다.
   (2) • 내가 거기에 어떻게 가야 할지 얘기해 줄 수 있니?
   • 우리는 어떻게 그 소녀가 그 어려운 문제를 풀었는지 모르겠다.
   • 이것이 Michael이 그 사고를 피한 방법이다.

Pattern Practice   p. 153
❶ when   ❷ where
❸ how 또는 the way   ❹ why

B 복합관계부사(-ever)

예문 해석

1 • 네가 가는 곳이 어디든지 너와 함께 가겠다.
   • 적이 숨어 있는 곳이 어디든지 언젠가 나는 그를 찾을 것이다.
   • 그들이 가고 싶은 곳이 어디든지 가게 해 줘라.

2 • 너는 네가 원하는 때 언제든지 가도 된다.
   • 언제든 가능할 때 나에게 전화를 해 줘.
   • 문제가 있을 때마다 그는 나타난다.

3 • 아무리 오래 걸릴지라도 Jane은 존을 기다릴 것이다.
   • 아무리 내가 피곤해도 나는 이 일을 포기하지 않을 것이다.
   • 아무리 그 일이 어려울지라도 우리는 그것을 끝낼 것이다.

Pattern Practice   p. 154
❶ 어디든지 네가 컴퓨터를 놓고 싶은 데 놔도 괜찮다.
❷ 나는 언제든지 내가 좋을 때 여기에 올 것이다.
❸ 아무리 열심히 노력해도 그는 자꾸 실패했다.
❹ 네가 어디를 가든 난 너를 잊지 않을 거야.
❺ 네가 아무리 부자일지라도 다른 사람을 업신여겨서는 안 된다.

C 관계부사 vs 관계대명사

예문 해석

1 • 이곳이 내가 사는 건물이다.
2 • 이곳이 내가 사는 건물이다.

Pattern Practice   p. 155
❶ which   ❷ which
❸ where   ❹ which

---

❺ where

해석
❶ 무지개 색깔이 있는 이상한 건물을 봤니?
❷ 내일은 시 축제가 시작하는 날이다.
❸ 그녀가 사는 집은 다음 블록에 있다.
❹ 이곳을 우리 상품이 사는 원룸이다.
❺ Jack이 일하는 사무실은 여기서 멀지 않다.

GRAMMAR PRACTICE   p. 156

A 1 where   2 when
   3 Wherever   4 where
   5 why

B 1 Today is the day on which our school was founded.
   2 Tell me how you sold your laptop for a good price.
   3 Tell me the resort where you and your wife stayed.
   4 That is the reason why Jennifer left him two days ago.
   5 This is how the prisoner escaped from the prison.

C 1 where → which 또는 in을 삭제
   2 Whenever → However
   3 which → where 또는 in을 which 앞에 추가
   4 the way와 how 둘 중의 하나 삭제
   5 when → where
   6 which → why

해석
A
1 이 감옥이 일본인들이 한국인들을 고문했던 곳이다.
2 다음 주 토요일이 내가 쇼를 진행해야 하는 날이다.
3 우리 다음 목표시장이 어디든지, 우리는 빠르게 움직여야 한다.
4 민간인들은 독가스로부터 안전한 이 건물 안에 있어야 한다.
5 너는 그 프로젝트가 취소된 이유를 알게 되면 충격을 받을 것이다.

B
1 오늘이 우리 학교가 설립된 날이다.
2 네 노트북 컴퓨터를 좋은 가격에 판 방법을 알려 줘.
3 너와 아내가 머물렀던 리조트를 나에게 말해 줘.
4 그것이 Jennifer가 그를 이틀 전에 떠난 이유이다.
5 이것이 죄수가 교도소에서 탈출한 방법이다.

C
1 나는 그녀가 사는 아파트를 방문하고 싶다.
2 아무리 지루할지라도 나는 여전히 그의 연극을 좋아한다.
3 이곳이 그 영화배우가 사는 집이다.
4 그것이 그때 이후로 그가 나를 대했던 방식이다.
5 이곳이 내가 축구를 하곤 했던 학교다.
6 나는 그녀가 왜 나를 싫어하는지 모르겠다.

SENTENCE WRITING PRACTICE   p. 157

35

A 1 Return the book to me whenever it is convenient for you.
2 That is how our boss solved the problem.
3 That is the reason why Tim didn't come to the Friday night party.
4 The year 2002 was the year when we were all excited about the World Cup.
5 Michael lives in an apartment where there are lots of foreigners.

B 1 Winter is the season when it is difficult for us to work.
2 I can't remember the year when I first went to Germany.
3 How could I forget the theater where we first met!
4 This is the reason why he made me suffer.
5 Could you tell me how you got a perfect score?
6 However hard you study, you won't succeed as much as I have.
7 Wherever you are, don't forget that we're always with you.

Chapter
REVIEW TEST

p. 158

A
1 how 2 whose
3 that 4 Whoever
5 which

B
1 whom 2 where
3 which 4 who
5 What

C
1 are → is 2 is → are
3 are → is 4 what → who 또는 that
5 What → That

D 1 That man is the person whom I have to deal with.
2 Whenever I try to send a file to you, I get disconnected from the Internet.
3 The item which Mary ordered will be delivered to John.
4 I bought the CD of the jazz musician whom I saw on TV.
5 Whoever crosses this yellow line will be punished.
6 The place where Ann wants to go is too far away and too expensive to travel to.
7 The employee, who should be kind to customers, was very rude to a customer.
8 This is the place where our ancestors ruled.
9 The work which she finished yesterday was the work which I couldn't do.
10 The people working at his store are all his family.

해석

A 1 그녀가 어떻게 우리 계획을 알았는지 알아내고 싶다.
2 길고 곱슬머리인 여자를 본 적이 있니?
3 방에 있었던 수리공과 냉방기 둘 다 없어졌다.
4 누구든지 내 컴퓨터를 쓰는 사람은 부정행위자로 간주할 것이다.
5 두 섬을 연결하는 다리는 아름다워 보인다.

C 1 부모님을 방문하고 있는 David는 다음 주에 L.A.로 돌아올 것이다.
2 그 마법사가 말한 것들은 모두 이 책에 있다.
3 나의 아빠는, 소위 만물박사다.
4 우리 회사를 방문한 바이어는 중국에서 왔다.
5 그가 게으른 사람이라는 것은 분명하다.

IBT토플 Writing 기본 문형 영작 연습

p. 160

B 1 In the lecture, the speaker cast doubt on the necessity of the death penalty, which was explained in the reading.
2 In the lecture, the speaker proposed solutions to illegal immigration, which were expressed in the reading.
3 In the lecture, the speaker suggested possible solutions to the unemployment problem.

해석

A 통합형 작문의 서론 주제문에 자주 사용되는 표현들
1 강의에서, 화자는 독해지문에서 표현된 2개 국어 교육의 이점에 대한 의문을 제기했다.
2 강의에서, 화자는 독해지문에서 설명된 세계 빈곤 문제에 대한 해결 방안을 제시했다.
3 강의에서, 화자는 독해지문에서 논의된 기준 치료법에 대한 대안을 제안했다.

CHAPTER 11

명사와 관사

UNIT 21 문장의 구성

A 셀 수 있는 명사(Countable Nouns)

예문 해석
1 • 한 여학생이 자신의 선생님과 이야기를 하고 있다.
• 많은 여학생들이 그들의 선생님과 이야기를 하고 있다.
• 우리 가족은 대가족이다.
cf. 우리 가족은 모두 잘 있다.
• 몇몇 가족이 함께 파티를 하고 있다.

2 • 나에게 좋은 생각이 있다.

• 우리는 그 목표를 달성하기 위한 두 가지 계획을 가지고 있다.

Pattern Practice
p. 162

❶ student → students　❷ is → are
❸ idea → ideas　❹ girl → girls
❺ computer → computers

해석
❶ 많은 학생들이 그 행사에 참석했다.
❷ 우리 식구는 모두 일찍 일어나는 사람들이다.
❸ 그들을 그 문제를 풀기 위한 몇 가지 아이디어를 가지고 있다.
❹ 많은 여학생들이 선생님과 이야기를 하고 있다.
❺ 그는 컴퓨터 몇 대를 가지고 있다.

B 셀 수 없는 명사(Uncountable Nouns)

예문 해석
1 • 물은 수소와 산소로 이루어져 있다.
　• 대도시에서는 많은 물이 필요하다.
　• 해변에는 많은 모래가 있다.

2 • 행복은 만족에서 온다.
　• 정직이 최선의 정책이다.

3 • 에디슨은 위대한 발명가였다.
　• 서울은 세계의 대도시들 중의 하나이다.
　• 한국은 중국과 일본 사이에 위치한다.

Pattern Practice
p. 163

❶ are → is　❷ a justice → justice
❸ seoul → Seoul　❹ come → comes

해석
❶ 그 프로젝트를 끝내기 위해서는 많은 돈이 필요하다.
❷ 사람들은 정의를 원한다.
❸ 많은 사람들이 서울에 산다.
❹ 행복은 만족으로부터 온다.

C 명사의 단·복수 구분과 주의할 점

예문 해석
1 • 그는 새 구두 한 켤레를 샀다.
　• 그녀는 기념식에서 대통령과 악수를 했다.
　• 나는 Michael과 친구가 되고 싶다.

2 • 수학은 어려운 과목이다.
　• 미국은 초강대국이다.

4 • 충치는 종종 통증을 유발한다.
　• 그는 시험에 합격하기 위해서 많은 노력을 했다.

5 • Susan은 금발머리이다.
　• 그녀는 수프에서 머리카락 하나를 발견했다.
　• 불이 나무를 태운다.
　• 지난밤에 화재가 한 건 발생했다.

Pattern Practice
p. 164

❶ a letter → letters
❷ are → is

해석
❶ 나는 그와 함께 편지를 교환했다.
❷ 통계학은 이해하기가 매우 힘들다.

D 명사의 수량 표시

1 • 학생들은 각자 컴퓨터를 가지고 있다.
　• 모든 학생들이 컴퓨터를 가지고 있다.
　• 두 학생 모두 자신의 컴퓨터를 가지고 있다.
　• 몇 명의 학생들이 자신의 컴퓨터를 가지고 있다.
　　cf. 자기 컴퓨터를 가지고 있는 학생이 거의 없다.
　• 여러 학생들이 자신의 컴퓨터를 가지고 있다.
　• 많은 학생들이 자신의 컴퓨터를 가지고 있다.
　• 많은 학생들이 자신의 컴퓨터를 가지고 있다.

2 • 내일 비가 조금 올 것이다
　　cf. 내일 비가 거의 오지 않을 것이다.
　• 지난 6월에 많은 비가 왔다.
　• 지난 6월에 많은 양의 비가 왔다.

3 • 우리는 현대사에 대한 책이 몇 권 있다.
　• 우리는 냉장고에 우유가 약간 있다.
　• 많은 학생들이 웅변대회에 참가했다.
　• 우리는 이 프로젝트를 끝내기 위해 많은 시간이 필요하다.
　• 대부분의 학생들이 시험에 합격했다.
　• 대부분의 물이 오염되었다.
　• 모든 학생들이 시험에 합격했다.
　• 모든 물이 오염되었다.

Pattern Practice
p. 165

❶ students have → student has
❷ times → time

해석
❶ 모든 학생들이 자신의 휴대전화를 가지고 있다.
❷ 우리는 면접 전에 약간의 시간이 있다. (참고: times는 '시대'를 뜻함)

GRAMMAR PRACTICE
p. 166

A
1 C	2 UC
3 UC	4 UC
5 UC	6 C

B
1 mistakes	2 has
3 is	4 like to
5 is	6 a great deal of

C
1 stadium → stadiums　2 the Korea → Korea
3 sister-in-laws → sisters-in-law
4 boy → boys　5 pain → pains
6 was → were　7 people → person

해석
A
1 작년에 우리 팀이 경기를 이겼다.
2 우리는 냉장고에 충분한 고기를 가지고 있다.
3 나는 오늘 저녁에 할 숙제가 많다.

4 서울은 한국에서 가장 큰 도시이다.
5 Tim은 검은 머리를 가지고 있다.
6 그 경찰관이 바닥에서 머리카락 하나를 발견했다.

B

1 그 책에는 철자가 틀린 곳이 몇 군데 있다.
2 그 축구팀에는 팀원이 많다.
3 빵집에서는 그 모든 빵을 만들기 위해 많은 물을 필요로 한다.
4 많은 사람들이 애완동물 기르기를 좋아한다.
5 경제학은 매우 흥미로운 과목이다.
6 그는 은행 계좌에 많은 돈을 가지고 있다.

C

1 서울에는 경기장이 몇 개 있다.
2 그는 한국 출신이다.
3 나에게는 많은 처제(시누이)들이 있다.
4 대부분의 남자 아이들은 RPG 게임 하기를 좋아한다.
5 그녀는 성공하기 위해 많은 노력을 했다.
6 지난밤에 그 도시에서 두 건의 대형 화재가 발생했다.
7 모든 사람은 각자 자신만의 재능을 가지고 있다.

SENTENCE WRITING PRACTICE
p. 167

A 1 I have no idea.
   2 Politics is an interesting subject.
   3 We had much snow last winter.
   4 I shook hands with Miss Korea.
   5 Every room has a TV set in it.

B 1 The computer program has few errors.
   2 The United States is a big country.
   3 Each room of this hotel has a special lock.
   4 Most of the milk in the refrigerator has gone bad.
   5 I want to make friends with him.
   6 Two families are arguing over the parking problem.
   7 A number of fans bought tickets for the concert.

UNIT 22 관사

A 부정관사(a/an)의 용법

예문 해석
2 (1) • 그는 차를 가지고 있지만 나는 없다.
   • 그녀는 학생이고 그는 선생님이다.
  (2) • 나는 불어를 한 자도 모른다.
   • 그들은 여기에 일주일 동안 머물 것이다.
  3) • 그녀와 나는 같은 나이이다.
   • 같은 깃털의 새들이 함께 모인다. (유유상종)
  (4) • 개는 영리한 동물이다.
   • 고양이는 독립적인 동물이다.
  (5) • 나는 하루에 두 시간씩 걷곤 했다.

• 그는 일주일에 한 번 수영을 한다.
(6) • 우리 할머니는 한동안 우리 집에 머무실 것이다.
   • 그녀는 어느 화창한 날에 한국을 떠났다.

3 (1) • 네가 나가 있는 동안에 Brown 씨라는 사람이 너를 찾아왔었다.
   • Steve는 에디슨과 같은 사람이 되기를 원한다.
   • 이것은 약 100년 전에 그려진 Picasso의 작품이다.
  (2) • 이것은 그들이 보통 때 주는 것과는 다른 종류의 와인이다.
  (3) • 그는 지난겨울에 나에게 친절을 베풀었다.

Pattern Practice
p. 169

1 ❶ 나는 불어라고는 한 자도 모른다.
  ❷ 그와 나는 같은 나이다.
  ❸ 같은 종류의 새들이 함께 모인다.
  ❹ 개는 충성스런 동물이다.
  ❺ 그녀는 거기에서 한 달 동안 머물 것이다.

2 ❶ 나는 Bill Gates와 같은 사람이 되고 싶다.
  ❷ 그는 일주일에 세 번 조깅을 한다.
  ❸ 그녀는 여기에 한동안 머물 것이다.
  ❹ 이것은 120년 전에 그려진 피카소의 작품이다.
  ❺ 그녀는 한 달에 한 번 영화를 보러 간다.

B 정관사(the)의 용법

예문 해석
1 (1) • 나는 가게 하나를 알고 있다. 그 가게에 흥미로운 물건들이 많이 있다.
   • 너 빨간색 도시락통 봤니? 응. 그 도시락통 저기 있어.
  (2) • 책상 위에 있는 그 책은 내 것이다.
   • 나는 Johnson 씨의 결백을 보증합니다.
  (3) • 문을 좀 닫아 주시겠습니까?
   • 너무 덥네요. 창문 좀 열어 주세요.
  (4) • George Washinton은 미국의 초대 대통령이었다.
   • 그녀는 이 아파트 2층에 산다.
  (5) • 그는 우리 반에서 가장 키가 큰 학생이다.
   • 그녀는 우리 반에서 가장 아름다운 여학생이다.
  (6) • 태양은 달보다 훨씬 더 크다.
   • 지구는 태양계에서 태양으로부터 세 번째에 있는 행성이다.
  (7) • 많은 식물들이 바닷속에 살고 있다.
   • 새들이 하늘 높이 난다.

Pattern Practice
p. 170

❶ A book → The book   ❷ first → the first
❸ a solar → the solar   ❹ tallest → the tallest

해석
❶ 탁자 위에 있는 그 책은 Jennifer의 것이다.
❷ 그는 달에 착륙한 최초의 인간이었다.
❸ 금성은 태양계의 두 번째 행성이다.
❹ 그녀는 우리 학교에서 가장 키가 큰 여학생이다.

예문 해석
2 • 그는 둘 중에서 더 똑똑하다.
 • 우리 엄마가 내 이마에 뽀뽀했다.
 • 그 가게에서는 사탕을 킬로그램 단위로 판다.
 • 부자들이 가난한 사람들보다 항상 더 행복한 것은 아니다.

C 관사를 사용하지 않는 경우

예문 해석

1 • Susan은 지금 아침을 먹고 있는 중이다.
  • 우리는 두 시간 전에 점심을 먹었다.
    cf. 우리는 두 시간 전에 점심을 아주 잘 먹었다.

2 • 오늘 오후에 함께 테니스를 치자.
  • 나는 어제 학교에서 친구들과 함께 축구를 했다.

3 • 그들은 다음 주 월요일에 비행기 편으로 중국에 갈 것이다.
  • 너는 이메일로 나의 대답을 받게 될 것이다.

4 • 그는 월요일에서 금요일까지 학교에 간다.
    cf. 그는 지난 월요일에 (볼일이 있어서) 학교에 갔다.
  • 그녀는 일요일마다 교회에 간다.
    cf. 그녀는 지난 월요일에 (볼일이 있어서) 교회에 갔다.

5 • Bush 대통령은 테러 문제에 대해서 언급했다.
  • "웨이터, 물 한 컵만 갖다 주세요."

Pattern Practice
p. 171

❶ a cheek → the cheek
❷ the basketball → basketball
❸ the lunch → lunch

해석

❶ 우리 엄마가 내 뺨에 뽀뽀했다.
❷ 우리는 지난밤에 공원에서 농구를 했다.
❸ 그들은 한 시간 전에 점심을 먹었다.

GRAMMAR PRACTICE
p. 172

A 1 an   2 a
3 an   4 a
5 an   6 an
7 an

B 1 a   2 the
3 X   4 a
5 X   6 The
7 X

C 1 A sun → The sun
2 the baseball → baseball
3 a gram → the gram
4 tallest → the tallest
5 A doctor → The doctor
6 violin → the violin
7 child → a child.

해석

A

1 그는 정직한 학생이다.
2 그는 고향에 집을 한 채 가지고 있다.
3 밖에 비가 오고 있다. 우산을 가지고 왔어야 했는데.
4 그 도시에 대학이 하나 있다.
5 그는 Edison과 같은 사람이 되기를 원한다.
6 그 건물에는 각 층마다 출구가 있다.
7 Steve는 미래에 엔지니어가 되기를 원한다.

B

1 그는 한 달에 두 번 나에게 편지를 썼다.
2 Michael은 나에게 펜 또는 연필을 권했다. 나는 펜을 선택했다.
3 그녀는 골프 치는 법을 배우고 있다.
4 우리는 함께 멋진 저녁식사를 했다.
5 그의 가족은 일요일 마다 교회에 간다.
6 해변에서의 일몰은 아름답다.
7 나는 팩스로 대답을 주겠다.

C

1 태양이 태양계에서 가장 큰 물체이다.
2 우리는 어제 그들과 함께 야구를 했다.
3 그들은 가게에서 소금을 그램 단위로 판다.
4 Susan은 우리 반에서 가장 키가 큰 학생이다.
5 나는 한 의사를 알고 있다. 그 의사는 가난한 사람들을 매우 많이 돕는다.
6 바이올린 연주법을 배우는 데는 시간이 걸린다.
7 그는 어렸을 때 매우 활동적이었다.

SENTENCE WRITING PRACTICE
p. 173

A 1 A dog is a clever animal.
2 I play tennis three times a week.
3 I want to buy a Picasso.
4 He was the third president of Korea.
5 The moon is smaller than the Earth.

B 1 The Earth moves around the Sun.
2 We had a wonderful dinner at the party last night.
3 They went to Busan by car.
4 They sell rope by the meter.
5 Steve and Susan are having lunch in the cafeteria now.
6 He hit me in the stomach yesterday.
7 The rich are not always happier than the poor.

Chapter REVIEW TEST
p. 174

A 1 are   2 is
3 consists of   4 has
5 are   6 books
7 has

B 1 an   2 a
3 X   4 the
5 the   6 A

C 1 many → a lot of 또는 much
2 a CEO → the CEO   3 the school → school
4 dove is → doves are   5 the taxi → taxi
6 a life → the life   7 potato → potatoes

D 1 has many   2 four sons-in-law
3 blue jeans   4 a few

E 1 once a year
2 the first woman president
3 The young, the old
4 by the liter

F 1 Knowledge is power.
2 Seoul is the largest city in Korea.
3 I lost my glasses at school yesterday.
4 There were two big fires in the downtown area last night.
5 She goes swimming four times a week during the summer.

해석

A 1 우리 가족은 모두 일찍 일어나는 사람들이다.
2 전 세계적으로 매일 많은 커피가 소비된다.
3 필리핀은 수천 개의 섬으로 이루어져 있다.
4 오늘날에는 모든 집에 TV가 있다.
5 매년 많은 외제차들이 한국에서 판매된다.
6 나는 공상과학영화에 대한 책이 몇 권 있다.
7 모든 우유가 더운 날씨 때문에 상했다.

B 1 그는 정직한 사업가다.
2 그들은 그 산을 일주일에 두 번 오른다.
3 우리는 오늘 아침 일찍 아침 식사를 했다.
4 Susan은 이 건물의 4층에 산다.
5 커다란 비행기 한 대가 하늘 높이 날고 있다.
6 Johnson 씨라는 사람이 어제 당신을 만나러 왔었다.

C 1 피아노 치는 법을 배우는 데는 많은 시간이 걸린다.
2 그는 10년 동안 이 회사의 CEO였다.
3 어떤 학생들은 학교에 가는 것을 좋아하지 않는다.
4 올림픽 경기를 기념하기 위해 많은 비둘기가 하늘로 날려 보내졌다.
5 우리는 거기에 택시로 갈 것이다.
6 어제 나는 Edison의 일생에 대한 책을 읽었다.
7 그 음식을 요리하기 위해서는 약간의 밀가루, 당근 한 개, 그리고 감자 여러 개가 필요하다.

IBT토플 Writing 기본 문형 영작 연습
p.176

B 1 Many students desire to study abroad because they can experience a new culture firsthand.
2 Most people carry cell phones these days. because they are convenient.
3 Parents are the best teachers because we maintain a relationship with them throughout our lives.

해석

A 인과 관계(cause and effect)를 나타내는 표현들
1 점점 더 많은 젊은이들이 요즘 해외에서 공부하기를 원하는데, 그 이유는 그들이 외국어 실력을 향상시키고 다른 문화를 경험하기 위해서이다.
2 더 많은 사람들이 최근 몇 년 사이에 비만이 되었는데, 그 이유는 올바르지 못한 식생활과 운동 부족 때문이다.

3 우리는 노후를 위해 가능한 일찍 대비되어야 한다. 그 이유는 평균수명이 점점 더 길어지기 때문이다.

CHAPTER 12

대명사

UNIT 23 인칭 · 소유 · 재귀 · 지시 대명사

A 인칭 대명사

예문 해석

1 • 내 친구들은 각자의 짝들과 함께 파티에 올 것이다.
• 이 교실에 있는 모든 남자 아이들은 내일 자신이 가장 좋아하는 책을 가지고 와야 한다.
• 우리 반의 모든 여자 아이들은 자신의 수영복이 있다.

2 • 항상 노인을 공경해야 한다.
• 다른 사람들에게 친절해야 한다.
• 교통 법규를 항상 지켜야 한다.

Pattern Practice
p. 178

1 Our
2 They, me
3 Its
4 us

해석

❶ 우리 집은 지금 페인트칠이 되고 있다.
❷ 나는 클럽에서 일하는 사람들을 몇 명 만났다. 그들은 나에게 친절했다.
❸ 그녀는 지난주에 새 차를 구입했다. 그것의 색깔은 회색이다.
❹ 나는 이 초콜릿 케이크가 우리를 위한 것이라고 확신한다.

B 소유격과 소유 대명사

예문 해석

1 • 모퉁이에 있는 차는 그의 차다.
• 그 기계는 자체 발전기가 있다.
• 그들의 카페는 이 마을에서 큰 성공을 거두었다.
cf. 그녀는 집에 멋진 수영장이 있다.

2 • 이것이 너의 문법 · 작문 책이고 저것은 나의 것이다.
• Jane은 빨간 스포츠카가 그녀의 것이라고 말한다.
• 엄마, 내 스마트폰이 고장 났어요. 엄마의 것을 사용해도 될까요?
cf. 모퉁이에 있는 건물이 그의 것이라고들 한다.

Pattern Practice
p. 179

1 he's → his
2 her 또는 the 삭제
3 mine → my 또는 phone 삭제

4 your → yours
5 their → they're / they're → theirs

해석

❶ 아빠는 아빠만의 차를 갖기를 원하신다.
❷ 선생님이 학생들의 스마트폰을 압수하셨다.
❸ 그 빨간 휴대전화는 내 것이다.
❹ 안녕하세요, 여러분! 이 노란 셔츠들은 모두 여러분의 것입니다!
❺ A: 이 스티커들이 우리의 것이니?
　　B: 아니, 그것들은 그들의 것이야.

C 재귀대명사

예문 해석

1 • 내 딸은 너무 어려서 스스로 씻지 못한다.
　• Mary는 연못으로 뛰어들었다.
　• 그들은 댄스 파티에서 즐겼다.

2 • 대통령이 직접 학생들 앞에서 연설을 했다.
　• Susan이 직접 손님들을 위해 저녁 식사를 준비했다.
　• 그녀가 직접 배관 공사를 했다.

3 • 그녀는 홀로 벤치에 앉아 있었다.
　• 그 환자는 혼잣말을 했다.
　• 나는 테러리스트들이 제정신이 아니라고 생각한다.
　• 그녀가 스스로 지불했니?
　• Mary와 Steve는 사고를 자신들의 탓으로 돌렸다.
　• 케이크 마음껏 드세요.

Pattern Practice　　　　　p. 180

1 ❶ 강조 용법　　　　　❷ 재귀 용법
　❸ 강조 용법

2 ❶ 그 어린 여자아이는 혼자 옷을 입을 수 있다.
　❷ 그런 말을 하다니 그들은 완전히 정신이 나간 게 틀림없다.

해석

1 ❶ 그녀가 직접 그 문을 열었다.
　❷ 아이들이 수영장에서 재미있게 놀았다.
　❸ 내가 직접 시장에 갔다.

D 지시 대명사

예문 해석

1 • 이것은 내가 제일 좋아하는 자동차야. 저것이 네가 제일
　　좋아하는 자동차니?
　• 나는 소설책과 백과사전이 있다. 이것들이 모두 내 책이다.
　• 길 건너편에 차가 여러 대 있다. 그것들은 우리 아빠의 차들이다.
　• A: 이것이 네 열쇠니?　　　B: 네, 그렇습니다.
　　A: 저것이 네 열쇠니?　　　B: 네, 그렇습니다.
　　A: 이것들이 네 열쇠들이니?　B: 네, 그렇습니다.
　　A: 저것들이 네 열쇠들이니?　B: 네, 그렇습니다.

2 • 건강이 부보다 더 중요하다. 후자는 전자보다 덜 중요하다.
　• 포유류는 파충류보다 더 따뜻한 체온을 가지고 있다. 후자는
　　냉혈동물이고 전자는 온혈동물이다.
　　= 전자는 온혈동물이고 후자는 냉혈동물이다.
　• 스페인인과 독일인이 강을 따라 걷고 있었다. 전자는 키가 크고
　　후자는 키가 작다.

3 • 일본의 인구가 한국의 인구보다 크다(많다).

• 내 고향의 나무들은 너의 고향의 나무들보다 높다.
• 이 호수의 물은 저 호수의 물보다 맑다.

E 비인칭 대명사 it

예문 해석

• 벌써 다섯 시 정각이야.
• 밖은 매우 더워.
• 오늘이 무슨 요일이지?
• 안에는 어둡지만 밖은 밝아.

Pattern Practice　　　　　p. 182

1 ❶ That is → They are　　❷ One → The one
　❸ those → that

2 ❶ What time is it now?
　❷ Is it bright outside?
　❸ what date is it today?

해석

1 ❶ 내 방에 있는 CD들은 귀중하다. 그것들은 건드리면 안 된다.
　❷ Ann은 파란 펜과 빨간 펜이 있다. 전자가 후자보다 더 싸다.
　❸ 한국의 기후는 홍콩의 기후보다 선선하다.

GRAMMAR PRACTICE　　　　　p. 183

A 1 yourself　　　　　2 those
　3 herself　　　　　4 yourself
　5 it

B 1 isn't theirs　　　　2 by herself
　3 blame yourself　　4 that
　5 The one, the other

C 1 that → those
　2 themselves → ourselves
　3 other → the other
　4 hers → her 또는 computer 삭제
　5 these → that

해석

A
1 반에 자기 소개를 해 주시겠어요?
2 여기에 있는 사과들은 저기에 있는 것들보다 훨씬 비싸다.
3 그녀가 가까스로 직접 그 문제를 풀었다.
4 쿠키 마음껏 드세요.
5 점점 어두워지고 있고 또한 점점 추워지고 있다.

C
1 토끼의 귀는 사람의 귀보다 더 길다.
2 우리 여기서 재미있었지. 여기 다시 오자.
3 나는 고양이와 쥐를 봤다. 전자는 Tom이라고 불리고 후자는
　Jerry라고 불린다.
4 내 컴퓨터는 그녀의 것보다 훨씬 빠르다.
5 노란색 책의 표지가 검정색 책의 표지보다 밝다.

A 1 One should keep one's promise.
 2 I thought that was mine.
 3 She lives in the suburbs by herself.
 4 I learned French and English. That is used much more frequently than this.
 5 Those seem to look similar.

B 1 The population of New York is larger than that of Seoul.
 2 I have two watches. One is an analogue, the other is a digital.
 3 These are ours and those are yours.
 4 Jane should not blame herself.
 5 I'm tired of living by myself.

UNIT 24 부정 대명사

A 부정 대명사 one / another / (the) other(s)

예문 해석
1 • 내 차고에는 포르쉐가 한 대 있다. 너는 있니?
 • 이 근처에서 버스 정류장을 본 적 있어? – 응, 하나 봤어.

2 • 저는 이 모자가 마음에 들지 않아요. 다른 걸 보여 주세요.
 • 이 초콜릿 맛있다! 하나 더 줘.
 • 만약 네가 나를 겁쟁이라고 말하면, 그럼 너도 마찬가지다.
3 (1) • Jessica는 두 권의 책이 있다. 한 권은 문법책이고 다른 한 권은 작문책이다.
 (2) • 일부는 내 남편을 비판하지만 일부는 그렇지 않다.
 (3) • 그들 중 열 명은 떠났다. 일부는 기쁜 마음으로, 일부는 슬픈 마음으로.

Pattern Practice p. 185
❶ another ❷ Some, others

B 부정 대명사 all / both / none / each

예문 해석
1 • 모든 사람들이 회의에 참석했다.
 • 모든 것이 도난당했다.
 • 둘 다 경기장에서 붙잡혔다.
 • 둘 다 그 의식에 올 것이다.

2 (1) • 각각은 우리 세계의 행복을 나타낸다.
 • 각각은 전기와 관련된 문제점을 보여 준다.
 • 학생들 각각은 자신의 역할을 하고 있다.
 (2) • 회원들 누구도 회의에 참석하지 않았다.
 • 아무도 파티에 올 수 없었다.

Pattern Practice p. 186
❶ were ❷ arrives
❸ are ❹ were

해석
❶ 나를 제외하고 모두들 고통 속에서 울고 있었다.
❷ 제각기 늦게 도착한다.
❸ 둘 다 피아노를 연주하지 않을 것이다.
❹ 아무도 밤을 새울 수 없었다.

A 1 another 2 has
 3 were 4 others
 5 holds 6 anybody

B 1 Has anybody seen 2 None could afford
 3 Some like, others like 4 All was, another
 5 One, the other 6 an eraser, one
 7 the others

해석
A
1 너 배고파 보여. 초콜릿 바 하나 더 줄까?
2 누군가가 2,000달러를 기부했다.
3 누구도 그들의 나라로 돌아갈 수 없는 운명이었다.
4 일부는 스키 타러 가기를 좋아하고 일부는 스케이트 타러 가기를 좋아한다.
5 각각 파란색으로 칠해진 초를 들고 있다.
6 누구 이 컴퓨터를 고칠 수 있는 사람 있니?

A 1 Each has his own cabinet.
 2 All were silent.
 3 Give me something hot to drink.
 4 We should be nice to others.
 5 She has two sons. One is diligent, the other is lazy.

B 1 None passed the exam.
 2 Five of them agreed, but the others didn't.
 3 If I am a fool, you are another.
 4 Did anyone finish the project?
 5 I don't have anything in my pocket.

Chapter REVIEW TEST p. 189

A 1 by himself 2 themselves
 3 mine 4 herself
 5 their

B 1 their → its 2 he's → his
 3 that → those 4 other → the other
 5 theirs → their

C 1 I am angry at myself.
 2 The area of Jeju-do is larger than that of Seoul.
 3 Is this laptop yours?
 4 I myself finished the difficult process.

해석

B 1 각각의 차는 자신의 주인이 있다.
2 그녀는 그의 차가 거기에 주차되어 있다고 말했다.
3 독수리의 눈은 인간의 눈보다 훨씬 좋은 시력을 가지고 있다.
4 트럭이 보행자를 쳤다. 전자가 후자를 쳤다.
5 그들의 의견을 구해야 한다.

IBT토플 Writing 기본 문형 영작 연습
p. 190

해석

A 1 이러한 이유들 때문에, 흡연은 공공 장소에서 금지되어야 합니다.
2 나는 '절대, 결코 포기하지 말아야 한다'라는 말에 동의합니다. 그리고 나는 샘 잭슨과 같은 수많은 사람들의 삶과 업적이 이 진실을 입증해 준다고 믿습니다.

B 1 예를 들어, 20세기 초에 대부분의 미국 자동차들은 사실상 미국에서 제조된 것이었다. 그러나 1980년대에 여러 미국 자동차 회사들은 일본 자동차 회사들과 더 이상 경쟁할 수 없었다.
2 6백만 명 이상의 유태인들이 아돌프 히틀러의 통치하에서 죽임을 당했다.
3 응답자의 30퍼센트가 새로운 정책에 대해 찬성했다.
4 생활비가 매우 높다. 예를 들어, 로스앤젤레스에서 집값은 평균 300,000달러다.

CHAPTER 13

형용사와 부사

UNIT 25 형용사

A 형용사의 두 가지 용법

예문 해석

1 • 그녀는 아름다운 소녀이다.
• 그는 똑똑한 소년이다.
• 그것은 대답하기에 어려운 질문이다.
• 그것은 멋진 콘서트였다.
• 그것은 정말로 흥미진진한 여행이었다.

2 • 그녀는 아름답다.
• 그는 똑똑하다.
• 그 질문은 대답하기 어렵다.
• 그 콘서트는 멋졌다.
• 그 여행은 정말로 흥미진진했다.

Pattern Practice
p. 192

❶ 서술적   ❷ 한정적
❸ 서술적   ❹ 한정적
❺ 서술적

해석

❶ 그 질문은 대답하기 쉬웠다.
❷ Steve는 똑똑한 학생이다.
❸ 그는 매우 지혜롭고 친절하다.
❹ 그것은 멋진 축제였다.
❺ 그 축제는 멋졌다.

예문 해석

3 • A: 한국 경제에서 주요한 문제가 무엇일까요?
  B: 주요한 문제는 실업입니다.
• 술에 취한 한 사람이 길거리 모퉁이에 앉아 있었다.
• 석유는 그 나라 부의 주요 원천이다.
• 어떤 사람들은 살아 있는 동물에 대한 의학 실험에 반대한다.

4 • 그 쌍둥이는 둘이 정말 똑같아 보인다.
• 그는 아직도 어딘가에 살아 있다.

5 • 네가 나가 있는 동안에 어떤 여자가 너에게 전화했다.
  나는 그녀가 시험에 합격할 거라고 확신한다.
• 그녀의 나쁜 매너 때문에 나는 화가 났다.
  그녀는 지난 금요일 이후 계속 아프다.
• 그는 서울의 현재 시장이다.
  시장이 전시회에 참석했다.
• 고인이 된 대통령은 국민들의 사랑을 많이 받았다.
  그는 어제 학교에 늦었다.

Pattern Practice
p. 193

❶ wood → wooden   ❷ live → alive
❸ drunk → drunken   ❹ like → alike

해석

❶ 그것은 나무로 만든 의자이다.
❷ 그 아기는 아직 살아 있다.
❸ 술 취한 사람이 천천히 걸어오고 있다.
❹ 그 쌍둥이는 서로 똑같다.

B 형용사의 위치 및 어순

예문 해석

1 • 그는 큰 집에서 산다.
• 그녀는 작년에 멋지고 신사다운 사람과 결혼했다.
• 나는 영화 '타이타닉'을 여러 번 보았다.
• 그 축제는 시내의 넓은 공터에서 열렸다.

2 • 사람들은 항상 뭔가 새로운 것을 원한다.
• 뭔가 새로운 것 있나요?
• 세상에 새로운 것은 아무것도 없다.
• 예산을 줄이기 위해 가능한 모든 것을 하고 있나요?
• 그는 거리에서 돈이 가득한 가방 하나를 발견했다.

3 • 나는 이 세 권의 두꺼운 책들을 모두 읽었다.
• 저 두 개의 큰 오래된 집들은 박물관이다.
• 그는 작은 녹색 집에 산다.
• 그녀는 세 개의 둥근 분홍색 베개를 샀다.
• 나는 아침에 큰 빨간색 사과 하나를 먹는다.

Pattern Practice

❶ special something → something special
❷ green small → small green
❸ new anything → anything new
❹ house big → big house
❺ full of money box → box full of money

해석
❶ 십대들은 항상 뭔가 특별한 것을 찾는다.
❷ 그는 매일 아침 두 개의 작은 녹색 사과를 먹는다.
❸ 너는 뭔가 새로운 것을 가지고 있니?
❹ 그녀는 큰 집에서 산다.
❺ 그는 돈이 가득한 가방 하나를 보여 주었다.

GRAMMAR PRACTICE

A 1 한정적 용법, 염려하는   2 서술적 용법, 서로 같은
   3 한정적 용법, 나무로 만든   4 한정적 용법, 현재의
   5 서술적 용법, 늦은   6 서술적 용법, 살아 있는
   7 서술적 용법, 관련된

B 1 That was an easy question to answer.
   2 A drunken man was wandering around the parking lot.
   3 I want something special on my birthday.
   4 I lost a box full of my toys.
   5 She lives in a big red house on the hill.
   6 Do you have anything hot to drink?
   7 What is the main reason for the price hike?

C 1 white, small → small, white
   2 alive woman → alive
   3 a full of money bag → a bag full of money
   4 green small → small green
   5 cool something → something cool
   6 captain present → present captain
   7 is sleep → is asleep or is sleeping

해석
A
1 걱정이 된 어머니는 자신의 딸에게 전화를 했다.
2 그 남자 쌍둥이는 똑같이 생겼다.
3 나는 어제 이마트에서 나무로 만든 의자를 하나 샀다.
4 너의 학교의 현재 교장선생님은 누구시니?
5 나는 비 때문에 회의에 늦었다.
6 그의 아들은 아직도 어딘가에 살아 있을 것이다.
7 관련된 모든 사람들이 문제를 해결하기 위해 모였다.

B
1 그것은 답하기 쉬운 질문이었다.
2 술에 취한 한 사람이 주차장 주변을 배회하고 있었다.
3 나는 내 생일에 뭔가 특별한 것을 원한다.
4 나는 장난감이 가득한 상자 하나를 잃어버렸다.
5 그녀는 언덕 위의 큰 빨간 집에 살고 있다.
6 뜨거운 마실 것 좀 있나요?
7 가격 상승에 대한 주된 원인이 무엇인가?

C
1 나는 작고 하얀 집에 살고 싶다.
2 그녀는 아직 살아 있다.
3 그녀는 집에 가는 길에 돈이 가득한 가방 하나를 발견했다.
4 나는 작은 녹색 사과가 더 좋다.
5 날씨가 매우 덥다. 뭔가 시원한 것을 마시고 싶다.
6 너희 축구팀의 현재 주장이 누구니?
7 아기가 침대 위에서 평화롭게 자고 있다.

SENTENCE WRITING PRACTICE

A 1 He gave me a golden key.
   2 I will make a wooden chair by myself.
   3 The baby is still alive.
   4 I want to live in a white, wooden house.
   5 I found a box full of old stamps.

B 1 I eat a big, red apple every morning.
   2 I found a backpack full of money in front of my house yesterday.
   3 She wants something special on her birthday.
   4 The late Mr. Brown was a good teacher.
   5 They live in a small brown house.
   6 I am certain that he will succeed in the future.
   7 Their ill[bad] manner made us unhappy.

UNIT 26 부사

A 부사의 역할

예문 해석
1 • 그녀는 자신의 차를 천천히 운전한다.
  • 대화를 주의 깊게 들으세요.
  • 나는 지금 정말 행복하다.
  • 그는 매우 똑똑하고 부지런하다.
  • 당신의 도움에 매우 감사합니다.
  • Steve는 영어 말하기를 아주 잘한다.
  • 불행하게도, 그는 근소한 차이로 선거에서 졌다.
  • 이상하게도, 그와 나는 우연히 같은 장소에서 여러 번 만났다.

Pattern Practice

❶ She can speak both English and French very well.
❷ Fortunately, he didn't make a big loss in the business.
❸ I practice English continuously.
❹ She is really sad now.
❺ He drives his car fast.

해석
❶ 그녀는 영어와 불어 말하기를 둘 다 아주 잘한다.
❷ 다행히도, 그는 사업에서 큰 손해를 보지 않았다.
❸ 나는 영어를 계속해서 연습한다.
❹ 그녀는 지금 정말 슬프다.
❺ 그는 자신의 차를 빠르게 운전한다.

B 부사의 위치

예문 해석
1 • 내일 나는 할아버지, 할머니를 찾아뵐 것이다.
 • 버스가 온다.
 • 나는 1994년에 캐나다를 처음으로 방문했다.
 • 나는 어제 정말로 피곤했다.
 • 우리 엄마는 자신의 차를 조심스럽게 운전한다.
 • 나는 이것들을 아래층에 둘 것이다.

2 • 그는 항상 다른 사람에게 친절하다.
 • 그는 항상 일찍 자고 일찍 일어난다.
 • 그는 중국어를 전혀 못한다.

3 • 나는 라디오를 켰다.
 • 그녀는 그 연필을 집었다.

4 • 이 교실은 30명의 학생을 수용하기에 충분히 크다.
 • 그녀는 학교에 갈 만큼 충분히 나이를 먹었다.
  cf. 나는 자동차를 살 만큼 충분한 돈을 가지고 있다.

Pattern Practice
❶ always is → is always
❷ off it → it off
❸ enough big → big enough
❹ goes always → always goes
❺ enough old → old enough

해석
❶ 그녀는 항상 어린이들에게 친절하다.
❷ 나는 그녀에게 TV를 끄라고 부탁했고 그녀는 그것을 껐다.
❸ 이 상자는 이 책들을 넣을 만큼 충분히 크다.
❹ 그녀는 항상 일찍 잠자리에 든다
❺ 그는 학교에 갈 만큼 충분히 나이가 들었다.

C 주의해야 할 형용사와 부사

예문 해석
1 • 서울에는 높은 건물들이 많다.
 • 그 운동선수는 높이 뛰었다.
 • 그는 빨리 달리는 사람이다.
 • 치타는 빠르게 달릴 수 있다.
 • 나는 그를 진정한 과학자로서 그리고 열심히 노력하는
  사람으로서 존경한다.
 • 너는 영어를 열심히 공부해야 한다.
 • 그들은 늦은 봄에 결혼했다.
 • 나는 오늘 아침에 늦게 일어났다.
 • 우리는 짧은 회의를 했다.
 • 그의 경력은 심장마비로 짧게 끝났다.

2 • 그는 땅에서 높이 뛰었다.
 • James 씨는 매우 성공한 영업사원이었다.
 • 그들은 기말고사를 위해 열심히 공부했다.
 • 나는 네가 말한 것을 좀처럼 믿을 수가 없다.
 • 그들은 모임에 늦게 도착했다.
 • 너 최근에 영화 본 거 있어?
 • 그녀의 정치 경력은 스캔들로 짧게 끝났다.
 • 쇼가 곧 시작될 것이다.

Pattern Practice
❶ 그는 중국어를 거의 말하지 못한다.
❷ 오늘 비가 올 가능성이 매우 높다.
❸ 그 일은 곧 끝날 것이다.
❹ 너 최근에 영화본 거 있어?
❺ 그는 매우 성공한 사업가이다.

GRAMMAR PRACTICE

A 1 부사, 매우   2 형용사, 늦은
 3 부사, 짧게   4 부사, 가장 빠르게
 5 형용사, 높은   6 부사, 최근에
 7 형용사, 짧은

B 1 I really like Boa.
 2 He died peacefully in his house yesterday.
 3 Happily, she didn't leave.
 4 Susan can speak Spanish very well.
 5 He is strong enough to lift the heavy stone.
 6 The little girl is very smart.
 7 He always exercises in the morning.
 8 He is intelligent enough to solve the problem.

C 1 goes fishing sometimes → sometimes goes fishing
 2 on it → it on
 3 late → lately
 4 enough large → large enough
 5 short → shortly
 6 be always → always be

해석
A
1 Michael은 매우 성공한 사업가였다.
2 그 사고는 늦은 여름에 일어났다.
3 그의 정치 경력은 심장마비로 짧게 끝났다.
4 그는 우리 학교에서 가장 빠르게 달린다.
5 그 도시에는 높은 건물들이 많다.
6 너는 최근에 읽은 책이 있니?
7 우리는 지난여름에 짧은 휴가를 보냈다.

B
1 나는 Boa를 정말로 좋아한다.
2 그는 어제 자택에서 평화롭게 돌아가셨다.
3 다행히도, 그녀는 떠나지 않았다.
4 Susan은 스페인어 말하기를 아주 잘한다.
5 그는 무거운 돌을 들 수 있을 정도로 충분히 힘이 세다.
6 그 작은 소녀는 매우 똑똑하다.
7 그는 매일 아침 항상 운동을 한다.
8 그는 그 문제를 풀 수 있을 만큼 충분히 똑똑하다.

C
1 그는 가끔 자녀들과 함께 낚시를 간다.
2 나는 그에게 에어컨을 켜라고 부탁했고 그는 그것을 켰다.
3 너는 최근에 뉴욕을 방문한 적이 있니?
4 그 강당은 최대 500명을 수용할 수 있을 만큼 충분히 크다.

5 말하기 대회가 곧 시작할 것이다.
6 우리는 항상 다른 사람들에게 친절해야 한다.

SENTENCE WRITING PRACTICE
p. 201

A 1 She sings very well.
2 Unfortunately, he failed the exam.
3 He picked up the pen from the floor.
또는 He picked the pen up from the floor.
4 Susan is always kind to me.
5 He is strong enough to lift that heavy box.

B 1 The basketball players jumped up high to get the ball.
2 He is the fastest runner in our class.
3 I should study hard for the final exam.
4 I can hardly play the piano.
5 Have you visited the zoo lately?
6 They will marry in late fall.
7 The movie will begin shortly.

Chapter REVIEW TEST
p. 202

A 1 golden   2 alike
3 something new   4 big, red
5 is sometimes   6 never knows
7 small, green

B 1 I was really nervous at the job interview.
2 Steve is tall enough to touch the ceiling.
3 Unfortunately, he died of cancer at a young age.
4 Who is the present governor of Gyeonggi province?
5 Tell us the main reason for the delay of the project.
6 I practice a lot to speak English very well.
7 He handles everything carefully.

C 1 special something → something special
2 eats usually → usually eats
3 pick up you → pick you up
4 put on them → put them on
5 enough fast → fast enough
6 late → lately
7 lately → late

D 1 wise enough
2 begin shortly 또는 begin soon
3 highly[very] successful
4 hard worker
5 picked up
6 will never go
7 The late actor

E 1 I want to live in that small, wooden house on the hill.
2 The principal of our school was present at the festival.
3 I hardly know how to play golf.
4 We climbed Mt. Seorak in the late fall of last year.
5 The classroom is big enough to accommodate 30 students.

해석
A 1 그는 골든 글러브상을 받았다.
2 두 소년은 똑같이 생겼다.
3 우리가 판매를 늘리기 위해서는 뭔가 새로운 것이 필요하다.
4 우리 엄마는 세 개의 크로 빨간 사과를 샀다.
5 그는 가끔 노인들에게 무례하다.
6 Steve는 그 질문에 대한 답을 절대 모른다.
7 그녀는 나무로 된 작은 녹색 집에서 살고 있다.

B 1 나는 취업 면접에서 정말로 긴장했었다.
2 Steve는 천장에 닿을 정도로 충분히 키가 크다.
3 불행하게도 그는 젊은 나이에 암으로 사망했다.
4 경기도의 현재 도지사가 누구지?
5 그 프로젝트가 지연된 주요 원인을 말씀해 주세요.
6 나는 영어 말하기를 아주 잘하기 위해서 많이 연습한다.
7 그는 모든 일을 신중하게 처리한다.

C 1 우리가 경쟁에서 이기기 위해서는 뭔가 특별한 것이 필요하다.
2 그녀는 아침에 보통 빵과 우유를 먹는다.
3 내가 7시에 공항으로 너를 데리러 갈게.
4 우리 엄마는 나에게 바지를 입으라고 하셨고 나는 바지를 입었다.
5 그 기차는 서울에서 부산까지 두 시간만에 달릴 정도로 빠르다.
6 너 최근에 Susan을 본 적 있니?
7 그녀는 오늘 아침에 늦게 일어났다.

IBT토플 Writing 기본 문형 영작 연습
p. 204

B 1 First, it is not safe to talk on your cell phone when driving a vehicle.
2 Secondly, talking on your cell phone when driving is banned by law.
3 Finally, it could be harmful to other drivers to talk on your cell phone when driving.

해석
A 순서(order)를 말할 때 주로 사용되는 표현들
1 첫째, 영화를 빌리는 것이 사는 것보다 훨씬 싸다.
2 둘째, 영화를 빌린다는 것은 여러분이 영화를 보관할 새로운 장소를 마련할 필요가 없다는 의미이다.
3 마지막으로, 영화를 빌리면 오래된 영화를 포함해서 선택의 폭을 넓게 가질 수 있다.

CHAPTER 14

비교

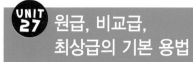

원급, 비교급, 최상급의 기본 용법

A 원급, 비교급, 최상급의 형태

예문 해석

3 • 그는 나보다 나이가 더 많다.
  • 그는 나의 형이다.
  • 나중에 보자.
  • 그 토론의 뒷부분은 환경에 대한 것이었다.
  • 산 정상에 도달하기 위해서는 더 멀리 가야 합니다.
  • 더 자세한 정보를 위해서는 우리 웹사이트를 방문하기 바랍니다.

Pattern Practice
p. 207

1 ❶ freer → the freest
  ❷ honest → more honest → the most honest
  ❸ thinner → the thinnest
  ❹ prettier → the prettiest

2 ❶ the better → better
  ❷ fewer → less

B 원급, 비교급, 최상급의 기본 용법

예문 해석

1 • 그는 황소만큼 강하다.
  • 나는 Steve만큼 빠르게 달릴 수 있다.
  • 그녀는 원어민만큼 영어 말하기를 잘할 수 있다.
  • 그는 나만큼 나이 먹지 않았다.
  • 나는 그보다 나이가 더 많다.
  • 그는 나보다 나이가 더 어리다.
    = 그 영화의 속편은 본편보다 좋지 않았다.
    = 그 배의 갑판은 축구 경기장 10개만큼 크다.

2 • 그는 황소보다 더 힘이 세다.
  • 나는 Steve보다 더 빠르게 달릴 수 있다.
  • 그녀는 원어민보다 영어 말하기를 더 잘할 수 있다.
  • 그녀는 나보다 훨씬 더 키가 크다.
  • 그는 나보다 키가 10센티미터 더 크다.

3 • 한강은 서울에서 가장 큰 강이다.
  • 서울은 한국에서 가장 큰 도시이다.
  • 그녀는 학교에서 가장 키가 큰 학생일 것이다.
  • 그는 클럽 회원들 중에서 가장 잘생겼다.
  • 치타는 모든 동물 중에서 가장 빠르게 달릴 수 있다.
  • 내일은 올 들어 가장 추운 날이 될 것이다.

Pattern Practice
p. 208

❶ 이번 여름은 지난여름만큼 덥지 않다.
❷ 이 건물은 저 건물보다 10미터 더 높다.

❸ 그는 우리 반에서 가장 힘이 센 학생이다.
❹ 치타는 모든 육상동물들 중에서 가장 빠르다.

GRAMMAR PRACTICE
p. 209

A 1 bigger - the biggest
  2 worse - the worst
  3 sadder - the saddest
  4 more useful - the most useful
  5 more difficult - the most difficult
  6 happier - the happiest
  7 less - the least
  8 more slowly - the most slowly
  9 more interesting - the most interesting
  10 more famous - the most famous

B 1 funnier   2 more
  3 much   4 in
  5 fast

C 1 smarter → smartest   2 famouser → famous
  3 bigger → big
  4 more serious → serious
  5 of → in   6 eldest → oldest

해석

B

1 나는 Steve보다 더 재미있다.
2 Steve는 Tim보다 더 조심스럽게 운전을 한다.
3 그는 나보다 훨씬 더 힘이 세다.
4 사랑은 인생에서 가장 중요한 것이다.
5 나는 Steve만큼 빠르게 달릴 수 있다.

C

1 그는 우리 반에서 가장 똑똑하다.
2 그녀는 나보다 더 유명하다.
3 그의 차는 너의 것만큼 크다.
4 대기오염이 수질오염만큼 심각하다.
5 중국은 아시아에서 가장 큰 나라이다.
6 저것은 이 도시에서 가장 오래된 것이다.

SENTENCE WRITING PRACTICE
p. 210

A 1 He is as fat as me.
  2 He is fatter than me.
  3 He is the fattest student in our class.
  4 She is 5 centimeters taller than me.
    또는 She is taller than me by 5 cm.
  5 This building is the oldest in Korea

B 1 What is the highest mountain in the world?
  2 Mt. Everest is the highest mountain in the world.
  3 Jeju-do is much bigger than Seoul.
  4 Fountain pens are much more expensive than ballpoint pens.

5 Steve doesn't study as[so] hard as Jennifer.
6 The zoo is as big as 20 soccer fields.
7 What is the biggest city in Korea?

 UNIT 28 원급, 비교급, 최상급의 다양한 용법

A as ~ as 구문을 이용한 원급 비교

예문 해석

1 • 당신은 우리에게 그 데이터를 가능한 빨리 보내야만 합니다.
  • 나는 그 책들을 상자 속에 가능한 많이 넣었다.

2 • 이 건물은 저것보다 2배 높다.
  • 이 휴대전화는 저것보다 3배 비싸다.

3 • 보고서에는 다섯 쪽에 다섯 개의 실수가 있다.
  • 나는 그를 사랑한다 하지만 그만큼 그를 미워한다.

4 • 그는 정치인이라기보다는 사업가다.
  • 그녀는 시인이라기보다는 소설가다.

Pattern Practice p. 211

❶ 그는 나보다 1.5배 키가 크다.
❷ 그는 사업가이라기보다는 학자이다.
❸ 당신은 가능한 일찍 출발하는 게 좋을 것이다.
❹ 그녀는 John을 사랑하지만 그만큼 그를 싫어한다.
❺ 만약 당신이 누군가를 증오한다면, 그것은 당신이 그(그녀)를 그만큼 사랑한다는 의미이다.

B 비교급의 다양한 용법

1 • 날씨가 점점 더 추워지고 있다.
  • 대기 오염이 점점 더 심각해지고 있다.
  • 바람이 점점 더 강해지고 있다.

2 • 많으면 많을수록 더욱더 좋다.
  • 우리는 많이 가지면 가질수록 더 많은 것을 원한다.
  • 그가 많이 먹으면 먹을수록 그는 더 뚱뚱해진다.

3 • 그는 둘 중에서 더 크다.
  • 그녀는 둘 중에서 더 똑똑하다.

4 • 나는 그들의 농담에 신경 쓰지 않는다. 하물며 그들의 욕이야…
  • 그녀는 영어 말하기를 못한다. 불어는 말할 것도 없고.

5 • 새 공항이 이전 것보다 훨씬 더 크다.
  • 그는 나보다 훨씬 더 나이가 많다.

6 • 그들은 적으로부터 자비를 기대할 정도로 어리석지 않았다.
  • 그는 그런 실수를 할 만큼 어리석지는 않다.

C 최상급의 다양한 용법

1 • 서울은 한국에서 가장 큰 도시이다.
  = 서울은 한국에서 그 어느 도시보다 더 크다.
  = 그 어느 도시도 한국에서 서울보다 더 크지 않다.
  = 그 어느 도시도 한국에서 서울만큼 크지 않다.
  • Bill Gates는 세계에서 가장 부유한 사람이다.
  = Bill Gates는 세계에서 그 어느 누구보다도 더 부유하다.
  = 세계에서 그 어느 누구도 Bill Gates보다 더 부유하지 않다.
  = 세계에서 그 어느 누구도 Bill Gates만큼 부유하지 않다.

2 • 가장 지혜로운 사람이라 하더라도 모든 것을 알 수는 없다.
  • 가장 부유한 사람이라 할지라도 영원히 살지 못한다.

3 • 그는 결코 거짓말을 할 사람이 아니다.
  • 그는 파티에 온 마지막 사람이었다.

4 • 그녀가 단연코 가장 나이가 많다.
  • 그는 내가 만난 사람 중에서 단연코 가장 친절한 사람이다.

Pattern Practice p. 213

❶ 세상에서 가장 부자인 사람이라 하더라도 행복을 살 수는 없다.
❷ 그녀는 결코 그런 실수를 할 사람이 아니다.

GRAMMAR PRACTICE p. 214

A 1 as much 　　2 darker and darker
　 3 the smarter 　　4 much less
　 5 to do 　　　　6 the last
　 7 at last

B 1 as soon as possible
　 2 more expensive than
　 3 The wisest man
　 4 taller than, taller than him, as tall as

C 1 stronger → the stronger
　 2 heavier → heavy
　 3 very → much
　 4 small and small → smaller and smaller
　 5 the best → the more
　 6 last → the last
　 7 smart and smart → smarter and smarter

해석

A

1 나는 그녀를 사랑하지만 그만큼 그녀를 미워한다.
2 날이 점점 더 어두워지고 있다.
3 그녀가 둘 중에서 더 똑똑하다.
4 나는 자전거를 탈 줄 모른다. 하물며 인라인 스케이트야…
5 그녀는 그런 일을 할 정도로 어리석지 않다.
6 그는 절대로 그런 일을 할 사람이 아니다.
7 나는 마침내 변호사 시험에 합격했다.

B

1 나는 당신이 그 프로젝트를 가능한 한 빨리 끝내기를 바랍니다.
2 이 차는 저 차보다 두 배 비싸다.
3 세상에서 가장 지혜로운 사람이라 하더라도 모든 문제를 해결할 수는 없다.
4 그는 우리 반에서 가장 키가 큰 학생이다.
  = 그는 우리 반에서 그 어느 학생보다 키가 더 크다.
  = 그 어느 학생도 우리 반에서 그보다 더 크지 않다.
  = 그 어느 학생도 우리 반에서 그만큼 크지 않다.

C

1 그는 둘 중에서 더 강하다.
2 그는 나보다 두 배 무겁다.
3 새 PC는 그전 것보다 훨씬 빠르다.
4 세계가 점점 더 좁아지고 있다.
5 내가 그녀를 더 많이 알면 알수록 나는 그녀를 더욱더 믿게 된다.
6 그녀는 절대로 포기할 사람이 아니다.
7 오늘날 휴대전화가 점점 더 똑똑해지고 있다.

SENTENCE WRITING PRACTICE
p. 215

A 1 She studied as hard as possible.
2 This PC is two times as expensive as that one.
3 He is not so much a singer as a comedian.
4 They became more and more tired.
5 Steve is the faster of the two.

B 1 Steve is the smartest student in our class.
2 Steve is smarter than any other student in our class.
3 No other student in our class is smarter than Steve.
4 No other student in our class is as smart as Steve.
5 This mountain is by far higher than that one.
6 The strongest man in the world may sometimes be sick.
7 She knows better than to make such a mistake.

Chapter REVIEW TEST
p. 216

A 1 more important 2 kindly
3 worse and worse 4 the hottest
5 by 6 as many

B 1 much 2 more and more
3 as possible 4 not so much
5 The more 6 still less

C 1 farther → further
2 taller 5 centimeters → 5 centimeters taller
3 smarter → smart 4 in → of
5 but → as 6 very → much

D 1 elder brothers 2 shorter and shorter
3 as early as possible 4 the taller, the two
5 the coldest day

E 1 I like to play the guitar much more than she does.
2 She studied two times as much as me.
3 He is the tallest man in the world.
4 The daytime is getting longer and longer.
5 The more we exercise, the healthier we become.
6 Susan is the last person to tell a lie.

해석
A 1 건강이 부유함보다 더 중요하다.
2 그들은 가능한 친절하게 말을 했다.
3 상황이 점점 더 나빠지고 있다.
4 오늘이 올 들어 가장 더운 날이다.
5 그녀는 나보다 키가 10센티미터 더 작다.
6 그는 7줄에서 7개의 스펠링 실수를 했다.

B 1 코끼리는 사자보다 훨씬 더 크다.
2 환경보호가 점점 더 중요해 지고 있다.
3 나는 영어를 가능한 열심히 할 것이다.
4 그는 학자라기보다는 작가이다.
5 그녀가 운동을 많이 하면 할수록 더욱 더 건강해 진다.
6 Susan은 피아노를 연주할 수 없다. 바이올린은 말할 것도 없고.

C 1 더 많은 정보를 원하면 우리에게 전화해 주세요.
2 나는 그 보다 키가 5센티미터 더 크다.
3 그는 Susan만큼 똑똑하지 않다.
4 고래는 모든 동물들 중에서 가장 큰 포유동물이다.
5 그는 배우라기보다는 코미디언이다.
6 그녀는 우리 반의 그 어느 학생보다 훨씬 더 똑똑하다.

IBT토플 Writing 기본 문형 영작 연습
p. 218

B 1 If you compare plays and movies, you can find many similar points.
2 It is better to be a member of a big group than to be the leader of a small group.
3 Drinking and driving is more dangerous than any other things.
No other thing is more dangerous than drinking and driving.

해석
A 비교(comparison)의 표현들
1 차가 커피보다 건강에 더 좋다.
2 만약 여러분이 그의 이론을 다른 과학 연구와 비교한다면, 여러분은 그것이 틀리다는 것을 쉽게 알 수 있을 겁니다.
3 흡연이 그 어느 것보다 우리의 건강에 해롭다고 합니다.
4 그 어느 것도 흡연보다 더 해롭지 않다고 합니다.
5 연극은 여러 가지 면에서 영화와 비슷하다. 첫째, 둘 다 줄거리가 필요하다.

CHAPTER 15

일치와 화법

UNIT 29 일치

A 수의 일치

예문 해석

1 • 컴퓨터는 아주 유용한 도구이다.
 • 컴퓨터는 아주 유용한 도구이다.
 • 그는 학교가 끝난 후에 숙제를 한다.
 • 우리는 학교가 끝난 후에 숙제를 한다.
 • Steve는 축구 선수가 되기를 원한다.
 • 그녀는 역사에 관한 많은 책을 가지고 있다.
 • Steve와 나는 좋은 친구이다.
 • 고양이 한 마리와 개 한 마리가 먹을 것을 놓고 싸우고 있다.

Pattern Practice
p. 220

❶ are
❷ likes
❸ have
❹ are
❺ are
❻ takes
❼ is

해석

❶ 소녀들이 너를 만나기를 갈망하고 있다.
❷ 그녀는 피아노 치기를 좋아한다.
❸ 내 여동생들은 많은 인형을 가지고 있다.
❹ 오늘날 스마트폰이 아주 많이 사용된다.
❺ 고양이 한 마리와 개 한 마리가 공원에서 달리고 있다.
❻ Jack은 매일 아침 샤워를 한다.
❼ Sue는 외동딸이다.

예문 해석

2 (1) • 그 질문에 답하기는 쉽지 않다.
 • 책을 읽는 것은 무엇인가를 배우는 좋은 방법이다.
 • 그녀가 내 생일파티에 올 것이라는 것은 확실하다.
 (2) • 버터 바른 빵은 나의 평상시 아침 식사이다.
 • 실을 꿴 바늘이 거실 바닥에서 발견되었다.
 • 카레라이스는 내가 제일 좋아하는 음식이다.
 (3) • 우리 학교의 모든 학생은 교복을 입어야 한다.
 • 책상 위에 있는 것은 다 내 것이다.
 • 이 운동들을 각각 하는 데는 1~2분이 걸린다.
 (4) • 많은 학생들이 지금 열심히 공부하고 있다.
 • 우리 학교의 학생 수는 750명이다.
 (5) • 가난한 사람을 도와주는 사람은 행복한 사람이다.
 • 많은 휴대전화를 생산하는 그 회사는 세계적인 기업이다.

Pattern Practice
p. 221

❶ are → is
❷ are → is
❸ was → were
❹ are → is
❺ are → is

해석

❶ 컴퓨터 게임을 하는 것은 내 취미 생활이다.

---

❷ 이 각각의 자동차들은 한국에서 만들어졌다.
❸ 많은 사람들이 축제에 참석했다.
❹ 카레라이스는 그가 제일 좋아하는 음식이다.
❺ 그 회사의 직원 수는 약 500명이다.

B 시제 일치

예문 해석

1 (1) • 나는 Steve가 학교에 늦는다고 생각한다.
 • 나는 Steve가 학교에 늦었다고 생각한다.
 • 나는 Steve가 학교에 늦을 것이라고 생각한다.
 (2) • 나는 Steve가 학교에 늦는다고 생각했다.
 • 나는 Steve가 학교에 늦었다고 생각했다.
 • 나는 Steve가 학교에 늦을 거라고 생각했다.

2 (1) • 나는 지구가 둥글다고 배웠다.
 • Ann은 나에게 자기는 일요일마다 교회에 간다고 말했다.
 • 그녀는 양모 옷이 세탁하면 줄어든다는 것을 몰랐다.
 (2) • 우리는 2002년 월드컵이 한국과 일본에서 개최되었다는 것을 안다.
 • 우리는 한국이 1945년에 분단되었다는 것을 배웠다.

Pattern Practice
p. 222

❶ is → was
❷ went → goes
❹ will → would
❺ was → is

해석

❶ 나는 그녀가 아름답다고 생각했다.
❷ 그녀는 자기가 일요일마다 교회에 간다고 말했다.
❹ 나는 Jane이 파티에 올 것이라고 생각했다.
❺ 그들은 지구가 둥글다고 배웠다.

GRAMMAR PRACTICE
p. 223

A

1 is	2 has
3 broke	4 is
5 takes	6 is
7 is	8 was
9 boils	10 was

B

1 has attended → have attended
2 have → has
3 are → is
4 have to → has to
5 was → is
6 are → is
7 are → is
8 has → had
9 will → would
10 moved → moves
11 went → goes
12 had been → were

해석

A

1 DMB폰을 사용하는 사람들의 숫자가 적다.
2 이 책들 각각에는 좋은 삽화가 있다.
3 우리는 한국전쟁이 1950년에 발발했다는 것을 배웠다.
4 버터 바른 빵은 그녀의 평상시 아침 식사이다.
5 그는 저녁 식사 후에 매일 산책을 한다고 말했다.
6 기타를 치는 것이 그녀의 취미이다.
7 환자를 치료하는 사람이 의사이다.
8 나는 Ann이 회의에 늦었다고 생각했다.

9 우리는 물이 섭씨 100도에서 끓는 다는 것을 배웠다.
10 선생님은 우리에게 한국이 1945년에 해방되었다고 말씀하셨다.

B
1 많은 사람들이 축제에 참석했다.
2 그는 과학에 대한 많은 책을 가지고 있다.
3 축구를 하는 것은 내가 제일 좋아하는 활동이다.
4 우리 학교의 모든 학생은 8시까지 학교에 와야 한다.
5 우리는 1 더하기 1은 2라는 것을 배웠다.
6 너 자신을 아는 것이 매우 중요하다.
7 성공을 위해서는 시행착오가 꼭 필요하다.
8 나는 그녀가 암에 걸렸다는 것을 알았다.
9 나는 Jennifer가 파티에 올 것이라고 생각했다.
10 그들은 지구가 태양 주위를 돈다는 것을 배웠다.
11 Susan은 자기가 항상 11시 이전에 잠을 잔다고 나에게 말했다.
12 학생들은 서울올림픽 1988년에 개최되었다는 것을 배웠다.

SENTENCE WRITING PRACTICE
p. 224

A 1 She has a lot of books on music.
2 To know yourself is not easy.
3 Bread and butter is their usual breakfast.
4 Every student in our class studies hard.
5 A number of students are wearing (or, wear glasses.

B 1 The number of students of our class is 35.
2 I learned that the Earth is bigger than the moon.
3 Susan told me that she gets up at 7 every morning.
4 I think that Ann is smart.
5 I thought that Steve would come to my birthday party.
6 We learned that water consists of hydrogen and oxygen.
7 He told me that the Korean War ended in 1953.

UNIT 30 화법

A 직접화법과 간접화법

예문 해석
1 • 그는 "나는 내 친구들과 함께 축구하고 싶어."라고 말했다.
 • 그는 자기 친구들과 함께 축구하고 싶다고 말했다.

2 • 그녀는 나에게 "내가 너에게 이 책을 내일 줄게."라고 말했다.
 • 그녀는 나에게 자기가 그 책을 나에게 그 다음날 줄 거라고 말했다.

Pattern Practice
p. 225
❶ said → said ❷ will → would
❸ you → him

해석
❶ 그들은 "우리는 내일 뉴욕으로 떠날 거야."라고 말했다.

---

❷ 그는 "내가 너에게 전화할게."라고 말했다.
 → 그는 자기가 나에게 전화하겠다고 말했다.
❸ 나는 그에게 "나는 너를 좋아한다."라고 말했다.
 → 나는 그에게 내가 자기를 좋아한다고 말했다

B 화법 전환

예문 해석
1 (1) • 그는 나에게 "나는 열심히 일해."라고 말한다.
 → 그는 나에게 자기가 열심히 일한다고 말한다.
 • 그는 나에게 "나는 열심히 일했어."라고 말한다.
 → 그는 나에게 자기가 열심히 일했다고 말한다.
 (2) • 그녀는 나에게 "너는 나에게 친절하구나."라고 말했다.
 → 그녀는 내가 자기에게 친절하다고 말했다.
 • 그는 "나는 이 여자애를 2년 전에 만났어."라고 말했다.
 → 그는 자기가 그 여자애를 2년 전에 만났다고 말했다.

2 (1) • 그는 나에게 "너는 행복하니?"라고 말했다.
 → 그는 내가 행복한지를 물었다.
 • 그녀는 "너는 나를 사랑하니?"라고 말했다.
 → 그녀는 내가 자기를 사랑하는지 물었다.
 (2) • 그는 나에게 "너의 이름이 뭐니?"라고 말했다.
 → 그는 내 이름이 무엇이냐고 물었다.
 • 그녀는 "너는 어디에 사니?"라고 말했다.
 → 그녀는 내가 어디에 사는지 물었다.
 • 그는 나에게 "저 여자는 누구니?"라고 말했다.
 → 그는 나에게 저 여자는 누구냐고 물었다.
 • 그녀는 "너는 왜 늦었니?"라고 말했다.
 → 그녀는 내가 왜 늦었는지를 물었다.

Pattern Practice
p. 227
❶ He told me that he liked me.
❷ He asked me if I liked him.
❸ He asked me who I liked.
❹ She told me that she loved me.
❺ She asked me if I loved her.

해석
❶ 그는 나에게 "나는 너를 좋아해."라고 말했다.
 → 그는 나에게 자기가 나를 좋아했다고 말했다.
❷ 그는 나에게 "너는 나를 좋아하니?"라고 말했다.
 → 그는 나에게 내가 자기를 좋아하는지 물었다.
❸ 그는 나에게 "너는 누구를 좋아하니?"라고 말했다.
 → 그는 나에게 내가 누구를 좋아하는지 물었다.
❹ 그녀는 나에게 "나는 너를 사랑해."라고 말했다.
 → 그녀는 나에게 자기가 나를 사랑했다고 말했다.
❺ 그녀는 나에게 "너는 나를 사랑하니?"라고 말했다.
 → 그녀는 나에게 내가 자기를 사랑했는지 물었다.

예문 해석
3 • 그는 나에게 "그것을 즉시 해"라고 말했다
 → 그는 내가 그것을 즉시 하라고 명령했다.
 • 그녀는 나에게 "기말고사를 위해 더 열심히 공부해."라고 말했다.
 → 그녀는 내가 기말고사를 위해 더 열심히 공부하고 명령(요청)했다.
 • 엄마는 "네 방을 청소해"라고 말했다.
 → 엄마는 나에게 내 방을 청소하라고 명령(요청)했다.

51

- 우리 사장님은 나에게 "그 프로젝트를 다음 달 말까지 끝내"라고 말씀하셨다.
  → 우리 사장님은 나에게 그 프로젝트를 다음 달 말까지 끝내라고 명령하셨다.

Pattern Practice

p. 227

❶ He asked me where she lived.
❷ He asked me who(m) I liked.
❸ He ordered me to finish my homework by 9.
❹ She asked me who the boy was.
❺ She ordered[asked] me to clean my car.

해석
❶ 그는 나에게 "그녀는 어디에 살아?"라고 말했다.
  → 그는 나에게 그녀가 어디에 사는지 물었다.
❷ 그는 나에게 "너는 누구를 좋아하나?"라고 말했다.
  → 그는 내가 누구를 좋아하는지 물었다.
❸ 그는 나에게 "네 숙제를 9시까지 끝내라"라고 말했다.
  → 그는 내게 숙제를 9시까지 끝내라고 명령했다.
❹ 그녀는 나에게 "저 소년은 누구니?"라고 말했다.
  → 그녀는 나에게 저 소년이 누구냐고 물었다.
❺ 그녀는 나에게 "너의 차를 세차해라"라고 말했다.
  → 그녀는 나에게 내 차를 세차하라고 명령(요청)했다.

GRAMMAR PRACTICE

p. 228

A 1 He said that he was going to read that book that day.
　2 She told me that she would study harder.
　3 Tim asked me what date it was.
　　또는 Tim asked me what the date was.
　4 I asked him if he was a student.
　5 He asked me what my address was.

B 1 want → wanted　　　2 your → my
　3 when was my birthday → when my birthday was
　4 is → was　　　　　　5 like → liked

해석
A
1 그는 "나는 이 책을 오늘 읽을 거야."라고 말했다.
  → 그는 자기가 그 책을 그날 읽을 거라고 말했다.
2 그녀는 나에게 "나는 더 열심히 공부할 거야."라고 말했다.
  → 그녀는 자기가 더 열심히 공부할 거라고 나에게 말했다.
3 Tim은 나에게 "며칠이니?"라고 말했다.
  → Tim은 나에게 며칠이냐고 물었다.
4 나는 그에게 "너는 학생이니?"라고 말했다.
  → 나는 그에게 학생인지를 물어보았다.
5 그는 나에게 "네 주소가 어떻게 돼?"라고 말했다.
  → 그는 내 주소가 어떻게 되냐고 나에게 물었다.

B
1 그는 "나는 내 친구들과 함께 농구를 하고 싶어."라고 말했다.
  → 그는 자기 친구들과 함께 농구를 하고 싶다고 말했다.
2 그녀는 나에게 "내가 너의 생일파티에 갈게."라고 말했다.
  → 그녀는 자기가 내 생일파티에 오겠다고 말했다.

---

3 선생님은 나에게 "너의 생일이 언제냐?"라고 말씀하셨다.
  → 선생님은 내 생일이 언제냐고 물으셨다.
4 나는 그녀에게 "너는 왜 화를 내고 있니?"라고 말했다.
  → 나는 그녀에게 왜 화를 내고 있는지 물었다.
5 그녀는 나에게 "너는 락 음악을 좋아하니?"라고 말했다.
  → 그녀는 내가 락 음악을 좋아하는지 나에게 물었다.

SENTENCE WRITING PRACTICE

p. 229

A 1 He said to me, "Are you angry?"
　　He asked me if I was angry.
　2 The foreigner said to me, "I like Kimchi."
　　The foreigner told me that he[she] liked Kimchi.
　3 She said to him, "Where is the post office?"
　　She asked him where the post office was.
　4 I said to him, "Do you like sports?"
　　I asked him if he liked sports.

B 1 Ann said to me, "I will give you this notebook tomorrow."
　　Ann told me that she would give me that notebook the next day.
　2 A foreigner said to me, "Are you a Korean?"
　　A foreigner asked me if I was a Korean.
　3 He said to me, "Do you like baseball?"
　　He asked me if I liked baseball.
　4 He said to me, "Where is the nearest subway station?"
　　He asked me where the nearest subway station was.

Chapter REVIEW TEST

p. 230

A 1 rises　　　　　　　2 is
　3 has　　　　　　　　4 is
　5 was　　　　　　　　6 has
　7 would　　　　　　　8 she was
　9 is　　　　　　　　10 discovered

B 1 are → is　　　　　　2 will → would
　3 was → were　　　　　4 went → goes
　5 want → wants　　　　6 froze → freezes
　7 are → is　　　　　　8 are → is
　9 is → was　　　　　10 have → had
　11 was that → that was　12 did I live → I lived

C 1 room has　　　　　　2 The number, is
　3 goes around　　　　4 what her hobby was
　5 A number of[A lot of]　6 A poet and novelist
　7 would succeed　　　8 eats an apple

D 1 He is a businessman and musician.
　2 The number of girls in our class is 20.
　3 Everything on the table is hers.
　4 He said to me, "Who is she?"
　　He asked me who she was.

52

5 The teacher said to me, "Are you interested in music?"
The teacher asked me if I was interested in music.

해석

Ⓐ 1 우리는 수증기가 공기 중에서 상승한다고 배웠다.
2 테니스를 치는 것은 재미있다.
3 모든 학생들이 자기 컴퓨터를 가지고 있다.
4 그들은 카레라이스가 건강에 좋다고들 한다.
5 나는 그녀가 아프다고 생각했다.
6 정치인이자 사업가인 사람은 큰 권력을 가지고 있다.
7 그녀는 자기 친구들과 함께 영화를 보러 갈 거라고 말했다.
8 나는 그녀가 화가 났는지 물었다.
9 부상자의 숫자는 알려지지 않았다.
10 우리는 콜럼버스가 1492년에 아메리카를 발견했다고 배웠다.

Ⓑ 1 운동하는 것은 몸을 건강하게 유지하기 위해 꼭 필요하다.
2 나는 Jennifer가 내 생일파티에 올 거라고 생각했다.
3 많은 사람들이 파티에 참석했다.
4 Susan은 일요일마다 산에 간다고 나에게 말했다.
5 Steve는 야구 선수가 되기를 원한다.
6 우리는 물이 섭씨 0도에서 언다고 배웠다.
7 카레라이스는 그녀가 제일 좋아하는 음식이다.
8 이 각각의 휴대전화는 한국에서 만들어졌다.
9 그는 그녀가 누구냐고 나에게 물었다.
10 그녀는 내가 자동차를 가지고 있는지 물었다.
11 선생님은 그것이 무엇이냐고 물어보셨다.
12 경찰관은 내가 어디에 사는지 물었다.

IBT토플 Writing 기본 문형 영작 연습
p. 232

Ⓑ 1 As the speaker said, copyright should be used to protect the creators' property.
2 According to the statistics, about 10% of the world's population lives on less than $1 a day.
3 As the lecturer said, global warming is a serious issue.

해석

Ⓐ 인용(quotation)의 표현들
1 독해 지문에 따르면, 어린이는 인터넷의 유해 자료에 쉽게 노출되어 있습니다.
2 강사가 말한 것처럼, 세계 빈곤은 아주 심각한 문제입니다.
3 강의에서 언급된 것처럼, 패스트푸드는 본래 시간을 절약하기 위한 것이었습니다.
4 강의에서, 화자는 지문에서 주장하고 있는 2개 국어 교육의 이점에 대해 의심을 제기했다.

CHAPTER 16
전치사

UNIT 31 전치사의 종류 및 용법

Ⓐ 시간을 나타내는 전치사

예문 해석

1 • 우리는 21세기에 살고 있다.
• 나는 1990년에 태어났다.
• 여름에는 많은 사람들이 바다에서 수영하기를 좋아한다.
• 하계 올림픽 경기는 8월에 개최된다.
• 그는 아침에 항상 일찍 일어난다.

2 • 그들은 일요일에 교회에 간다.
• 우리는 크리스마스 날에 큰 파티를 열 것이다.
• 그녀는 1991년 4월 10일에 태어났다.
• 그는 일요일 아침에 항상 늦게 일어난다.

3 • 내일 아침 8시에 보자.
• 내가 정오에 전화할게.
• 내가 점심 시간에 너에게 들를게.

4 • 나는 5년째 영어를 공부해 오고 있다.
• Susan은 여름방학 동안에 호주를 방문했다.

Pattern Practice
p. 234
❶ on ❷ at
❸ in

해석
❶ 나는 내 생일날에 파티를 할 것이다.
❷ 그녀가 내일 3시에 너에게 전화할 거야.
❸ 20세기에 많은 전쟁들이 있었다.

예문 해석

5 • 나는 9시까지 그 보고서를 끝내야 한다.
• Steve는 9시까지 그녀를 기다려야 했다.

6 • 엄마, (지금부터) 30분 후에 돌아올게요.
• 엄마, 점심 먹고 30분 후에 돌아올게요.

7 • 나는 (지금부터) 30분 전에 카페에서 그녀를 만났다.
• 나는 점심 식사 30분 전에 카페에서 그녀를 만났다.

8 • 그녀는 지난 금요일 이후로 계속 아프다.
• 나는 밤새도록 뒤척였다.
• 2시쯤에 다시 오시기 바랍니다.
• 우리는 주말 동안에 캠핑을 갈 것이다.

Pattern Practice
p. 235
❶ for ❷ in
❸ by ❹ until
❺ since ❻ over [during]

해석
❶ 그들은 7년째 영어를 공부해 오고 있다.

② 내가 10분 후에 전화할게.
③ 너는 금요일까지 그 보고서를 제출해야 한다.
④ 그는 그녀를 9시까지 (계속) 기다려야 했다.
⑤ 그녀는 지난 월요일 이후로 계속 아프다.
⑥ 주말 동안 날씨가 꽤 추웠다.

② 그녀는 이 건물의 4층에 산다.
③ 그들은 20년 동안 서울에 살아 오고 있다.
④ 너와 나 사이에는 비밀이 없다.
⑤ 요트가 다리 밑을 빠르게 지나가고 있다.
⑥ 생쥐가 먹이를 찾아 마침내 구멍 밖으로 나왔다.

B 장소 · 방향을 나타내는 전치사

예문 해석
1 • 그녀는 한국에 15년째 살아오고 있다.
  • 중국은 아시아에서 가장 큰 나라이다.
  • 그들은 언덕 위의 그 집에서 산다.
  • 나는 내 소지품을 상자 안에 넣었다.
  • 그는 지금 병원에 있다.

2 • 아기가 바닥에 우유를 흘렸다.
  • 내 여자친구는 이 아파트 3층에 산다.
  • 나는 내 휴대전화를 탁자 위에 놓고 왔다.
  • 벽에 그림이 몇 개 있다.
  • 그는 지금 지붕 위에서 일하고 있다.

3 • 그가 문에 서 있다.
  • 나는 네가 가게에서 아이스크림을 좀 사오길 바란다.
  • 점심 시간 전에 지하철역에서 만나자.
  • 내가 내일 공항으로 너를 태우러 갈게.
  • 우리는 어제 극장에서 만났다.
  • 그는 회의에서 새로운 사업 계획을 제안했다.
  • 그들은 파티에서 즐거운 시간을 보냈다.

4 • 그는 일요일마다 부산에 간다.
  • 그 배가 한 작은 섬을 향해 항해했다.
  • 그녀는 어제 런던으로 떠났다.
  • 그 원숭이에게서 떨어져라.
  • 그는 기차에서 내려서 엄마를 향해 달렸다.
  • 그녀는 차에서 나와 나에게 걸어왔다.

5 • 해가 수평선 위로 떠오르고 있다.
  • 해가 수평선 아래로 지고 있다.
  • 갈매기가 바다 위를 날고 있다.
  • 잠수함은 바다 밑을 다닐 수 있다.

6 • 정오에 건물 앞에서 만나자.
  • 한 소년이 네 뒤에 서 있다.

7 • 그는 매일 아침에 강을 따라서 조깅한다.
  • 개 한 마리가 도로를 가로질러 달리고 있다.

8 • 한국은 중국과 일본 사이에 놓여 있다.
  • 그 사람은 군중 속으로 사라졌다.

9 • 소년 소녀들이 불 주위에 앉아 있다.
  • 그녀는 그의 티셔츠 밑에 있는 그의 어깨 근육을 볼 수 있었다.
  • 버스가 긴 터널을 통과해서 달렸다.
  • 우리는 경찰서를 지나서 걸었다.

Pattern Practice
p. 237
❶ at   ❷ on
❸ in   ❹ between
❺ under   ❻ out of

해석
❶ 나는 그의 생일파티에서 그녀를 만났다.

C 원인 · 이유를 나타내는 전치사

예문 해석
1 • 우리는 비행기 추락 소식에 매우 놀랐다.
  • 그들은 그 소식에 슬펐다.
  • 나는 시험 결과에 만족한다.
  • 그는 판매 신장에 만족한다.

2 • 그녀는 작년에 암으로 사망했다.
  • 우리 할아버지는 5년 전에 심장마비로 돌아가셨다.
  • 많은 사람들이 지난 6월에 홍수로 고생했다.
  • 그는 일생의 대부분을 우울증으로 크게 고생했다.

3 • 저를 도와주셔서 감사합니다.
  • 늦게 와서 미안합니다.

D 기타 전치사

예문 해석
• 너의 중국 여행에 대해서 얘기해 줘.
• 그는 IT 산업의 경향에 대해서 보고서를 썼다.
• 과거에는 대부분의 다리가 나무로 만들어졌었다.
• 포도주는 포도로 만든다.
• 실패에도 불구하고 그는 포기하지 않았다.
• 그녀는 기차로 유럽을 두루 여행했다.
• 그는 여자친구를 위해 꽃을 샀다.

Pattern Practice
p. 238
❶ on   ❷ for
❸ of

해석
❶ 그녀는 한국 경제에 대한 기사를 썼다.
❷ 저를 초대해 주셔서 감사합니다.
❸ 그는 2년 전에 폐암으로 사망했다.

GRAMMAR PRACTICE
p. 239

A 1 in   2 on
  3 on   4 on
  5 at   6 during
  7 by   8 in
  9 ago   10 in

B 1 on   2 at
  3 for   4 under
  5 in   6 between
  7 around   8 over / behind
  9 with   10 on

해석

A

1 그녀는 1월에 태어났다.

2 그는 1991년 7월11에 태어났다.

3 그들은 일요일 아침에 항상 늦게 일어난다.

4 나는 내 생일날에 파티를 열 것이다.

5 우리는 10시에 프로젝트 검토 회의를 가질 것이다.

6 그들은 휴일 동안에 호주를 여행할 것이다.

7 너는 9시까지 숙제를 끝내야 한다.

8 내가 30분 후에 너에게 전화할게.

9 우리는 30분 전에 점심을 먹었다.

10 오늘날 많은 사람들이 대도시에 산다.

B

1 내 여동생은 이 아파트의 4층에 산다.

2 내일 영화관에서 보자.

3 Steve는 작년에 음악을 공부하러 이탈리아로 떠났다.

4 배 한 척이 다리 밑을 항해하고 있다.

5 많은 종류의 생물이 바닷속에 살고 있다.

6 고양이 한 마리가 침대와 탁자 사이에서 자고 있다.

7 그들은 캠프파이어 주변에서 이야기하고 있다.

8 산 너머에 작은 마을이 하나 있다.

9 나는 기말고사 결과에 만족한다.

10 나는 한국 경제의 전망에 대한 보고서를 쓸 것이다.

SENTENCE WRITING PRACTICE p. 240

A 1 I got up early this morning.

2 I was born in July.

3 My father goes fishing on Sundays.

4 I will call you in 10 minutes.

5 Many people live in Seoul.

B 1 I jog along the river every morning.

2 Korea lies between China and Japan.

3 A dog is sleeping on the floor of the living room.

4 I practice English for two hours every day.

5 I will have a good time during this summer vacation.

6 You have to study English until 10:00.

7 The train ran fast through the tunnel.

UNIT 32 전치사의 목적어와 역할

A 전치사의 목적어

예문 해석

1 • Steve는 가게에서 잡지 하나를 샀다.

• 나는 10년째 서울에 살아 오고 있다.

• 너는 나를 왜 기다리고 있니?

• 버터는 크림으로 만든다.

• 운동은 건강에 좋다.

• 그는 일요일 아침마다 늦게 일어난다.

• 나는 그녀를 크리스마스 파티에서 처음 만났다.

• Susan은 밤에 혼자 나가는 것을 무서워한다.

• 그들은 정직한 것에 대해 자랑스러워한다.

Pattern Practice p. 241

❶ We had a good time at her birthday party.

❷ This desk is made of wood.

❸ We can't live without air and water.

❹ Thank you for inviting me.

❺ I am proud of you.

해석

❶ 우리는 그녀의 생일파티에서 즐거운 시간을 가졌다.

❷ 이 책상은 나무로 만들어졌다.

❸ 우리는 공기와 물 없이는 살 수 없다.

❹ 초대해 주셔서 감사합니다.

❺ 나는 네가 자랑스럽다.

B 전치사구의 역할

예문 해석

1 • 나무 밑에 있는 고양이는 매우 귀엽다.

• 책상 위에 있는 스마트폰은 우리 아빠의 것이다.

• Steve는 호주에서 온 학생이다.

• 너는 저기 있는 곱슬머리의 소녀를 알고 있니?

• 아름다운 깃털을 가진 저 새를 보아라.

2 • 우리는 두 시간 동안 농구를 했다.

• Susan은 일요일마다 교회에 간다.

• 그들은 어제 운동장에서 축구를 했다.

Pattern Practice p. 242

❶ Steve arrived at the airport yesterday.

❷ He has a girlfriend from Australia.

❸ I know the woman with blond hair.

❹ The dog under the table is very cute.

❺ He played baseball in the playground.

해석

❶ Steve는 어제 공항에 도착했다.

❷ 그는 호주에서 온 여자친구가 있다.

❸ 나는 금발 머리의 그 여자를 알고 있다.

❹ 탁자 아래에 있는 그 개는 정말 귀엽다.

❺ 그는 운동장에서 야구를 했다.

GRAMMAR PRACTICE p. 243

A 1 Susan left for Canada to study economics last month.

2 Living things cannot live without water.

3 This house is built with bricks.

4 She has lived in Seoul for 20 years.

5 I bought some books for you.

6 I will see you at 7 tomorrow morning.

7 I am proud of being honest.

8 She is worried about <u>when her son will come back</u>.

9 It rained for <u>three days</u> without <u>stopping</u>.

10 I fell asleep during <u>the movie</u>.

B 1 I <u>spoke</u> to her on the phone. (부사 역할)

2 <u>The book</u> on the table is very interesting. (형용사 역할)

3 I <u>met</u> Steve on my way home. (부사 역할)

4 I <u>will see</u> you on Saturday morning. (부사 역할)

5 Susan has <u>a few friends</u> from America. (형용사 역할)

6 In Australia, they <u>drive</u> on the left. (부사 역할)

7 Look at <u>the boy</u> with blond hair. (형용사 역할)

8 The meeting <u>took place</u> at the company's main office. (부사 역할)

9 <u>The two cats</u> under the bed are brothers. (형용사 역할)

10 Don't <u>go out</u> in the rain. (부사 역할)

해석

A

1 Susan은 지난달에 경제학을 공부하기 위해서 캐나다로 떠났다.
2 생물은 물 없이는 살 수 없다.
3 이 집은 벽돌로 지어졌다.
4 그녀는 서울에 20년째 살고 있다.
5 나는 너를 위해 책을 몇 권 샀다.
6 내일 아침 7시에 볼게.
7 나는 정직한 것이 자랑스럽다.
8 그녀는 자신의 아들이 언제 돌아올지에 대해 걱정하고 있다.
9 3일 동안 쉬지 않고 비가 내렸다.
10 나는 영화를 보는 동안 잠들었다.

B

1 나는 전화로 그녀에게 말했다.
2 탁자 위에 있는 그 책은 아주 재미있다.
3 나는 집에 가는 길에 Steve를 만났다.
4 토요일 아침에 볼게.
5 Susan은 미국 출신의 친구가 몇 명 있다.
6 호주에서는 사람들이 왼쪽으로 운전을 한다.
7 금발 머리의 저 소년을 보아라.
8 회의가 그 회사의 주사무실에서 열렸다.
9 침대 밑에 있는 고양이 두 마리는 형제간이다.
10 비 오는데 나가지 마라.

SENTENCE WRITING PRACTICE

A 1 We watched television for two hours last night.

2 I don't like going out at night.

3 She is proud of being kind.

4 Susan gets up early on Monday mornings.

5 Bread is made of flour.

B 1 Look at the bird with black feathers.

2 He knows many students from China.

3 They played soccer for two hours yesterday.

4 He often goes fishing on Sunday.

5 I bought some ice cream at the store.

6 Who are you waiting for?

7 We cannot live without water and air.

Chapter REVIEW TEST

A 1 in → on
2 from → of
3 in → 없앰
4 in → on
5 in → on

B 1 in front of
2 between, and
3 in the park
4 get off

C 1 The sun is rising above the horizon.

2 I have to finish this report by Friday.

3 A fly is on the ceiling.

4 He died of lung cancer last year.

5 Many people suffered from the floods last summer.

6 Despite failure, I will not give up.

해석

A 1 그는 1990년 6월20일에 태어났다.
2 이 탁자는 나무로 만들어졌다.
3 나는 오늘 아침에 아침을 먹지 않았다.
4 그는 벽에 그림 하나를 걸었다.
5 우리 아들은 보통 일요일 아침에 늦게 일어난다.

IBT토플 Writing 기본 문형 영작 연습

B 1 In my opinion, living in a city is better than living in the country.

2 From my point of view, studying in a group is a better way to learn more.

3 As far as I am concerned, it is better to have a single long vacation every year.

4 In my opinion, exercise is the best way to lose weight.

해석

A 자신의 의견(opinion)을 나타내는 표현들 (1)

1 내 생각에는, 혼자서 시험 공부를 하는 것이 훨씬 낫다고 본다. 그 이유는 집중하기가 더 좋기 때문이다.

2 내 견해로는, 매년 한 번의 긴 휴가를 가지는 것이 이상적이라고 본다. 그 이유는 그렇게 하면 내가 하고 싶은 모든 재미있는 일을 위해 충분한 시간을 가질 수 있기 때문이다.

3 내 생각으로는, 외식을 하는 것이 쉽게 가는 최상의 방법이라고 본다. 그 이유는 나는 요리를 못하기 때문이다.

CHAPTER 17

특수구문

UNIT 33 강조

A It is ~ that 강조구문

예문 해석

1 나는 어제 그녀와 함께 컴퓨터 게임을 했다.
(주어 강조) → 어제 그녀와 함께 컴퓨터 게임을 한 사람은 바로 나였다.
(목적어 강조) → 내가 어제 그녀와 함께 한 것은 바로 컴퓨터 게임이었다.
(부사구 강조) → 내가 어제 컴퓨터 게임을 한 것은 바로 그녀와 함께였다.
(부사 강조) → 내가 그녀와 함께 컴퓨터 게임을 한 것은 바로 어제였다.

Pattern Practice   p. 248

❶ It was I that met Jane at the park yesterday morning.
❷ It was Jane that I met at the park yesterday morning.
❸ It was at the park that I met Jane yesterday morning.
❹ It was yesterday morning that I met Jane at the park.

해석
나는 어제 아침에 공원에서 Jane을 만났다.
❶ 주어 강조 → 어제 아침에 공원에서 Jane을 만난 사람은 바로 나였다.
❷ 목적어 강조 → 내가 어제 아침에 공원에서 만난 사람은 바로 Jane이었다.
❸ 장소 부사구 강조 → 내가 어제 아침에 Jane을 만난 곳은 바로 공원에서였다.
❹ 시간 부사구 강조 → 내가 공원에서 Jane을 만난 때는 바로 어제 아침이었다.

예문 해석

2 • 어제 그녀와 함께 컴퓨터 게임을 한 사람은 바로 나였다
 • 내가 오늘 아침에 전화를 건 사람은 바로 그였다.
 • 그가 어제 나에게 준 것은 바로 휴대전화였다.
 • 내가 그녀와 함께 컴퓨터 게임을 한 때는 바로 어제였다.
 • 내가 어제 배드민턴을 친 곳은 바로 공원이었다.

3 (1) • 지난달 파티에서 Susan을 만난 사람은 바로 나였다.
  • 어제 우리가 함께한 것은 바로 축구였다.
 (2) • 그가 변호사 시험에 합격했다는 것은 사실이다.
  • 우리가 모든 일에 최선을 다한다는 것은 중요한 일이다.

Pattern Practice   p. 249

❶ 내가 그 소녀를 만난 곳은 바로 그 파티였다.
❷ 우리가 처음 만난 때는 바로 2002년이었다.

❸ 의자를 부러뜨린 사람은 바로 Steve였다.
❹ 내가 오늘 아침에 전화한 사람은 바로 그녀였다.
❺ 내가 친구들과 함께 축구를 한 때는 바로 어제였다.

B 다양한 강조 표현들

예문 해석

1 • 나는 그녀의 이름을 정말로 알고 있다.
 • 그녀는 테니스 치는 것을 정말로 좋아한다.
 • 그가 게임에서 정말로 이겼다.
 • 정말 조용히 해라.

2 • 그들은 바로 그날에 서로 만났다.
 • 이 아이가 우리가 찾고 있는 바로 그 학생이다.
 • 당신이 우리가 채용하고 싶어 하는 바로 그 사람이다.

3 (1) • 도대체 누가 창문을 깨뜨렸니?
  • 도대체 무슨 말이니?(무슨 의미니?)
  • 너는 그의 말을 조금이라도 믿는 거니?
 (2) • 나는 그 강의를 전혀 이해할 수 없다.
  • 그녀는 조금도 행복하지 않다.

Pattern Practice   p. 250

❶ 나는 축구를 정말로 좋아한다.
❷ 그게 바로 내가 꿈꾸는 인생이야.
❸ 도대체 누가 너를 때린 거니?
❹ 그는 조금도 슬프지 않다.
❺ 그는 우리가 찾고 있는 바로 그 사람이다.

GRAMMAR PRACTICE   p. 251

A 1 a. It was he that[who] met Jennifer at the party last weekend.
  b. It was Jennifer that[whom] I met at the party last weekend.
  c. It was at the party that[where] I met Jennifer last weekend.
  d. It was last weekend that[when] I met Jennifer at the party.

 2 a. It was we that[who] watched the soccer game in my room last night.
  b. It was the soccer game that[which] we watched in my room last night.
  c. It was in my room that[where] we watched the soccer game last night.
  d. It was last night that[when] we watched the soccer game in my room.

 3 a. It was I that[who] played the guitar at the park yesterday.
  b. It was the guitar that[which] I played at the park yesterday.
  c. It was at the park that[where] I played the guitar yesterday.
  d. It was yesterday that[when] I played the guitar at the park.

B 1 Michael이 어제 망가뜨린 것은 바로 휴대전화였다.
2 나는 사과를 정말로 좋아한다.
3 이 아이가 우리가 찾고 있는 바로 그 아이다.
4 도대체 누가 그 조각상을 깨뜨렸니?
5 그녀는 조금도 잠을 자지 않았다.

해석

A

1 그는 Jennifer를 지난주 파티에서 만났다.
  a. 지난주 파티에서 Jennifer를 만난 사람은 바로 나였다.
  b. 내가 지난주 파티에서 만난 사람은 바로 Jennifer였다.
  c. 내가 지난주에 Jennifer를 만난 곳은 바로 파티에서였다.
  d. 시내가 파티에서 Jennifer를 만난 때는 바로 지난주였다.

2 우리는 지난밤에 내 방에서 축구 경기를 봤다.
  a. 지난밤에 내 방에서 축구 경기를 본 사람은 바로 우리였다.
  b. 우리가 지난밤에 내 방에서 본 것은 바로 축구 경기였다.
  c. 우리가 지난밤에 축구 경기를 본 곳은 바로 내 방이었다.
  d. 우리가 내 방에서 축구 경기를 본 때는 바로 지난밤이었다.

3 나는 어제 공원에서 기타를 연주했다.
  a. 어제 공원에서 기타를 연주한 사람은 바로 나였다.
  b. 내가 어제 공원에서 연주한 것은 바로 기타였다.
  c. 내가 어제 기타를 연주한 곳은 바로 공원이었다.
  d. 내가 공원에서 기타를 연주한 때는 바로 어제였다.

SENTENCE WRITING PRACTICE

A 1 It was a smartphone that[which] my father gave me yesterday.
2 It was last night that[when] I met him in the park.
3 I do like grapes.
4 This is the very book I have been looking for.

B 1 She was not surprised at all.
2 Who in the world broke this printer?
3 This is the very house we want to live in.
4 I did go to his birthday party yesterday.
5 It was Steve that[who] broke the vase yesterday.
6 It was the vase that[which] Steve broke yesterday.
7 It was yesterday that[when] Steve broke the vase.

UNIT 34 도치

A 도치문을 사용하는 경우

예문 해석

1 • 그는 하루 종일 한마디도 안 했다.
  → 그는 하루 종일 단 한마디도 안 했다.
• 그 테러리스트는 무자비했다.
  → 그 테러리스트는 정말로 무자비했다.
• 나는 그렇게 아름다운 새는 본 적이 없다.

  → 그렇게 아름다운 새는 나는 한 번도 본적이 없다.
• 그 소식을 좀처럼 믿을 수 없다.
  → 좀처럼 그 소식은 믿을 수 없다.
• 그녀는 오늘 아침까지도 그 소식을 못 들었다.
  → 오늘 아침까지만 해도 그녀는 그 소식을 못 들었다.

2 • 긍정적인 태도를 가진 사람은 행복하다.
  → 행복한 건 긍정적인 태도를 가진 사람이다.
• 영혼이 가난한 자는 복이 있다.
  → 복은 영혼이 가난한 자에게 있다.
• 그녀는 너무 놀라서 한동안 말을 못했다.
  → 너무 놀란 그녀는 한동안 말을 못했다.

Pattern Practice

❶ Not any food did he eat all day long.
❷ Never have I seen such a big horse.
❸ Hardly can I believe his words.

해석

❶ 그는 하루 종일 아무것도 먹지 않았다.
  → 아무것도 그는 하루 종일 먹지 않았다.
❷ 나는 그렇게 큰 말을 본 적이 없다.
  → 한 번도 나는 그렇게 큰 말을 본 적이 없다.
❸ 나는 그의 말을 좀처럼 믿을 수 없다.
  → 좀처럼 나는 그의 말을 믿을 수 없다.

예문 해석

3 • 화창한 날씨는 비 온 뒤에 온다.
  → 비가 온 뒤에는 날씨가 화창하다.
• 램프가 탁자 위에 켜져 있었다.
  → 탁자 위에 램프 하나가 켜져 있었다.
• 아기가 침대 위에 누워 있었다.
  → 침대 위에 아기가 누워 있었다.

4 • A: 나는 배고프다 (배고팠다).
  B: 나도 그래 (나도 그랬어).
• A: 그는 배고프다 (고팠다).
  B: 그녀도 그래 (그랬어).
• A: 나는 일요일에 컴퓨터 게임을 한다 (했다).
  B: 나도 그래 (그랬어).
• A: 그는 일요일에 영화를 보러 간다 (갔다).
  B: 그녀도 그래 (그랬어).
• A: 나는 수영을 못한다 (못했다).
  B: 나도 못한다 (못했다).
• A: 그는 수영을 못한다 (못했다).
  B: 그녀도 못한다 (못했다).

5 • 책 한 권이 있다.
• 버스가 온다.
• 만약 내가 부자라면, 나는 유학을 갈 수 있을 텐데.
• 만약 내가 더 열심히 공부를 했더라면, 나는 시험에 합격할 수 있었을 텐데.

Pattern Practice

❶ 주어: a boy   동사: lay
❷ 주어: many pens   동사: are
❸ 주어: your pen   동사: is
❹ 주어: fine weather   동사: comes
❺ 주어: a book   동사: is

해석

❶ 침대 위에 한 소년이 누워 있었다.
❷ 책상 위에 많은 펜들이 있다.
❸ 여기 너의 펜이 있다.
❹ 비 온 뒤에 날씨가 화창하다.
❺ 책 한 권이 있다.

A 1 No mercy did the robber show.
    2 Unhappy are those who have a negative mind.
    3 In the tree sings a bird.
    4 Blessed are the poor in spirit.
    5 Were I you, I would accept his proposal.
    6 Never have I seen such a big elephant.
    7 Not until last month did he know the truth.

B 1 Hardly can I believe what he said.
            V S
    2 Blessed are the people who are humble.
           V   S
    3 So great was his shock that he didn't know
              V   S
       what to do.
    4 Here comes the train.
          V   S
    5 There are many people in front of City Hall.
           V   S
    6 On the ground lay a soldier.
              V   S

해석

A
1 그 강도는 무자비했다.
  → 그 강도는 그야말로 무자비했다.
2 부정적인 마음가짐을 가진 사람은 불행하다.
  → 불행한 건 부정적인 마음가짐을 가진 사람이다.
3 새 한 마리가 나무에서 노래한다.
  → 나무에서 새 한 마리가 노래한다.
4 영혼이 가난한 자는 복이 있다.
  → 복은 영혼이 가난한 자에게 있다.
5 만약 내가 너라면, 나는 그의 제안(청혼)을 받아들일 텐데.
  → 내가 너라면, 나는 그의 제안(청혼)을 받아들일 텐데.
6 나는 그렇게 큰 코끼리는 한 번도 본 적이 없다.
  → 나는 그렇게 큰 코끼리를 한 번도 본 적이 없다.
7 그는 지난달까지 그 사실을 몰랐다.
  → 지난달까지만 해도 그는 그 사실을 몰랐다.

B
1 좀처럼 나는 그가 말한 것을 믿지 못하겠다.
2 복은 겸손한 사람에게 있다.
3 너무 큰 충격에 그는 무엇을 할지를 몰랐다.
4 기차가 온다.
5 시청 앞에 많은 사람들이 있다.
6 땅바닥에 한 병사가 누워 있었다.

A 1 Susan did not say a word all day long.
       Not a word did Susan say all day long.
    2 I have never seen such a big tiger.
       Never have I seen such a big tiger.
    3 A student lay on the floor.
       On the floor lay a student.
    4 She did not know the truth until this morning.
       Not until this morning did she know the truth.

B 1 There are many apples on the table.
    2 Here comes the first train.
    3 A: I am tired.
       B: So am I.
    4 A: I can't ski.
       B: Neither can I.

A 1 who   2 where
    3 did she say   4 can I
    5 is

B 1 did she   2 are those who
    3 It was, that   4 on earth

C 1 I do like to play soccer.
    2 This is the very cell phone that I am looking for.
    3 He can't swim and neither can she.
    4 I didn't study for the exam at all.
    5 It was the book that I lost in the subway
       yesterday.

해석

A 1 파티에서 그녀에게 처음으로 말을 건 사람은 바로 나였다.
    2 내가 그녀를 처음 만난 곳은 파티에서였다.
    3 단 한마디도 그녀는 하루 종일 하지 않았다.
    4 좀처럼 나는 그녀가 말한 것을 믿을 수 없다.
    5 그는 화가 나 있으며 그녀도 그렇다.

B 1 I don't think students should be forced to wear
       school uniforms.
    2 I prefer using machines to doing work by hand.
    3 I firmly believe that the best way to maintain
       your health is to exercise regularly.
    4 I would rather go to college than get a job after
       graduation.

해석

A 자신의 의견(opinion)을 나타내는 표현들 (2)

1 나는 그룹으로 공부하는 것이 낫다고 생각한다. 그 이유는
  그렇게 하면 다른 사람으로부터 그 주제에 대해서 더 많이
  배울 수 있기 때문이다.

2 나는 우리가 배우자가 없이는 완전한 삶을 살 수 없을 거라고
  굳게 믿는다.

3 나는 외식하는 것보다 집에서 먹는 것을 더 선호하는데, 그
  이유는 돈을 절약할 수 있기 때문이다.

4 나는 대기업에서 일하기보다 작은 회사에서 일을 시작하겠다.

주요 불규칙 동사 변화표

원형	과거	과거분사
be	was / were	been
begin	began	begun
break	broke	broken
bring	brought	brought
buy	bought	bought
catch	caught	caught
come	came	come
cut	cut	cut
do	did	done
draw	drew	drawn
drink	drank	drunk
drive	drove	driven
eat	ate	eaten
fall	fell	fallen
feel	felt	felt
find	found	found
fly	flew	flown
get	got	got(ten)
give	gave	given
go	went	gone
have	had	had
hear	heard	heard
keep	kept	kept
know	knew	known
leave	left	left
lose	lost	lost
make	made	made
meet	met	met
pay	paid	paid
put	put	put
read	read	read
ride	rode	ridden
run	ran	run
say	said	said
see	saw	seen
sell	sold	sold
send	sent	sent
sing	sang	sung
sit	sat	sat
sleep	slept	slept
speak	spoke	spoken
swim	swam	swum
take	took	taken
teach	taught	taught
tell	told	told
think	thought	thought
wake	woke	waken
write	wrote	written

원형	과거	과거분사
be		
begin		
break		
bring		
buy		
catch		
come		
cut		
do		
draw		
drink		
drive		
eat		
fall		
feel		
find		
fly		
get		
give		
go		
have		
hear		
keep		
know		
leave		
lose		
make		
meet		
pay		
put		
read		
ride		
run		
say		
see		
sell		
send		
sing		
sit		
sleep		
speak		
swim		
take		
teach		
tell		
think		
wake		
write		

iBT 고득점으로 가는

Grammar & Writing ②

2nd Edition

정답 및 해석

DARAKWON

탄탄한 영문법 실력으로 서술형 영작 문제부터 iBT 토플까지 대비!

iBT 고득점으로 가는

Grammar & Writing

2nd Edition

2

김민호·전진완 지음

정답 및 해석

DARAKWON